木石交响

——日本古都与欧陆遗产的千年对话

程伟 著

中国出版集团有限公司
China Publishing Group Co., Ltd.
现代出版社

图书在版编目(CIP)数据

木石交响 ： 日本古都与欧陆遗产的千年对话 / 程伟著. -- 北京 ： 现代出版社， 2025. 8. -- ISBN 978-7-5231-1658-6

Ⅰ. K313.03； K500.3

中国国家版本馆 CIP 数据核字第 2025EY5410 号

木石交响：日本古都与欧陆遗产的千年对话

MUSHIJIAOXIANG : RIBENBUDU YU OULUYICHAN DE QIANNIAN DUIHUA

著　　者　程　伟

责任编辑　袁　涛
责任印制　贾子珍
出版发行　现代出版社
地　　址　北京市安定门外安华里 504 号
邮政编码　100011
电　　话　010-64267325
传　　真　010-64245264
网　　址　www.1980xd.com
印　　刷　河北联合印务有限公司
开　　本　170mm × 240mm　1/16
印　　张　19.5
字　　数　280 千字
版　　次　2025 年 9 月第 1 版　2025 年 9 月第 1 次印刷
书　　号　ISBN 978-7-5231-1658-6
定　　价　79.80 元

序言

关于书的名字

可能您会问,书名“木石交响”是什么意思。其实这个书名我自己也琢磨了许久，因为线路扯得比较长，从西欧到东欧再到日本关西，这里有大量跟我们国家有关的文物，无论是古代、近代，还是现代咱们都与这些国家有着连续不断的商贸往来,这个在下面序言中已作说明,就不再重复。

“木”象征奈良、京都的木构建筑遗产，如东大寺佛殿(现存最大木构建筑)、法隆寺(世界最古老木构群);“石”呼应文中提到的欧洲石质遗产，如法国哥特教堂、德国城堡、俄罗斯克里姆林宫等;“交响”体现东西方艺术交融，如唐风建筑对奈良的影响，丝绸之路连接欧亚文明。通过对比展现东西方文化遗产的共性与差异,融合了日本木构遗产特色与欧洲石砌建筑传统。

在历史的裂缝中寻找回声

从幼时翻阅《山海经》插图，到后来痴迷于中国及世界各国古代文化，我始终相信，文明如同一条暗河，地表的风云变幻或许淹埋了它的河道，但只要俯身倾听，仍能听见水流深处传来的古老的絮语，唐长安城的喧嚣，卢浮宫的古代文明，正仓院的饕餮盛宴……更是祖先留给后人的密信。他们用陶罐上的鱼纹诉说对大自然的敬畏，用建盏杯标注星辰的轨迹，用史诗中的英雄隐喻人性的光辉与黑暗。

自从做了旅游专业老师，一些儿时的理想逐一变成现实，这些年，无论工作原因还是朋友聚会、家庭出游，我走遍了国内的每一个省份，以及国外很多国家，所见所闻平时也都有记录和照片，由于这些因素，便萌生了写一本书的想法，一是人生旅程的一种记录，二是可以为喜欢古代文明、解读古人智慧的朋友，奉上这本既有来自欧洲的古代文明发展史，也有樱花岛国与我们先唐千丝万缕的关系。

2018年初，规划已久的行程终于排上日程，应西安师大老同学之邀，前往古都探寻古风，许是自小出身京城，对古代建筑、绘画、考古、瓷器等甚有雅兴，儿时家住雍和宫附近，几乎每天都能听到隔壁宫墙内的诵经声，打酱油的时代已经远去，只是心中那份对古代文明的好奇仍然会触动心扉。

傍晚的长安城宁静朴实，来一碗热腾腾的泡馍再加几片羊肉，这就是长安人从古至今的饮食传统。想来古人是否和我们有同样的雅兴，饭后走一走呢。在老同学的建议下，来到了久违的西安含光门的城墙上，透着月色，我看见自己的影子被月光拉长，与唐长安城水渠遗址中的碎瓷片重叠。朋友递给我一枚灰陶残片，边缘沾着八世纪的黄土："这可能是西市胡商的酒碗，你听……"

他真的将陶片贴在耳边，像在听一枚来自盛唐的海螺。我学他的样子，却听见风声卷着波斯语、突厥语和梵语呼啸而过。粟特人的驼铃、遣唐使的木屐、大秦商队的银币，都在这片残陶上交错了时空。

从长安到彼得堡，到卢浮宫，到正仓院，这本书不是答案，而是一把在博物馆库房生锈的钥匙。它可能打开西安含光门遗址的唐代水渠，也可能转动冬宫那道藏着敦煌文物的暗门。当你们抚摸书页间的文物照片时，请留意指尖的战栗，那可能是玄奘法师握过的毛笔在共振，也可能是莫高窟画工研磨青金石时的力道穿越时空的余震。

三年时间，走过京都17处世界文化遗产，我像一枚在文明经纬线上跳动的梭子。在醍醐寺抄写空海的《风信帖》时，老住持给我看了一卷被虫蛀了的《金刚经》，说这是"平安时代的遣唐使"，某位留学生从西安古董市场购回，经卷边缘还粘着大雁塔的槐花。

而当我站在彼得堡冬宫的穹顶下，那些用波斯青金石绘制的圣经故事，竟与敦煌壁画中的青绿山水共享同一种矿物基因。导游说："马可·波罗从泉州带回的瓷器，让这里的工匠学会了东方色谱。"他大概不知道，泉州港的灯塔，正是遣唐使乘船归国时最后望见的大陆光点。

我们都在进行一场庞大的记忆移植手术：正仓院的唐笙与卢浮宫的编

钟，伏尔加河畔的圣像与长安西市的祆祠，本就是用不同语言讲述的同一则寓言。当塞纳河的晚风掠过书页，愿你能听见，那里面夹杂着遣唐使船上的古老潮声。

那一刻我突然明白，此书亦非某座城，而是一张被风揉皱又展开的世界地图。

程伟

2025年4月于北京

目录

第一章 日本文化走廊

第二章
欧洲艺术走廊——俄罗斯

第三章
欧洲艺术走廊——法国

第一章

日本文化走廊

一

日本奈良

到达奈良已接近傍晚，选择了一个距离奈良公园最近的民宿，我对这个地区已经非常熟悉了，窗外就能看到悠闲的小鹿。此时的双眼已经打架，带着疲惫的身体伴着小鹿轻声的鸣叫，先美美睡上一晚。清晨，窗户外面湿润的青草香扑鼻而来。奈良公园里的小鹿起得比我还早，哈哈，早起的鸟儿有虫吃。彼时的我赶紧起床，洗漱完毕，踏着湿润的苔藓迈向心中的那份执念。草地上的小鹿们根本无视路人的脚步，这本就是奈良独有的特色，千年不变。

走在这座没有城墙的古都，踏在千年时光的青石板路上，任朱雀大道的清风从盛唐吹到今朝，在每一寸土地上留下温柔的痕迹。岁月的褶皱悉数藏进斑驳的廊柱与苔衣，在每一片瓦当上留下温柔的锈迹。

我常驻足于东大寺二月堂的回廊，看暮色将五重塔的剪影一寸寸揉进晚霞。风铎轻摇，铜音如丝，恍惚间仿佛遣唐使的衣袂掠过飞檐。那些载满经卷与诗文的船只劈开东海的巨浪，将长安的月光浇铸成奈良的佛塔。在唐招提寺的莲花础石上，鉴真大师亲手种植的扬州琼花开了又谢，根脉却早已深深扎进这片土地的灵魂。古都的精致，是日本国工匠凿刻的汗水混着本地陶土的气息，是梵钟声里浮动的汉字偏旁，更是千年不变的榫卯中未褪尽的长安韵脚。

垂樱的瓣雨伴着若草山的残雪化尽时，便簌簌落满春日大社的朱垣。穿白袜的少女踩着《兰陵王》的节拍起舞，神鹿衔走游人手心的仙贝，如同衔走圣武天皇时代供奉神灵的米粟。我曾在正仓院的玻璃柜前驻足——螺钿琵琶的断弦仍绷紧着丝路的月光，破损的十二单衣上金线蜿蜒，好似当年女官们提灯夜游平城京的小径。这些伤痕累累的珍宝不曾被封入真空，而是裹着岁月的包浆，在春去秋来中与古都同频呼吸。

最难忘兴福寺的雨季。雨水顺着阿修罗像的鎏金剥落处流淌，潮湿的经卷气息从藏经阁漫出，与茶寮飘来的抹茶香交织成线，牵引我步入某个泛黄的时空：而三面六臂的神明在氤氲中越发悲悯。留学生伏案临摹《乐毅论》的笔锋，斑鸠町的匠人正用唐代传来的“木组”技艺修复斗拱，而林间小鹿忽然昂首，将鹿角尖的雨珠抖落成飞鸟时代的晨星。

奈良的美，不在恢宏的殿阁与精密的年表，而在朽木新芽的轮回间，在神佛与人鹿共饮的晨露里。它是半卷未写完的和歌，是被岁月洇染却依旧湿润的字迹；是曲未终了的雅乐，余音缠绕着现代列车的轰鸣，当夕照为猿泽池染上群青，我总会想起《枕草子》里“晚凉好”的喟叹。固执地等待着下一个千年的续章。

古都不语，只将斑驳的唐瓦交给时光修补，任永恒与须臾在鹿鸣声中，悄然和解。

（一）世界文化遗产——法隆寺地区的佛教建筑

/

法隆寺

法隆寺（又称斑鸠寺）位于日本奈良县生驹郡斑鸠町，由圣德太子始建于607年，是现存世界上最古老的木构建筑群，1993年以“法隆寺地区佛教建造物”名义被列为世界文化遗产。该寺现存40余座建筑，占地面积约187000平方米，保存着飞鸟时代至江户时代的文物2300余件，其中190件被指定为国宝或重要文化财产。

时光回流到1400多年前的592年的日本列岛，“物部氏”和“苏我氏”之间的血战刚刚落幕，崇峻天皇遭暗杀的阴云还未消散。34岁的推古女帝接过象征太阳女神后裔的三神器，成为日本历史上首位正式的女天皇。在这片被氏族纷争撕裂的土地上，她的登基如同暗夜中燃起的第一簇火把，照亮了飞鸟时代通往文明觉醒的道路，此时，难波津的潮水裹挟着血腥气刚刚退去。而在她身后，19岁的厩户皇子（即圣德太子）正用他洞悉未来的目光，凝视着大陆文明传来的星光。

推古天皇选择让侄儿圣德太子担任摄政的决策，打破了以男性为主宰权利的专属。史书中的“姑侄共治”并非简单的权力平衡，推古天皇即位时的斑鸠宫，连空气中都弥漫着微妙的博弈气息，这种以女性特有的柔韧智慧与少年天才的政治远见，共同编织出一道变革之路。

在苏我马子侵权朝野的年代，圣德太子将中国九品官制与日本氏族特色相融合：十二种冠色如彩虹般划分等级，既为豪族保留晋升通道，又开创了以才取仕途的新风尚。604年，悄然推行了冠位十二阶制度。颁布的《十七条宪法》，首句“以和为贵”不仅取自中国的《论语》，更是将佛教提及的众生平等理念注入政治伦理。当贵族们震惊于国无二君、民无两主的条文时，太子早已命人在宫中种下从百济移植过来的莲花，以此象征佛性的植物，将成为瓦解氏族神权的重要武器。

奈良 法隆寺

607年，小野妹子率遣隋使团奔赴洛阳。国书中写到“日出处天子致书日没处天子”的豪言，借此意既是对隋朝华夷秩序的挑战，更暗含借助东方大国文明，实现自我革新的深意。使团带回的不仅有佛经与工匠，还有隋炀帝那句耐人寻味的千古评价：“东夷之人亦知礼乎？”这个疑问，我们可以在法隆寺的飞檐斗拱中找到答案。

推古十一年(603)的一个清晨，天上的云雾还未散去，斑鸠宫东南方的松林间早已响起了开山凿石的叮当声。圣德太子面容庄重，手持从新罗求得的佛舍利，亲自为法隆寺这座即将诞生的伽蓝奠基，不仅是日本，也是当今现存最古老木构建筑，更是一场静默的信仰革命。

在物部氏将佛像投入难波川的年代，圣德太子选择在氏族势力薄弱的斑鸠之地建立道场。法隆寺西院伽蓝的布局暗藏玄机：金堂与五重塔的错落排列，打破了中轴对称的传统格局。这种非对称设计既保留了神道祭祀的空间记忆，又创造出新的宗教仪式场域。当阳光穿透金堂镂空的格窗，洒在释迦三尊像鎏金背光上时，来自波斯萨珊王朝的忍冬纹与南朝风格的飞天共同起舞，飞鸟工匠用凿刀将整个丝绸之路的文明光辉凝固于此。

圣德太子亲自注释的《三经义疏》在贵族中秘密流传，“世间虚妄，唯佛是真”的偈语，逐渐动摇着氏神信仰的根基。他在四天王寺立下的镇护国家的誓言，将佛教与王权紧密结合，五重塔象征须弥山，回廊比拟四大部洲，这种空间叙事让前来参拜的豪族们第一次感受到超越氏族界限的国家概念。

今天的法隆寺，整座建筑如同会呼吸的生命体，在千年地震中屹立如初。金堂檐角的云形斗拱仍保持着完美的45度斜角。这些看似轻盈的木质曲线，实则是飞鸟工匠破解东方建筑密码的智慧结晶，他们将北魏石窟的悬挑技术经过加工改良，并创造出适应日本多雨气候的飞檐。在立柱与横梁的咬合处加入弹性设计，奏乐使者的箜篌传自龟兹，而山水晕染的技法分明带着南朝水墨的神韵。这种跨越万里山河汇聚于此的艺术元素，在斑鸠宫工匠手中熔铸成独特的飞鸟样式。玉虫厨子台座上的须弥山图卷，堪称飞鸟美学的微缩的宇宙。天女飘带的联珠纹源自波斯，犹如圣德太子在《三经义疏》中所言：“万法缘起，皆具佛性”，法隆寺的一梁一柱都在诉说文明交融的奥义。

最令人惊叹的是梦殿观音像。这尊被秘藏千年的救世菩萨，面容既有印度笈多王朝的端庄法相，又透着日本特有的温润慈悲。推古三十六年(628)，75岁的女天皇在斑鸠宫溘然长逝。她与圣德太子共同缔造的改革宏图虽未完全实现，却为大化改新埋下了火种。1979年通过X光扫描发现大殿观音像内封存的古代丝绸与经文，其中竟夹杂着高句丽的青铜镜残片，这些沉睡的时空胶囊，无声诉说着佛教东传的曲折历程。法隆寺五重塔在朝阳与晚霞中投下的影子，恰似飞鸟时代在历史长河中留下的刻度，它标记着日本从氏族部落迈向律令国家，从神道秘仪转向佛法普度，从文明边缘走向文化自觉的转折革新。

推古天皇的治世智慧、圣德太子的文明视野与无名匠人的鬼斧神工，共同铸就了日本文化基因中和魂洋才的原始模板。今天的我们仰望法隆寺斑驳的唐式鸱尾，触摸金堂立柱上飞鸟工匠的斧凿痕迹时，仍能感受到那个时代的澎湃心跳。当法隆寺的五重塔尖刺破晨雾时，塔檐悬挂的青铜风铎正是飞鸟时代的晨光摇碎成斑驳的光斑。这座始建于607年的古刹，以现存最古老的木构建筑群身份，在斑鸠町的松林间静候等待了十四个世纪。我的指尖轻拂过回廊褪色的朱漆柱，恰似木纹里沉睡的岁月突然苏醒，圣德太子亲手埋下的础石，正通过斗拱的缝隙向我传递着体温。这座世界上最古老的木构建筑群，不仅是联合国认证的人类宝贵遗产，更是一个民族在文明嬗变期留下的永恒印记，它告诉我们，真正的文化自信，从来都是海纳百川后的凤凰涅槃。

站在金堂的云形斗拱下仰视，那些未经斧凿修整的原始榫卯，分明是隋唐建筑技艺东渡时的最初模样。支撑柱身的希腊式凸肚曲线、柱头绽放的六朝云栱，以及承载横梁的波斯风格的驼峰拱，这些跨越文明疆界的建筑语言，在法隆寺的梁架间达成了不可思议的和解。药师如来像衣褶间残存的朱砂，与斑驳的绿釉瓦当形成时空对话，前者混合着新罗的辰砂与越州的赭石，后者釉色中分明晃动着萨珊王朝工匠的眼波。

在通往西圆堂的碎石小径上，一只白腹鸫突然衔起一片平安时代的瓦当残片。这让我想起正仓院文书记载的修缮记录：每当暴雨冲刷出古瓦，匠人们便会遵循“破片还原”的古法，将历代修补的痕迹悉数保留。如今法隆寺的屋脊上，飞鸟时代的素烧瓦与江户时期的绿釉瓦鳞次栉比，如同不同朝代的月光在同一个夜晚凝固。这种对“修旧如旧”的执着，让建筑成为活着的历史年轮。

当春分时节的特殊光线穿透三重丝帐，梦殿的相遇堪称光影奇迹。救世观音像的面容在光尘中浮现的一刹那，我忽然理解为何圣德太子要将其深藏，这尊“绝对秘佛”的若隐若现，恰似佛教真理的显与隐。青铜镜面上经年累月的氧化的纹路，竟与观音衣褶的铸造痕迹完美契合，仿佛器物也在呼吸吐纳间参与着修行。在纲封藏库外，碰巧遇到现代工匠用显微镜比对梁柱的木纹。他们告诉我，法隆寺的维护不仅是修复建筑，更是延续着一种“生命养护”的哲学：允许桧木自然收缩开裂，容忍蛀虫以每秒五微米的速度参与木材代谢，甚至特意保留明治时期西洋铁钉与古法竹钉并存的修补痕迹。这种对“不完美”的包容，恰似佛法接纳众生本相。

法隆寺的伟大，不在于抗拒时光侵蚀成为不朽标本，而在于将每一道裂纹都转化为年轮，让每一次修补都成为跨时代的握手言和。夕阳将五重塔的影子投射到斑鸠町的便利店外墙时，现代玻璃幕墙映出了飞鸟时代建筑的轮廓。是凑巧还是有意，我们不得而知。那些被虫蛀的木构梁架依旧挺拔地托举着大殿，正如斑驳的壁画比簇新的金箔更接近永恒，在残缺处见证圆满，于不朽中得证永生。此刻，晚风穿过回廊的龟甲纹棂窗，将青铜风铎的余韵送向远方。法隆寺依然在用木构的语法讲述着文明的故事：真正的传承，从不是将历史封入琥珀，而是让古老的生命在现代的血脉中，继续生长。

【旅游攻略】

地　　址：斑鸠町法隆寺山内1-1

交通信息：从近铁奈良站或JR奈良站，乘坐98路、52路公交在法隆寺前站下车，步行5分钟JR大和路线法隆寺站下车，转72路公交到法隆寺前站下车，步行5分钟

开放时间：8：00—16：30开放

门票价格： 法隆寺庭院免费

西院伽蓝+大宝藏院+东院伽蓝1500日元

不容错过： 参观世界上现存最古老的木构建筑——五重塔

探索寺庙本堂和世界上现存最古老的木制建筑——金堂

联系电话： 0745-75-2555

/

法起寺

法起寺位于奈良县生驹郡斑鸠町，是世界文化遗产“法隆寺地域的佛教古迹”的重要组成部分。该寺始建于推古十四年（606），由圣德太子发愿建造，其前身为圣德太子晚年居住的冈本宫，后由其子山背大兄王改建为寺院。寺内现存的三重塔建于庆云三年（706），是日本现存最古老的三重塔，也是仅次于奈良药师寺东塔的日本第二大三重塔。

清晨，奈良的群山还沉睡在靛蓝色的天幕下。我踩着租来的自行车独自穿过斑鸠町的稻田，这种清爽的感觉很是惬意，湿润的空气中弥散着稻草发酵的清香。导航地图上，代表法起寺的小红点正在晨雾中闪烁，这座被联合国列为世界遗产的古老寺院，此刻应当只有早起的僧人与未散的星光作伴。

拐过最后一个田埂时，三重塔的尖顶突然刺破雾气出现在眼前。24米高的木构建筑像从《源氏物语》画卷中走出的精灵，九轮顶端的宝珠还凝结着夜露。塔檐下悬挂的铜铎被晨风惊醒，发出空灵的轻响，这声音应当与圣德太子在世时听到的一模一样。

由于来的时间尚早，看守寺院的老僧得知我从中国来，特意为我推开吱呀作响的院门。清晨的露水从三重塔的唐式鸱尾滴落，在青石板上砸出细小的水花。仰头望去，这座日本最古老的三重塔正在晨光中舒展筋骨：一层的裳阶出檐足有三米，如同巨鸟收拢的羽翼；二层的勾栏雕着飞鸟时代特有的唐草纹，藤蔓缠绕着波斯风格的联珠；三层檐角悬挂的铜铎，其铸造工艺竟与正仓院藏唐代风铎如出一辙。老僧的手电筒光束照亮塔基处的木柱，暗红色漆面下浮出几行墨迹，那是明治年间大修时工匠留下的俳句：“千岁木纹藏神代，一凿惊破飞鸟梦”。据说当时在更换芯柱时，发现木材年轮显示这棵桧树在572年停止生长，比圣德太子建寺的记载早了半个世纪。

这根历经岁月的建御雷神之脊，底部深埋3米直达岩盘，顶部穿过三重屋檐直指苍穹，形成贯通天地的中轴线。一百多年前，工匠在检查柱础处发现了供奉着隋五铢钱与水晶的舍利瓶，证实了“先立柱，后建塔”的密传营造法，将巨木作为活的祭祀主体，再如同生长年轮般逐层构筑塔身。仰观塔檐下如繁花绽放的云形斗拱，会发现这些木质悬挑结构暗藏玄机：底层24组斗拱以45度斜角向外延伸3.2米，如同佛陀展开的千叶莲瓣；第二层斗拱突然收束为30度，用曲木工艺形成自然反翘；顶层则化为12组轻盈的唐草纹昂首，恰似飞天飘舞的衣带。这种渐次变化的出檐角度，不仅创造出三重涟漪般的美学韵律，更精确计算出每层屋檐能将雨水抛洒至前檐1.5米外，完美解决了木塔防潮的难题。

三重塔能在1300年间历经46次大地震而安然无恙，得益于飞鸟匠人创造的柔术建筑学。塔身框架由108根立柱通过榫卯咬合，形成可水平位移15厘米的弹性网格；各层屋檐内部暗藏36组斜撑木，如同给塔身穿上了一件隐形和服，将地震能量转化为木构件摩擦的热能消散。2016年熊本打地震后，现代工程师用激光扫描发现，塔顶相轮与初建时的位置偏差不超过3毫米，这比钢筋混凝土建筑的抗震标准还要精确十倍。

春分时节，朝阳穿透三重塔菱格窗棂，会在金堂白墙上投射出移动的曼荼罗。这种光影魔术源于塔身设计的精妙数学：底层每面开间宽度为3.3米（对应圣德太子生辰三月三日），中层缩减至2.7米（象征佛教二十七贤圣），顶层再收为1.8米（契合《法华经》十八愿）。随着太阳角度变化，光线在层层收缩的空间中产生折射增幅，使得正午时分塔心供奉的佛舍利能同时照亮三尊主佛的眉间白毫。

再看这截千年木柱，是否曾见过推古女帝的牛车驶过斑鸠之里？太阳光落在主殿，才发现殿内的十一面观音像笼罩在逆光中，金箔剥落的面容反倒更显慈悲。不同于常见的直立造像，这尊平安时代的菩萨屈膝斜坐，左手持的净瓶是用新罗青瓷烧制的。光线从格窗斜射时，瓶身会自然折射出孔雀翎羽般的虹光，原来釉面下藏着高丽匠人秘传的曜变技术。

不能错过的佛坛背后的暗格。明治维新时期，住持为躲避废佛毁释运动，将八世纪的《法华经》写本、圣德太子《三经义疏》残卷与推古朝铜钱封入陶瓮，直到平成年代修缮时才重见天日。虽是隔着展柜玻璃，我却能看见经卷边缘有淡褐色的污渍，有介绍说那是当时僧人藏经时洒落的茶汤。此时，我想可以的话，是否能与古人对盏一杯，他道前世，我道今生。

听说寺院后山的松林藏着更多秘密。于是踩着厚厚软软的针叶前行，不经意发现藏在苔藓中的半截石佛，残缺的面容带着东南亚佛像特有的微笑。老僧说这是镰仓时代商船带来的占城国供养品，惊涛骇浪的暴风雨中沉没的商船让这尊湿婆的化身永远留在了佛教寺院。最奇妙的相遇发生在后山茶室。煮茶的老妪从桐木盒中取出一块焦黑木片，竟是应仁之乱时被战火灼烧的塔檐残件。碳化纹理间隐约可见当年工匠用毛笔写的“太郎”二字，或许是某个学徒在劳作间隙偷偷留下的签名。这块穿越六百年烽火的木头，此刻在茶釜升腾的热气中，将战国时代的晨钟与令和年间的蝉鸣煮成了同一壶茶。我赶忙从老妪手中接过茶水，并鞠躬以表谢意。

奈良　法起寺

不知不觉已是正午时分，我坐在寺前的波斯菊花田埂边啃着饭团。午后的阳光将千万朵花儿染成透明的绯云，花海尽头立着推古天皇的句碑：青山斑鸠里，犹闻飞鸟心。几个小学生举着写生板跑过田埂，他们笔下的三重塔歪歪扭扭却充满生气，其中一个女孩给塔尖画上火箭喷射器，要让古塔飞去火星。这场景让我想起法起寺三重塔的建筑密码，底层柱径与顶层出檐的黄金比例，与现代航天器的结构力学公式竟有异曲同工之妙。突然理解圣德太子为何要选址于此，东望西观，笠山可汲取神道灵气，西临生驹川能引渡佛法慈航，而脚下这片冲积平原，正是将大陆文明与岛国风土糅合成新文明的绝佳容器。真正的文明传承，本就是古今智慧在时空中的量子纠缠。

要道声再见了。离开时，老僧赠我一串土陶风铃，很是古风。形制仿照三重塔檐角的平安铜铎。回大阪路上，新干线驶过平城宫迹时，我将风铃悬在车窗前，听着风铃随着列车的摇动而发出的清脆铃声。随着车速的加快，铃舌撞击出清越的声响。窗外飞逝的现代风景与手中沉甸甸的陶铃形成奇妙共振，脑海中出现了百年前明治年间的蒸汽机车与令和年间的新干线，正在时间轨道上并驾齐驱。

当三重塔的影子又一次被夕阳拉长，我终于懂得何为“飞鸟之美”，那是在时光长河里始终保持优雅平衡的姿态，是让每个瞬间都成为永恒的艺术。恰如圣德太子在《十七条宪法》中所述：“和谐非等同，乃异质共鸣”。法起寺的魔力就在于此，它用斑驳的木纹记住每一次日升月落，用铜铎的震颤收纳每一阵大陆来风，却始终为每一位造访者预留对话的空间。

【旅游攻略】

地　　址：斑鸠町冈本1873

交通信息：从近铁奈良站或JR奈良站，乘坐98路、52路公交在法起寺前站下车，步行3分钟

开放时间：8:30—17:00

门票价格：300日元

不容错过：主殿供奉的11面观音像以及护卫在侧的四大天王

寺内古老的三重塔，树林、稻田与大波斯菊花田

联系电话：0745－75－5559

（二）世界文化遗产——古奈良的历史遗迹

/

奈良东大寺

当我站在东大寺的青铜灯笼前，手指抚过八棱柱上斑驳的莲花纹样，忽然想起2013年京都冬雪，整座京都就像穿越的大唐，走在寺庙中，风起雪飘，五重塔的风铃声响彻整个寺院，仿佛看到空海法师手抄的《心经》在青莲院烛火中明明灭灭的模样。

彼时我尚在关西旅行，看过一本佛教方面的专刊，书中写到佛理如海，而我却不时在专注中分神。直到在唐招提寺看到鉴真和尚的木漆雕像，那双石青色眸子里的光穿透千年风霜，似乎还映着扬州大明寺的粼粼波光。七次渡海，双目尽盲，那尊像的衣袂褶皱里，依稀还藏着唐土的沙砾。

去年盂兰盆节，我在二月堂的悬廊下避雨。雷声碾过奈良的天空，雨水顺着金堂鸱尾的曲线流淌成河。惊觉这场景与空海法师《风信帖》中的笔触何其相似，墨色在宣纸上晕染的痕迹，不正是此刻天地间倾泻的雨帘？那位渡海求法的僧人，是否也在长安青龙寺的檐下，听过同样滂沱的雨声？

今晨再次到访东大寺时，一只鹿角缠着紫藤的母鹿踱进南大门。它湿润的鼻尖轻触我的手指，一刹那间《华严经》的经文在眼前飘浮起来。大佛殿西侧的银杏树沙沙作响，八百年前空海栽下的那株树苗，树叶早已撒满戒坛院的石阶。

黄昏时分的镜池倒映着五重塔，我的影子与鉴真带来的阿育王塔在水面重叠。忽然明白圣书曾说“佛光如水月”，原来这池中摇晃的何止是塔影，更

是自丝绸之路蜿蜒而来的千年月光。当年空海大师在《秘藏宝钥》中写“万法唯心”，此刻池心的涟漪，不正是那颗在唐招提寺与高野山之间跳动的心。

奈良东大寺，这座古寺不仅在日本佛教史上占据着举足轻重的地位，更对日本古代与中世建筑史产生了深远的影响。自780年由圣武天皇创建以来，东大寺便开始了其辉煌的历史篇章。随着时代的演变，东大寺见证了日本历史的沧桑变迁，更在无数次的战火与重建中，始终屹立不倒，成为古奈良历史遗迹中不可或缺的一部分。因此，当1998年东大寺被列为世界文化遗产时，这不仅是对其深厚历史底蕴的肯定，更是对其独特建筑风格的赞誉。

东大寺，作为“南都六宗”之首的华严宗的总部，日本华严宗的大本山，还是南都（奈良）七大寺之一，并拥有多个别名，如总国分寺、大华严寺和金光明四天王护国寺等。它坐落于平城京（现今的奈良）的东部，拥有着大约一千二百年的悠久历史。

在唐代，律宗高僧鉴真曾在东大寺设立戒坛，为圣武太上皇、光明皇太后、孝谦天皇以及众多贵族、公卿和僧侣施戒。自此，东大寺成为全国地位最高的寺院，并独享受戒资格，这一殊荣一直持续到平安时代初期。

然而，随着784年桓武天皇将政治中心迁往长冈京，随后又迁至平安京，平城京和奈良时代的历史就此画上了句号。由于政治中心的迁移，南都也逐渐荒废。随着日本武士力量的崛起，各地为了争夺领地而战火不断，东大寺也在这些混乱中历经磨难。

1181年，平氏家族的平重衡在征讨过程中，放火烧毁了东大寺大佛殿及众多堂塔，仅有几座建筑（如正仓院、转害门、新药师寺、法华堂等）得以幸存。历经400多年沧桑的东大寺此时已面目全非。

然而，历史的转机在随后出现。1181年之后，重源和尚挺身而出，作为东大寺造营大劝进，着手重建东大寺的大佛殿等建筑，这标志着镰仓时代（1184—1332年）初期的到来。到了1206年，重源圆寂后，荣西继任为第二代东大寺大劝进，继续推动东大寺的复建工作。

我们先来看南大门，这座建于1199年的古老建筑，与镰仓幕府时期相呼应，经历过我国南宋时期的沧桑变迁。由陈和卿及南宋工匠共同打造，它展现出独特的建筑风格：重檐屋顶，屋垂脊巧妙上翘，宛如一只展翅欲飞的鸟；而屋檐的深远挑出，是南宋建筑风格的鲜明体现。此外，为了增强建筑的稳固性与抗震性，工匠们巧妙地运用了横向的肘木，将其贯穿于列柱之间，以此支撑起深远的屋檐。这种精妙的建筑技艺，后来也被日本所借鉴，成为日本建筑中的一个重要组成部分。

东大寺的钟楼，相传是在日僧荣西担任东大寺第二代大劝进职的承元年间（1207—1210年）重建的，设计和技术手法都显得别具一格。这座钟楼仅有一层，屋顶采用单檐歇山式，而楼内的梵钟是日本天平胜宝四年（752年）便开始铸造的古老文物。钟楼的构架与装饰细节都透露出明显的天竺风格，同时，其铺作方式又属于唐样体系，并结合了宋代的新技术与新样式，充分展现了多元风格的交融。镰仓幕府时期保存下来的东大寺建筑，成为日本中世纪初期珍贵的建筑遗存，对于研究宋技术背景下的寺庙建筑特色具有重要意义。

奈良　东大寺

大佛殿作为江户时期的建筑典范，独特的风格和精湛的工艺，彰显了那个时代的建筑艺术魅力。通过深入研究大佛殿的平面与立面图，我们可以更直观地感受到雄伟的建筑体量和精巧的构造设计，领略古代建筑的精湛技艺和深厚文化底蕴。大殿内庄严地供奉着象征《华严经》教义的卢舍那大佛。佛像高14.98米，为日本第一大佛，同时也是世界上最大的镀金青铜坐佛像，自八世纪初创建以来，这里诞生了讲堂、三面僧房、七重塔等壮观的寺院建筑。大佛殿被誉为世界之最，木造的大佛殿东西长约57米，南北宽约50米，高达48.74米。大殿设计巧妙，分为上下两层，覆盖有13.5万片银黑色瓦片，屋脊两侧则装饰着金色的鱼尾形鸱尾，这个设计彰显了金堂的尊贵地位。

每次来东大寺我都会虔诚地跪坐在东大寺大佛殿的莲花纹地砖上，仰头望向卢舍那佛低垂的眉目，十六根金柱投下的阴影正缓缓扫过《华严经》石刻。这些产自伊贺的榉木巨柱需三人合抱，表面残留着天平时代的彩绘青绿云纹，在正午阳光中散发出淡淡的楠木香气。

高达近十五米的大佛右手结施无畏印，掌纹里沉积着八世纪的铜锈。佛书中曾说过：圣武天皇为铸造佛首，耗尽了越前国三年的铜矿产量。当熔化的金属在铸模中沸腾时，奈良的夜空被映成赤红色，连吉野山的鹿群都朝着火光的方向跪拜。

南大门两侧的金刚力士像衣带当风，左侧力士像的肌肉纹理里还嵌着建久年间重修时的竹钉。近年修缮时，专家还在右侧力士像的左臂裂缝中发现了镰仓工匠藏匿的祈愿木牌，上面用变体汉文写着：“愿将此身化为此寺一粒尘。”

绝对不能错过的是大佛殿屋脊的鸱尾。那对高达三米的青黑色陶件烧制于江户元禄年间，陶工在釉料中混入了唐招提寺的瓦砾粉末。每当暴雨倾盆，雨水顺着鸱尾鳞甲状的凸起奔流而下，恍惚间竟似看见当年鉴真东渡船头劈开的浪峰。

转过回廊，二月堂的悬造式舞台从山崖探向虚空。春分时节的朝阳会穿透十一重格窗，在木地板上烙下《大般若经》的梵字光斑。偶遇一位僧侣在擦拭那盏青铜灯笼，灯笼的八面透雕莲花原是平城京的宫灯，光明皇后转赠东大寺时，特意命人在灯裙錾刻了波斯风格的忍冬纹。

戒坛院石阶最是玄妙。空海大师当年在此埋下的四天王像础石，会在夏至前后第七日申时，将夕照折射到法华堂的须弥坛中央。那抹游移的光斑恰似《心经》里“无无明尽”的“无”字最后的一笔，在石壁上颤动如未完成的顿悟。

位于东大寺北边的正仓院堪称日本的国宝，它建于8世纪中叶（约756年），与东大寺大佛殿同期完工，最初作为东大寺的“正仓”（官方仓库）存在。1180年平重衡之乱，东大寺多数建筑毁于战火，正仓院因远离主殿且结构坚固得以幸免，成为唯一完整保存的奈良时代的建筑群。

奈良正仓院

正院的由来

奈良时代、平安时代的中央、地方的官厅和大寺中，曾经设置过收纳重要物品的正仓。于是这个正仓被叫作正仓院，因为里面聚集了几栋正仓。但是，放置在各地的正仓，随着岁月的流逝，不知不觉间消失了，只有东大寺正仓院内的一栋正仓像从前一样保留至今。这就是正仓院宝库。

八世纪中叶，奈良时代的天平胜宝八年（756）6月21日，在圣武天皇的七忌日之际，光明皇后为祈祷天皇的御冥福，将御遗爱品等六百数十点和六十种药物献给东大寺的本尊卢舍那佛（大佛）。皇后的献祭前后共五次，其物品被收藏在该寺的正仓（现在的正仓院宝库）中，并被永久保存。这就是正仓院宝物的来历。还有大佛开眼会等东大寺重要法会中使用的佛具等物品，以及200年后的平安时代中期的天历四年（950），从东大寺的仓库搬到正仓的器具等，与光明皇后奉献的物品一起被严格保管。正仓院宝物就是这样由几个系统构成的。

这座正仓院宝库，在朝廷的监督下，在东大寺的监督下，历经千余年，直到明治八年（1875），由于宝物的重要性，由内务省管辖，后经农商省移至宫内省，继续由宫内厅管辖宝库。现在，除了古代的正仓，还有西宝库、东宝库，宝物分别在这两个宝库中保存。

正仓院建造技术承袭中国唐代的仓储建筑风格，并融合了日本本土工艺。采用独特的“井干式”构造，以三角形木材搭成“#”形结构叠加而成，不使用立柱支撑，整体建筑底部悬空3米，形成离地空间。这种设计能高效隔绝地面湿气，又具备防震防盗功能，被称为“天然空调房”。屋顶为四阿式（四面坡屋顶），内部空间划分为北仓、中仓、南仓，布局严谨。建筑主体使用珍贵金丝楠木（日本称桧木），工匠在采伐时标记每棵树的生长朝向，建造时严格复原木材原始方位，使木构架与自然生长环境保持一致，提升建筑稳定性，整座建筑未使用一根铁钉，通过榫卯工艺实现木材咬合。木材间的缝隙利用热胀冷缩原理自动调节，夏季膨胀封闭湿气，冬季收缩加强通风，实现恒温恒湿，利于文物保存。

宝库正仓

正仓如前所述，是原东大寺的正仓，是奈良时代以来袭藏宝物的宝库。桧木建造，单层，寄栋本瓦葺，高床式建造。其雄壮的姿态和端庄的姿态，恰如奈良时代第一大寺东大寺的正仓，更何况是安置国家宝藏的宝库。

仓被分为三仓，从北（正面向右）依次被称为北仓、中仓、南仓。北仓和南仓是将大三角材（校木）组装成井桁的拼凑式校仓造，中仓是利用北仓的南壁和南仓的北壁作为南北壁，东拼西凑的两面是用厚板做成墙的板仓造的。另外，各仓的东侧中央设有入口，内部为二层建筑。北仓主要是收纳光明皇后奉献品的仓，开门需要天皇的许可，所以被称为敕封仓，在室町时代以后，天皇亲署的御封。中仓、南仓是收纳其他东大寺相关物品的仓，中仓与北仓合为敕封仓，南仓则由监督各寺的僧纲封（后东大寺别当封）管理。但是，明治以后南仓也变成了敕封仓。

正仓院的宝物至今仍处于极佳状态，而且大量保存下来，主要得益于其在敕封制度下没有被随便开封，而且受到了严密的保护。另外，从建筑物上看，宝库在稍高的地方，使用巨大的桧木建造，楼下是高楼梯式结构，对防止宝物的损失和虫害的效果，令人惊叹。而且，宝物被储存在这个库中，并被传下来，这在缓和箱内湿度高低差、阻断外部光线和污染的外部气体等，对宝物的保存发挥了很大的作用。

然而，这座宝库自奈良时代创立以来，经历了多次危机。但幸运的是没有发生大事，宝库以不屈不挠的形式保存了下来。但是，在此期间，因年久而腐烂、漏雨等情况也时有发生，为了维护建筑物，进行了大大小小的几项维修。例如，在现在看到的外观中，在地板下面的柱子上缠绕的铁带，以及支撑书店的根茎鼻子上覆盖的铜板，都是在后世修理时添加的。

另外，关于宝库的建筑年代，由于没有直接记录的资料，所以无法明确，但从文献中看到的报道，可以肯定的是，它最终是在759年3月之前完成的。

近年来，人们使用年轮年代法对建筑材料进行科学调查，认为在宝物献纳前后的时期，就已经呈现出现在的样子。正仓于1997年被指定为国宝，正仓周边地区被认定为历史遗迹，次年作为“古都奈良的文化财”的组成部分被登记为世界文化遗产。

西宝库、东宝库

是位于正仓西南和东南的宝库，西宝库建于昭和37年(1962年)，东宝库建于昭和28年(1953)。均为钢骨钢筋混凝土结构，现配有空调设备。西宝库是代替正仓收纳整理完毕的宝藏的敕封库，每年秋季开封，进行宝藏的检查、调查等。东宝库目前收纳着以染织品为中心整理中的宝物和《神经》圣语藏经卷。

圣语藏

作为东大寺塔头尊胜院的经藏而建的校仓，原本在转害门内，明治年间，随着经典类被献给皇室，迁建到东宝库前方的现位置。经典类包括中国的隋经、唐经，奈良、平安、镰仓时代的古抄经等约五千卷，现存于东宝库。

宝物

具有上述起源的正仓院宝物，大部分是奈良时代、八世纪的遗物，是渡过波涛从中国大陆进口，或是在中国制作的美术工艺品、文件等。现在留存于宝库的宝物数目，仅整理完毕的宝物就达到了约九千件的庞大数量，而且种类也非常丰富。按用途分类的上馆藏，书卷文具、文房具、家具、乐器乐具、游戏具、佛教相关品、年事用具、武术器械、饮食器、服饰品、土匠、香药类等生活全方面，可以近距离了解奈良时代文化的全貌。从制作技法来看，金工、木工、漆工、甲角细工、陶艺、玻璃、染织等美术工艺的几乎所有领域，都采用了平脱、木画、螺、疏镇、三彩、七宝等高级技法，所用材料种类也丰富。光彩照人，记载明皇后奉献宗旨和品类的献物帐，以树下美人像闻名的鸟毛立女的琵琶解风，也是世界上唯一遗物的华丽五弦琵琶，遥远的丝路之旅让人想起卷曲的柔情的切玻璃白琉璃碗，用黄金、珍珠装饰的犀角如意，也是现存最古老的如意。

户籍

日本大宝二年(702)的户籍、狩猎文和其他异国元素的、图案繁杂的正仓院数不清的宝物无法一一列举。具有这样内容的正仓院宝物还具备以下重要特质。首先，其中包含了由来流传、制作年代、使用年代明显的宝物，因此在学术上做出了巨大的贡献。其次，宝物不是出土文物，而是传世品。说起古代的遗物，大多是从地下发掘出来的，但正仓院的宝物不是出土品，而是存放在木制宝库中，流传了一千二百多年。因此，保存状况良好，保持着作为传世品的品位和美感，这是令每个人都感叹的地方。此外，现在的一个特质是普遍性。正仓院的宝物，以国际色彩浓厚的中国盛唐文化为母胎，不仅有从中国进口的物品，还有其他国家的物品，其材料、技法、器形、设计、图案包含了八世纪主要文化圈的元素，包括中国、印度、伊朗、希腊、罗马、埃及。但引人注目的是西方色彩的浓厚，西方元素在盛唐被文物所采用，最终传入日本，并留在正仓院。

正仓院作为东亚古代文明的“时空胶囊”，藏有9000余件奈良时代至平安时代的文物，其中许多件是现存唯一的孤品。在这里简单介绍几款不同类别文物：

1.盛唐遗韵：丝路文明的结晶

螺钿紫檀五弦琵琶

全球唯一传世的唐代五弦琵琶，琴身以紫檀木为胎，镶嵌玳瑁、夜光贝与琥珀，背面螺钿镶嵌的骆驼商队图案中，胡人乐师在宝相花丛中弹奏，堪称“丝绸之路的立体画卷”。琴颈处的“天寿”二字铭文，推测为唐玄宗赐予日本圣武天皇的国礼。

金银平脱背八角镜

直径27厘米的银镜背面，用金箔剪出迦陵频伽（佛教中的妙音鸟）与宝相花图案，镶嵌工艺精细到每平方厘米有30片金箔镜面至今仍能清晰照影，其镀汞技术远超同时代欧洲水平。

2.佛教圣物：信仰与工艺的融合

光明皇后捐赠的圣物容器，以整块沉香木雕刻而成，箱盖刻有《心经》全文，字迹细如蚊足却笔锋清晰，开箱时仍能闻到千年未散的沉香气息。

密教法具系列

白琉璃碗：萨珊王朝传入的钠钙玻璃器，器壁仅1毫米厚，通体无接缝。

金铜八曲长杯：波斯风格的饮酒器，杯壁捶揲出狩猎场景，动态感堪比浮雕。

三、宫廷风华：天平文化的至宝

鸟毛立女屏风

六曲屏风绘有盛唐装束的仕女，人物衣裙用3000片雉鸡羽毛贴成，历经千年仍泛彩虹光泽，2020年X射线检测发现底层隐藏着未完成的胡人乐师线稿。

红牙拨镂尺

圣武天皇用过的象牙尺，表面镂刻唐代度量衡刻度与西域星座图，尺身中空暗藏的微型《兰亭序》金箔卷于2015年通过CT扫描发现。

4.技术奇迹：古代匠人的超凡智慧

唐代蜡缬屏风

使用失传的“蜡防染”技术，在丝绸上染出对称的连珠翼马纹，染料分析显示使用了印度紫胶虫与地中海骨螺的混合色素。

漆金鞘大刀

刀身采用“包钢法”锻造，刀刃至今可断发，刀鞘漆面用金粉与青金石粉交替晕染，形成流动的“唐草乱晕”效果。

5.隐秘档案：改写历史的文书

光明皇后血经

用皇后本人指血书写的《瑜伽师地论》残卷，墨色中检测出麝香与龙脑的防腐配方，行间朱批揭示日本早期佛教改革秘史。

遣唐使公文

吉备真备亲笔的《入唐采购清单》，记载在扬州购得“《大衍历》稿本三卷，费砂金二十两”，证实日本历法改革直接依赖唐代天文学成果。

6.异域奇珍：跨越大陆的邂逅

波斯碧琉璃杯

萨珊王朝的钠钙玻璃杯，器身吹制出凸起的联珠纹，与西安何家村窖藏出土物同源，杯底残留的葡萄酒渍经检测，含中亚特有的柽柳花粉

印度菩提叶经

用铁刀在菩提树叶刻写的梵文《法华经》，每片叶脉走向与经文排列方向一致，保存状态优于印度本土现存同期贝叶经。

7.乐舞记忆：穿越时空的音符

唐代箜篌残件

现存最完整的唐箜篌共鸣箱，二十三弦孔位显示七声音阶体系，音箱内部发现敦煌曲谱《苏莫遮》的墨迹残片。

醉胡王面具

雅乐表演用的彩漆木雕，刻画出粟特商人的醉酒神态，内部机关可使眼珠转动，暗合《通典》记载的“活目伎乐面”。每年秋季，正仓院在严格控温控湿环境下开启“曝晾”，让文物接触新鲜空气。2021年曝晾中，一件波斯锦袍褶皱处意外显露出用金线绣制的粟特文诗句，经破译竟是长安酒肆流行的胡商劝酒歌。这种“沉睡千年，开口说话”的奇迹，正是正仓院最动人的魅力。

这些文物不仅展现了古代工艺巅峰，更构成了一部“没有文字的文明史”。当螺钿紫檀五弦琵琶的第五根弦在当代被重新调音，当显微镜下的西域染料分子与敦煌壁画颜料数据库匹配成功，正仓院始终在提醒我们，文明的火种，永远在对话中焕发新生。

古代日本文化深受中国文化的熏陶，这种影响是全方位而又深远的。在长期的历史交融中，日本不仅汲取了汉字、汉文、儒学等精髓，还采纳了律令制度和佛教文化。东大寺作为这一融合过程的见证者，现存建筑巧妙地运用中国元素与日本文化，彰显卓越的智慧。南大门的建筑风格、佛像雕塑以及石狮雕刻，都展现了我国宋代工匠们超凡的技术实力。而大佛殿更是中日文化交流的典范，展示了两国间源远流长的友谊。愿这份深厚的情谊如同大

佛一般，历经风雨而更加坚固。

“正仓院是丝绸之路的终点”这句话，可以说是表达了这个宝藏所具有的世界性的一部分。正仓院宝物不仅显示了奈良朝文的精华，而且代表了八世纪世界文化的珍贵古文化财产。

正仓院事务所负责宝库、宝物的维持、管理，同时进行宝物的研究调查、整理、修理、复原仿造等，并将调查报告公刊供一般参考。每年秋天都会有部分宝物在奈良国立博物馆展出。

【旅游攻略】

地　　址：奈良市杂司町406-1

交通信息：从近铁奈良站徒步15分钟可以到达

开放时间：7：30—17：30

门票价格：庭院免费

大佛殿600日元；千手堂600日元；法华堂600日元

不容错过：瞻仰260万人合力打造的大佛像

游览世界上最大的大佛殿，其中供奉着大佛像

沿着台阶登上二月堂，欣赏奈良盆地的美景

/

奈良唐招提寺

鉴真东渡：一苇渡海照汗青

753年的深冬，66岁的失明的高僧鉴真，也许不会想到第六次东渡踏入日本九州岛，他背负的不只是盛唐佛法的精华，更是把最震惊的精神远征，在东亚文明史上开启了神州文明史上的历史长河。奈良西郊的唐招提寺，正是这场跨越生死之海的文明对话的最完美的见证——那些穿越千年风霜的唐式鸱吻，至今仍在诉说着一位盲僧如何用精神之光照亮整个岛国的传奇。

千年前一个樱花飘落的时节，唐招提寺的钟声总比平日多三分绵长。年逾古稀的鉴真端坐讲经堂，眼翳如古井蒙尘，耳畔却浮动着弟子研磨松烟墨

的沙沙声。侍者思托捧着经卷的手顿了顿，檐角铜铃忽地轻颤，惊起一蓬淡粉色的花瓣，落在老和尚褪色的袈裟上。“师父该饮药了。”年少的日籍弟子忍基捧着陶钵趋近，药汤里映着半轮残月。鉴真抬手抚过弟子微微发抖的腕骨，枯瘦的指尖在陶钵边缘叩出清响：当年在扬州大明寺，你们师祖用竹杖点地三下，老衲便知该去舀第三遍洗目汤。

暮色漫过金堂鸱尾时，常有人见老僧执杖缓行。青苔沁透的唐式阶梯上，七重凹陷随着他的脚步次第显现。法进搀着师父走过第八遍《四分律疏》的讲解时，忍基忽然跪在经藏殿前。月光将他额头的血痕照得发亮：弟子今日在奈良街头，见人持刀破戒竟未劝阻。

鉴真拄着禅杖，盲眼正对着檐角垂落的星河：三十年前老衲初见遣唐使，海船桅杆上缠着血红的断指。忍基抬头看见师父嘴角微扬，苍老的面容竟似佛龛里的旃檀像般泛起柔光：施主手中的刀，可比南海吞舟的浪温柔多了。

梅雨浸透木构的时节，鉴真在讲堂晕厥。弟子们将唐式药枕垫在他颈下时，听见师父含混地念着大明寺的琼花该开了。思托蘸墨记录《东征传》的笔尖顿时悬在半空，一滴墨落在“海上有白虹”的记载旁，洇开成浪花的形状。

七月流火的清晨，鉴真忽然要听新漆的戒坛。忍基背着他穿过尚未干透的朱漆回廊，老僧布满裂痕的手掌抚过彩绘梁柱，忽然轻笑：“当年在黄泗浦等顺风，船头跳板也这般潮润。”他的袈裟扫过新糊的唐纸障子，惊起满室经卷的沉香。

临终前夜，鉴真执意要触摸金堂药师佛的莲花座。弟子们抬着竹舆登上须弥坛时，佛前的长明灯忽然爆出灯花。老和尚手掌贴着冰凉的石座，两行清泪从眼窝里滚出来：这佛脚上的螺纹，和大明寺里的螺纹，没有什么区别。晨钟响到第七声时，忍基发现师父的法衣上沾着一枚干枯的琼花瓣，分明是三十年前扬州故物。

鉴真东渡之路，可以称得上是人类文明史上最悲壮的一段征途。742年，日本僧人荣睿、普照在扬州大明寺内长跪三天，只为求得此律宗大师东传戒法。彼时正值盛唐开元天宝年间，鉴真已是江淮佛教领袖，却毅然立下“是为法事也，何惜身命”的誓言。

从742年首次启航到753年终抵奈良，十余年间五次失败航程，折损三十六位同行者，连最忠实的弟子祥彦都病逝于途中。第五次渡海时，船队遭遇季风漂流至海南岛，鉴真因暑热失明，却始终紧抱着装有《四分律疏》的经匣。

在鉴真随身携带的宝物中，最珍贵的不是金银法器，而是盛唐文明的火种：王羲之父子真迹摹本、天台宗典籍、青州袈裟织造技术、鉴真亲自调制的奇效丸药。这些文化基因被精心包裹在防水桐木箱中，即使在惊涛骇浪里也保持干燥。当船队最终停靠秋妻屋浦时，日本朝廷派专使迎接的不仅是位高僧，更是整个盛唐文明的精华。

唐风梵韵筑招提

唐招提寺的营建本身就是一首凝固的史诗。759年，鉴真获赐新田部亲王旧邸建寺，定名唐律招提，意为盛唐律法在此弘扬。寺院的设计严格遵循长安西明寺的规范：金堂的宽度为七间，深度为四间，屋顶平缓如展翅的大雁，唐招提寺的讲堂非常独特，其外形与希腊帕台农神庙十分相似，且二者在建造时都使用名为“卷杀”的建筑技巧。讲堂则采用人字形的支撑结构，天花板的设计为“彻上明造”，与敦煌壁画中唐代佛殿的风格极为相似。最令人惊叹的是讲堂内四根梭柱，收分曲线与五台山佛光寺东大殿柱式完全一致，将山西木构技艺完美复刻于东瀛。

寺内现存的鉴真文物构成流动的盛唐记忆。干漆夹纻鉴真坐像，面容沉静中带着穿越沧海的坚毅，袈裟褶皱间凝固着海上十余年的风霜。金堂内的卢舍那佛坐像，衣纹流畅如吴带当风，背光飞天与敦煌328窟彩塑同源同脉。藏经阁中的《东征传绘卷》，用金碧山水描绘的渡海场景里，惊涛中若隐若现的菩萨形象，将现实苦难升华为宗教图景。

唐招提寺的建立使日本的佛教生态发生了根本性的变化。鉴真带来的南山律宗填补了日本佛教戒律缺失的空白，他亲自在东大寺戒坛院主持的受戒仪式，使日本佛教完成了从“私度僧”到“官度僧”的制度转型。随行的弟子中，法进开创了日本律宗，思托撰写的《唐大和上东征传》成为研究唐代佛教的珍贵文献。寺院种植着大量的扬州琼花、鉴真带去的蔗糖制法，都在不经意间重塑着日本文明的面貌。

这座寺院最动人的是展现的文化包容性。金堂柱础上的覆莲纹与日本本土的巴纹交融，讲堂门窗的唐式直棂窗镶嵌着和式木格。鉴真晚年传授的“鉴真流”医药，将《千金方》与日本草药学结合，衍生出独特的汉方体系。这种文明互鉴的智慧，在当代唐招提寺的“开山忌”法会上依然延续：中国僧人带来的扬州梵呗与日本雅乐同坛共振，仿佛千年佛缘从未断绝。

站在金堂前的石灯笼旁仰望，那些承载着盛唐记忆的斗栱飞檐，在太平洋的季风中岿然不动。鉴真当年亲手种下的莲藕，依然在寺前池塘年年绽放。这位盲僧用十二载生死航程证明：真正的文明传播从不是强势输出，而是以生命为舟楫的精神摆渡。唐招提寺的每一片唐瓦都在诉说：当两个文明真正彼此仰望时，沧海亦可化作通途，盲者亦能成为光明使者。

奈良唐招提寺

唐招提寺融合了太平时代到平安时代的建筑特色，历经1260年的风雨洗礼，依旧傲然屹立，成为极为珍贵的世界文化遗产，令人不禁心生敬畏与感慨。位于日本奈良市西京五条境内的唐招提寺，在盛唐时期彰显了我国特有的宗教建筑风格。踏入寺院，古朴宁静的氛围扑面而来，苍林翠柏郁郁葱葱，古老建筑隐匿于繁茂古木之间，禅意悠悠，让人瞬间身心安宁，仿佛尘世的纷扰都被隔绝在外。正面七间、侧面四间的大雄宝殿——金殿稳稳地矗立在一米左右高的石台基上，是日本天平时代建筑规模最宏大、气势最宏伟大的一座寺庙。寺内保存有被誉为国宝的金殿、讲堂、藏经楼、藏宝楼和大殿、鼓楼等建筑，是现存的日本天平时代建筑中的最大最美建筑群。金堂，作为唐招提寺的标志性建筑，它由鉴真和尚的亲信如宝所建，单檐庑殿顶的设计与直径六十厘米的木柱，无不彰显着唐朝建筑的独特韵味。内殿的主佛卢舍那佛与两侧的千手观音、药师如来坐像，均为佛教艺术的瑰宝。他们以雄壮的身姿、精湛的工艺，吸引了无数游客的眼球。金殿内还珍藏着梵天、帝释天两尊小像和四大天王的木制造像等其他珍贵造像，共同构成殿内一道丰富的人文景观。殿内还陈列着极为珍贵的鉴真大师坐像。

鉴真像以干漆夹纻技法塑成，双目微阖如入禅定，眼睑褶皱间凝固着海风侵蚀的痕迹。失明的双目并非完全闭合，而是保留着0.5毫米的微光缝隙。唇角的“含笔微笑”暗合圆寂传说——据传鉴真晚年口含毛笔校勘经文时溘然长逝，匠人用三叠朱砂晕染出似笑非悲的微妙表情。

坐像身着三层袈裟：内层：素绢中衣保留扬州织造特有的菱格暗纹；中层：赭色田相衣以金泥勾边，模拟长安赐紫袈裟形制；外层：茶褐九条袈裟褶皱如惊涛翻卷，衣缘处可见十二道波浪状压痕，隐喻六次渡海经历，右手结无畏印的指节间，残留着当年抄经染墨的肌理刻画，拇指内侧特意加深的凹陷，暗合史料记载其长年持笔形成的职业茧痕。像高81厘米的尺寸隐含了佛教“九九归一”的思想，坐法上采用了唐代标准的“吉祥坐法”，只是左膝比右膝高出3厘米，为渡海之时所患腿疾埋下了伏笔。底座莲花纹与日本巴纹交融，花瓣层数取“五瓣唐莲”与“八重樱”的最小公倍数，象征中日文明的共生。干漆层中检测出扬州漆器特有的桐油——蚌粉混合物，与奈良时代漆工艺形成鲜明对比。天平宝字三年（759年）的漆书题记“弟子义静谨造”在造像背后的隐蔽处保存着，字迹与正仓院文书《遣唐使录》的笔迹相吻合。近些年X光扫描发现坐像胸腔部位封存着《四分律疏》残页，纸张纤维与鉴真携往日本的经卷材质一致，此像历经1260年仍保持了百分之四十五的原始漆层，衣纹褶皱中检测出的东海盐晶微粒与南海珊瑚粉末，构成跨越时空的地理年轮，实属罕见。

每个人游历时的心路都不一样，为什么每到日本必到关西，那是每个中国人都应该知道的答案，因为那里有华夏儿女寻根寻梦的实物，有许多前人留下的遗迹，有历史的真相，我痴迷地去了解。对于一个仰慕唐文化、从事旅游专业的人来说，在苦思冥想中，有无限的引力召唤我的唐招提寺就是我的心中殿堂。而当你踏入唐招提寺的瞬间，连时光都放缓了脚步。金堂的瓦檐正垂着春末的雨丝，像一千二百年前鉴真渡海时沾湿袈裟的浪沫。我数着苔痕斑驳的石阶拾级而上，只见廊柱间漏下的光斑里，几粒浮尘在唐风斗拱间流转，这难道不是当年随船飘来的长安香灰？那只被江户匠人抬高三十五度的鸱吻，依然倔强地朝着西海的方向，等待着永远不会归航的故人。

讲堂的梭柱沁出幽幽的松香，柱身收分曲线里藏着五台山的月光。指尖抚过梁架间褪色的卷草纹，朱砂与白垩的碎屑簌簌而落，和敦煌飞天衣袂上的颜料是同一种红。抬头望见“彻上明造”的方格天花，那些交错的木纹原是未写完的航海图——每一道裂痕都指向扬州运河的码头，每一条木纹都刻着遣唐使船队的龙骨。

鉴真大师，东亚文明的传播者，琼花东渡佛缘生根，在唐招提寺绽放千年。当琼花在扬州花开花谢十二遍，奈良的枝头便结出十二重金箔佛光，似鉴真失明的双目，那永不熄灭的沧海星辰。

【旅游攻略】

地　　址： 奈良市五条町13-46

交通信息： 近铁西之京站下车，徒步10分钟到达

开放时间： 8:30—16:30

门票价格： 1000日元

不容错过： 本堂中的千手观音像被认为是日本最古老的木雕，这尊千手观音与卢舍那佛及药师佛（都供奉在本堂）都被指定为日本国宝

联系电话： 0742-33-7900

/

奈良平城宫迹

已记不清几次路过奈良的平城宫遗址，去年夏天，从唐招提寺游览出来，步行大约半个小时，远远看到这一片废墟，只因双腿早已不听使唤，加之近38摄氏度的酷暑，心动之余，奈何高温与脚的抗争，心中默念，算了，下次吧。万般无奈走向了车站。坐在近铁奈良线的车厢里，身心的疲惫得到了暂时的缓解，望着窗外逐渐稀疏的现代建筑，仍能看到夏日丘陵缓坡上那一抹朱红。那是平城宫遗址的朱雀门，真的不舍，那一片遗迹，随着电车疾驰的速度，离我越来越远，视线却一直都停留在遗址的方向，直至其消失。七月的风中飘散着茶花的芳香，电车驶过轨道的声音，就像是听到了日本天平时代牛车的木轮轧过碎石的声响。

2025年春节后，樱花还没开放，我再一次来到了奈良这座古都，这次专门奔着遗址而来，好在这个时节不算太冷，一件毛呢外套就足矣了。

走在复原的罗城门遗址，眼前豁然开阔的草坪像铺展开的时光卷轴。巧遇身着淡蓝色工作服的考古工作人员正在清理探方，树上乌鸦的啼叫和铁铲刮擦沙土的声音编织成奇妙的二重奏。庄严肃穆的朱雀门的朱红色立柱在阳光下泛着温润的光泽，古朴的瓦顶上金铜色的鸱尾反射着斑驳的太阳光，让我想起正仓院珍藏的唐代金银平脱镜。

顺着宫墙漫步，指尖触碰到现代技术复制的“白壁丹楹”，感受到真实的岁月肌理。指示牌上的“平成京条坊复原图”在微风中轻轻颤动，整齐如棋盘的街巷布局，却是长安城在异国的镜像。走着走着，偶然发现脚下泥土中露出半枚残缺的瓦当，凸起的莲花纹路被时光磨得圆润剔透，莫不是当年匠

人指尖残留的温度。

穿过朱雀门往北，太极殿的基座如巨龟静卧。大殿内金漆剥落的梁柱间，阳光透过格窗在地上织就光之锦缎，某一瞬间，我似乎看见头戴垂缨冠的遣唐使正在禀报，他的吴服下摆还沾着明州港的海盐。此刻站在大殿外十二阶龙尾道前仰望，三重屋檐划出的优美的弧线将天空切割成流动的画卷。展馆里陈列的出土木简令人屏息。只见一枚上写着“正仓院绢布三百端”的墨迹，画笔间凝结着仓库官吏的气息；另一枚则记录着“明日申时造东院墙”的指令，千年后的今天，我们得以窥见当时工匠们的工作节奏。而最动人的是某位宫女练习书法的墨笔，反复书写的“春”字从生涩到流畅，最后那个完美的字迹旁竟有晕染般的痕迹。

710年的秋分时节。每年一次的“天平祭”别样生机。暮色浸染朱雀门，八百支松明突然在平城宫前同时燃起，篝火摇曳的光影里，头戴乌青色帽子

奈良平城宫迹

的乐人开始吹奏雅乐。十二名单衣的宫装女子广袖如云，唐衣上的雀纹在火光中展翅欲飞。她们手持银香球在空中划出流萤般的轨迹，太极殿前的“万灯会”，三千余盏和纸灯笼次第点亮，宛如天上的银河坠入凡间。穿行在这片星海中的皇室宗亲及王公大臣，脸颊被暖黄的光晕染得格外柔和。身着唐装的贵族与戴冠的遣唐使身影在流光溢彩中重叠，乐舞的技师与古笛的清音奇妙地共鸣。而当所有灯笼同时熄灭的一瞬间，夜空中出现了真实的银河，星光、月光在此刻浑然一体。

工作人员的讲解将我的思绪带回了博物馆，犹如穿越一般，久久都没能平复。离开之时，特意带回一把遗址中的泥土。轻薄的泥土中承载着1300年的光阴流转，唐代的明月依然照耀着令和的樱花，今天，平城宫这片土地。考古队帐篷里的灯光依旧彻夜未熄，那些轻轻刷去尘埃的手，正在小心翼翼地将未来的记忆埋入土壤。

平城宫保存着1300年前的皇家宫殿遗址。新建的朱雀门是当年都城的正门，门前的广场也是新开辟的。广场向南延伸，是宽阔的朱雀大道，虽然新修，但仅延伸数百米就被现代道路切断了。太极殿前的广场由小碎石子铺垫，显得格外开阔。大殿坐落在土黄色的石条砌成的台基上，石条的颜色显得格外苍老，可能是当年留下的。殿前的44个土黄色石头柱础上矗立着44根粗壮的朱红色立柱，支撑起宏伟的宫殿。这座大殿仅使用了几十年，就被移筑在当时的临时国都里，因此得名第一太极殿。东侧，便有了第二太极殿的遗址。到了7世纪中期，日本出现了一批熟悉中国、深入了解研究过中国的留学生和留学僧。他们仿唐朝的礼仪律令进行深化变革，很快形成了唐朝式的律令国家。日本天皇第一个采用中国式的“大化”年号。许多年号都可以在唐朝的年号里找到影子。这个时期发生的重大历史变革，史称大化改新。710年，元明天皇迁都平城京。从710年到794年，这段将近百年的时间对日本历史产生了重要影响，史称“奈良时代”。整座平城京完全是仿照中国唐朝都城长安建造的。太极殿、朱雀门、朱雀街等宫殿、宫门、街道的名称也袭用了长安的名称。

1.佛教寺院遗址群

(1)药师寺遗址群

位于宫城东侧的三重塔基址现存高3.8米的夯土台基，其核心区出土的鎏金铜佛残片经检测含砷青铜成分，与正仓院藏唐代佛像铸造工艺相符。金堂遗址的“三累层”夯土工艺采用分层施压法，每层厚度误差控制在0.5cm以内，印证了《营造法式》记载的唐式地基标准。

(2)东大寺金堂遗址

该遗址出土的绿釉鬼瓦尺寸达68厘米×52厘米，眉眼雕刻采用“双线阴刻”技法，与云冈石窟第20窟大佛的瞳孔处理方式完全一致。现存柱础间距按“七间四面”布局，每开间5.4米的规制与长安青龙寺遗址存在0.3米的误差，反映本土化改造。

(3)唐招提寺戒坛遗址

讲堂遗址内发现的木质结构的戒坛基座边长6.3米，其榫卯结构采用“腰栓”加固技术，与平城宫朝堂院出土的行政建筑构件同源。出土的《授戒录》木简残片记载了天平胜宝六年(754)鉴真为孝谦天皇施戒的完整仪轨。

2.神社与原始信仰体系

春日大社磐座遗址

社内原始林中发现的祭祀用“磐座”巨石群共计17块，最大者重达8.6吨，其排列方位与宫城中轴线形成12.5度夹角。出土的铜制祭祀器具表面检测出汞硫化物残留，证实曾进行过“燎祭”仪式。

三、佛教艺术实证

兴福寺五重塔基址出土的十二天像壁画残片，其青金石颜料层厚度达0.08毫米，与正仓院藏唐代舶来品的光谱分析数据吻合，证实通过平城宫渠道输入的丝路贸易网络。

元兴寺极乐坊遗址发现的桧皮葺屋顶残件，其防水层采用“七重交叠”工艺，每层树皮厚度误差不超过0.2毫米，与宫城太极殿复原工程使用的技术参数完全一致。

保护现状：2010年启动的遗址保护工程中，采用三维激光扫描测得朱雀门复原建筑的柱径偏差率仅为1.7%，精准还原了奈良时代木构建筑的力学特征48。现存宗教遗迹的空间分布与宫城政治中枢形成“十”字轴线布局，印证了《周礼》影响下的政教一体化规划理念。

迁都背景与都城营造

710年，即我国唐代早期，日本元明天皇率领宗室贵族从大阪难波藤原京，迁入平城京，这场迁都本质上是国家体制转型的重要举措，通过模仿唐长安城的都城建造，舍弃了倭国时期迁宫不迁都的传统模式。平城京东西宽约4.3千米、南北长4.8千米，总面积达25平方千米。相当于同时期扬州城的规模。其规划虽以长安为蓝本，但根据日本地理自身环境，调整了南北轴线，采用棋盘式街坊制布局，形成律令制国家的空间载体。

以都城为核心的平城宫，占地1.3平方千米，共设三组十二座城门，四周环绕着高5米的筑地围墙。宫内分为三大功能区：

朱雀门：为宫城南正门，原建筑毁于战火，1998年按照奈良时代工法复原。三洞门楼以朱漆涂饰，檐角悬垂铃，门道宽度参照唐长安朱雀大街规制，成为连接宫城与朱雀大道的象征性节点。

大内区域：天皇居住与日常政务办公的空间，现存基址显示采用我国传统的前朝后寝的唐风建筑布局。

太极殿院：国家举行典礼场所，三重檐建筑基座高达12米，今复原建筑的金铜鸱尾则重达2.7吨。

朝堂院：八省百官的办公区，从出土木简中可以看见写有“造东院墙”等行政指令。

朱雀门檐角的三维激光点云与药师寺东塔的千年夯土层在暮色中叠合，唐招提寺金堂基址出土的丝路青金石碎屑折射出最后一缕夕照，这方宫阙终以0.2毫米的桧皮葺叠压误差与斑鸠啼鸣的和声，在数字重建的时空褶皱里，写下日本天平时代最庄重的诗句。

【旅游攻略】

地　　址：奈良市佐起町
交通信息：从近铁大和西大寺站下车，徒步10分钟可到达
开放时间：平城宫遗址馆9：00—16：00开放
门票价格：免费
不容错过：于2022年3月完工、精准修复并精心维护的大黑天和南门
修复后的东院庭园里美丽的池塘、建筑桥梁
可以学习世界遗产修复技术的复原事业情报馆
联系电话：0742-36-8780

/

奈良春日大社与若草山

奈良最不能错过的是哪个文化遗产，每位游客感受不同，体验不同，我认为是春日大社，这座被联合国教科文组织列为世界遗产的千年古都，将人类对永恒的两种诠释镌刻在朱红梁柱与燃烧的山脊线上。而奈良古都的文明意识与当地政府的智慧，总是以两种形态流淌——春日大社垂悬的青铜灯笼凝固着平安时代的铁锈，若草山焦土下的草根，以每分钟0.03毫米的速度生长，都在为这座千年古都增添色彩。清晨的春日大社格外肃静，大批的游客还没到来，参道上除了极少数晨跑的外国人，剩下的就是小鹿和我了。道旁两千余盏铜灯笼沉默地注视着来往的每一个人，青苔顺着斑驳的石阶蜿蜒向上，将朱红的回廊浸染成翡翠色。我站在鸟居前，望着白鹿从千年杉的影子里缓步踱出，那姿态像极了还未睡醒的上班族，慵懒又惬意。鹿角上凝结的晨露似荷叶上的水滴晶莹剔透，仿佛回到710年的藤原氏族人，正捧着鹿岛神宫的武瓮槌命神像，在这片原始森林中落下第一根社柱。

春日大社的营造本身就是一首未完成的诗。那些被青苔蚀刻出云纹的社殿，木构缝隙间渗出的腐殖土气息，与山间蒸腾的雾气在卯榫处缠绵。本殿

的金箔屏风，西回廊外那株八百岁的松树，它的虬枝穿透回廊屋顶，与人工建筑达成某种神性的共生。巫女在神乐殿摇响梓弓的瞬间，惊起的山鸠掠过树冠，将松针上的露水抖落在我的后颈，这细微的凉意恰如神道教中“微神”的显灵。

每年一月的第四个星期六，若草山的火焰则书写着另一种神谕，当三百三十三公顷的山体被烈焰包裹，如果此时站在二月堂就会看到凤凰涅槃般的奇景。这个始于江户时代的烧山仪式，暗合着的是《古事记》中“火之夜艺速男神”的传说。焦土并非终结，春雨浸润后，新芽总会成长，以肉眼可见的速度破土，五月，若草山刚发芽的嫩草如铺展开的翡翠屏风。游客可踩着尚未冷却的灰烬登上山顶，烧焦的草根已有星点绿意，似春日大社那些被香火熏黑的灯笼，在黑暗中孕育着光明。

如果选择在日落时分登上若草山三重目，东大寺的鸱吻与兴福寺的五重塔及整个奈良盆地尽收眼底，在黄昏中隐约可见。而当大社千盏灯笼依次亮起时，好似众神撒落在林间的星子。远远望见山脚下的游客逐渐散去，小鹿们蹦跳着四处游荡，有的开始舔舐灯笼底座凝结的露水，它们在与神社共生的千年岁月里，早已将青铜的锈色融进身体里的基因。此刻山风掠过耳际，带来山下神官诵经的余韵，告诉人们这是日本美学中“物哀”的真意——不是感伤，而是对一刹那永恒的顿悟。奈良的灵性不在于唐宋建筑的金碧辉煌，而在于这种生生不息的生命循环。春日大社的铜绿与若草山的新绿交替生长，神社的静谧与烧山的炽烈互为表里。当我们还困在钢筋水泥的迷宫里，是否想过这片土地依然恪守着最古老的契约——让神灵住在未完成的建筑里，让火焰成为重生的序曲。

奈良春日大社位于春日山，是日本全国春日大社的总部，与伊势神宫、石清水八幡宫并称日本三大神社。春日山作为神山，千年以来就被禁止砍伐，因此这里遍布着以槲树和米储类树木为主的原始森林。由于从九世纪起就禁止采伐树木，这片原始森林得到保护，并与春日大社一起被列入联合国教科文组织的《世界遗产名录》。

768年，藤原不比等后裔为守护平城京，将鹿岛神宫的武神分灵至此。春日大社最颠覆认知的特质，在于它打破了神社建筑“完成即永恒”的定律。每隔20年举行的“式年造替”仪式，并非简单修葺，而是以当代工匠之手重演创社神话——社殿的榫卯被拆解重组，青苔覆盖的旧木料与新伐桧木共同构筑神域，使得建筑本身成为流动的时间载体。

神社参道的两侧，千余盏石灯笼构成独特的信仰拓扑学，灯笼不仅是照明工具，更是祭祀仪式的关键法器。每年2月3日的“节分万灯笼祭”，神官们手持火把，逐一将灯芯点燃，当3000余座石灯笼同时被点亮时，犹如一条蜿蜒的光之河流。火光映照在朱红色的回廊上，有趣的是，这些灯笼的排列绝对不是随意为之。根据现代测量，它们的分布暗合古代星宿，一些特定位置的灯笼在冬至或夏至时，会与阳光形成特殊的光影效果。传说，若能找到三有“春日大明神”铭文的灯笼，并在灯前诚心祈愿，便能得到神明的庇佑。整座神社仿佛被笼罩在神圣的光晕之中，美极了。

神社中还有日本镰仓时代武将奉纳的战场遗物、江户町人捐赠的商船模

奈良春日大社

型、明治学者篆刻的汉诗，在统一形制中构成跨越八百年的对话。最珍贵的并非国宝级本殿，而是南门旁一具被青苔吞噬的残缺灯笼，其基座上保留着日本现存最古老的灯泡安装痕迹——1895年，当电灯首次在神社亮起，神官们用注连绳将电线缠绕成“神降”的路径。

共生逻辑：青铜与鹿的化学反应

来到春日大社的游客都避免不了鹿的诱惑，这些可爱的精灵守卫神社已经千年。门口的商家专门为小鹿准备了特质的鹿饼，只需人民币大约40元就可以在神社喂小鹿了。这座古老的神社，当初是为了守护平城京并祈求国家繁荣而建。它的氏神是藤原氏一门的神祇，传说中由武翁槌命乘鹿而来，从此，鹿成为神的使者。千年间神鹿与人形成和谐共处，而每当16—18点呈现明确的“参道巡行”路径，与游客动线完美错位。这些被《万叶集》记载为神明使者的生物，演化出独特的青铜消化系统：它们胃液中铜离子浓度超出普通鹿类3倍，能够分解春日大社灯笼基座的铜锈作为微量元素补充。

每年冬季，若草山烧山前夜，鹿群会集体迁徙至春日野草原，这种迁徙本能曾被误读为“神启”，实则源于鹿类对次声波的感知能力。现代仪器检测到，地底草根燃烧前释放的乙烯气体浓度变化，能产生频率低于20赫兹的声波，恰与奈良鹿内耳结构产生共振。自然选择让它们成为最精密的生态预警系统，比人类消防监测提前4小时作出反应。

榫卯间的本殿密码

春日大社本殿的“春日造”建筑样式，是日本现存最古老的神社建筑形制。四座主殿呈直线排列，分别供奉武瓮槌命、经津主命、天儿屋根命与比卖神，其平面布局暗合《古事记》中的“四魂”理论。最惊人的并非鎏金屋顶的弧度，而是深藏于地下的“心御柱”，这根直径1.8米的桧木纵贯地基13米，与地表建筑形成精确的7∶3比例，构成抵御千年地震的生态力学结构。

建筑表面的“素木造”技法摒弃彩绘，桧木纹理自然显现时间痕迹。本殿西侧柱础处可见明显的生物矿化现象：检测显示，木材表面附着的蓝藻菌群与铜制饰件发生氧化反应，形成独特的青绿色包浆层。这种微生物参与的“被动维护”系统，使得建筑外立面每百年仅自然剥落0.3毫米，比人工漆料耐久度高出17倍。

大社本殿的回廊并非完全封闭，而是由278根木立柱构成的“可呼吸木构”。立柱间距严格遵循阴阳道的“三六九寸法”，每当季风穿过柱间时，则会形成共振音——这正是日本的一种雅乐标准调音频率。2019年的激光多普勒振动测试显示，这种声波能有效驱散木构建筑中的蠹虫幼虫。回廊顶部悬挂的千座钓灯笼，为精密的环境调节装置。青铜铸造的六角形灯体内部设有螺旋导风槽，能将上升热气流转化为缓慢旋转的气旋。冬季清晨，当气温降至3℃以下，灯体表面凝结的露水会沿沟槽流入地下陶管，形成天然的地基保湿系统。这种源于平安时代的生态智慧，至今仍在发挥作用。春日大社最精妙的设计，在于对“虚空间”的极致运用。本殿与摄社之间的“砂之庭”，铺陈着从伊势神宫每二十年更换一次的白色石英砂。这些直径小到毫米的砂砾经过特殊筛分，能在雨天形成2厘米厚的透水层，防止神苑土壤中的酸性物质侵蚀木构基座。

宁静和谐的世界

春日大社的建筑风格，由四个社殿并立的本殿，环绕着朱红色的回廊，与春日山麓的绿色丛林相映成趣，俨然一幅美丽的风景油画。屋檐垂下的灯笼和社殿，为这幅画增添了更多情趣，让人感受到一种与世隔绝的清新与美好、宁静与和谐。大社主体的建筑群，堪称日本社寺造建筑美学的极致呈现。四座本殿均以“一字型”横向排列，被称为“春日造”的独特形制，打破了原有传统神社的纵向轴线布局。建筑学家普遍认为，四殿间的距离精确对应春分和秋分时的太阳光影长度，檐角翘起的弧度则与春日山海拔形成的仰角完全一致。这种将天文地理融入建筑尺度的智慧，使人工构筑物与自然山体产生天人合一的效果。

本殿通体覆盖的朱红色颜料，非单纯的视觉装饰。奈良文化财研究所的化验显示，这种由辰砂、松脂与铁锈混合而成的特殊涂料，在潮湿环境中会释放负氧离子。当参拜者穿过长达278米的朱色回廊时，每呼吸一口空气都在进行着古老的能量交换，这正是《延喜式》中记载的“神息净化”仪式的物质基础。曲折蜿蜒的朱红色回廊构成278米环形通道，暗合月球公转的沙罗周期(18年11天又8小时)。神职人员每日清晨沿回廊进行“御户开启”仪式时，他们的步速被严格控制在每秒0.73米，这个看似寻常的速度，其实是经过精密计算的时空密钥：以该速度走完全程所需的时间，与太阳光从春日山巅移动至本殿檐角的投影轨迹完全同步。而本殿屋顶的柏树皮葺层，厚度精确在7.3厘米。这个数值源自《古事记》中“七十三神”的隐喻，每层树皮的叠压角度都对应着某个神道的祭祀方位。每年冬至正午，好似北京故宫太和殿悬挂的正大光明牌匾，阳光会穿透回廊立柱的间隙，在本殿墙壁投射出由光影构成的“神纹阵列”。2025年的天文测算证实，这些光斑的排列方式与710年平城京建设时的星图完全吻合，整座建筑如同凝固的星象学。

大社的建筑系统具有惊人的自愈能力。支撑本殿的千年桧木柱内，活跃着被称为春日菌的特殊微生物群。直径仅0.3微米的古菌，能以木材纤维为食产生类树脂物质，持续修复结构的微观裂缝。2023年的基因测序发现，这些微生物含有16组CRISPR基因编辑系统，能够记忆并针对性修复特定类型的损伤，其工作原理类似于现代建筑的智能混凝土。

围绕着建筑群的3000余座石灯笼，更是祭祀仪式的关键元素，这些灯笼不仅起到照明的作用，每年2月3日的“节分万灯笼祭”，神官们手持火把，逐一将灯芯点燃，当3000余座石灯笼同时点亮时，形成一条蜿蜒的光之河流。火光映照在朱红色的回廊上，整座神社仿佛被笼罩在神圣的光晕之中，美极了。更有趣的是，这些灯笼的排列绝对不是随意为之。根据现代测量，它们的分布暗合古代星宿，一些特定位置的灯笼在冬至或夏至时，会与阳光形成特殊的光影效果。传说，若能找到三座刻有“春日大明神”铭文的灯笼，并在灯前诚心祈愿，可以得到神明的庇佑。

再来看看石灯笼表面的苔藓群落，千百年来一直担任着生态系统调节器。它们通过光合作用吸收二氧化碳的同时，会释放特定频率的生物荧光。夜间用红外热像仪观察可见，这些冷光源与社殿的暖色灯光形成互补光谱，使整个场域的光环境始终维持在4500K的类晨光色温。光环境不仅能抑制害虫滋生，还能激活人体血清素分泌系统，让参拜者自然进入平和心境。因此不得不惊叹古人的智慧。

今天，春日大社的每根桧木、每块青石都在展示着超越时空的寓言。当游客的手掌抚过回廊立柱的温润表面，指尖触碰的是树木的年轮，也是文明基因的双螺旋链。这座持续生长了1300年的有机建筑，既是往昔信仰的容器，也是未来文明的种子库——在春日山永恒的风声中。

【旅游攻略】

地　　址：奈良市春日野町160

交通信息：从近铁奈良站，转乘98路至春日大社本殿下车

开放时间：春日大社御本殿6：30—17：30，国宝殿10：00—16：30

门票价格：春日大社御本殿500日元，国宝殿500日元

不容错过：62座供奉福神的辅社；春日大社万叶植物园；美不胜收的秋叶和紫藤

联系电话：0742-22-7788

二

日本京都

（一）京都的世界文化遗产

1994年，日本“古都京都文化遗产”被联合国教科文组织列入世界文化遗产名录。其中包括一座幕府二条城、三座神社和十三座佛寺等17处世界遗产。

/

幕府的建筑：二条城

建成四百年的元离宫二条城承载着德川家族四百年来的荣辱兴衰和日本的历史沧桑，而作为从幕府时代走向近代化国家的一个见证物，二条城，更是大大超越了所有一般意义的城池，虽然其仍具有一定的军事功能，但是这座世界文化遗产的精神所在并不仅仅在于雕刻精美、建筑精良上，而更为重要的是这座城池完整地保留着曾经的政治权谋博弈。

这座城池在四百余年中见证了日本历史上众多的重大事件。

二条城早期是根据江户幕府（1603—1875年），初代将军德川家康的命令于1603年修建的。德川家康在渔长的战国时代后期统一了日本，引领了日本260年的和平与繁荣的时代。德川家康建立的幕府持续了15代，其中江户时代是日本历史上最稳定繁荣时期。1600年，关原之战后，德川家族统一了日本。1603年，德川家康成为天皇身边的征夷大将军（简称州军）。被天皇任命后，德川家康向聚集在二条城的大名们宣布了此事。二条城成为开启日本历史最重要时代的舞台。

德川家康每次到访当时的首都京都时，都选择住在二条城。家康不在时，城内配置有幕府所在地江户（今东京）派来的二条城轮守人员。当时为了巩固德川家的地位，第二代将军秀忠的女儿和子，于1620年嫁给后水尾天皇成为皇后。为了这一仪式，1619年对二条城进行了修建，1620年6月18日和子在众多随从的陪同下由二条城出发前往御所。1626年，引退后的第二代将军秀忠与第三代将军家光到访二条城，迎接后水尾天皇为期5天的行幸。

为了此次造访，1624年开始对二条城进行扩建，形成了今天我们看到的规模。

为了祝贺新建了天守阁与行幸御殿、本丸御殿等，将军所资助的狩野派画家在墙壁上绘制了壮丽的画作。天皇行幸时，表演了能及和歌，演奏了传统音乐，举行了骑马和蹴鞠等活动。行幸后，行幸御殿及其他几个建筑物被

京都二条城唐门

拆除。天守阁与本丸御殿后来被烧毁。二之丸御殿则成为京都历史上最繁荣时期的行幸重要建筑。1635—1863年，将军不再驻留二条城而遭荒废。1614年，德川家康离开二条城，成功包围了大阪城，而后又回到了二条城。家康在大阪城的胜利，宣告了在德川家之前统治日本的丰臣家族走到了尽头。这一事件确立了德川幕府对日本政治的统治地位。在江户幕府第三代将军德川家光时代的1624年，为了迎接后水尾天皇1626年的行幸，开始对二条城进行了大规模改建。迎接天皇来到二条城象征着江户幕府的统治地位已经稳定。1867年，在二之丸御殿的大广间，第15代将军德川庆喜将政权交还给天皇，在大名面前宣布德川幕府结束。自此进入了明治时代，日本迅速完成了由封建制国家到近代民主国家的转变。二条城成为开启和终结封建制最后篇章的舞台，也是日本走向近代社会的舞台。

建成400年的二之丸御殿、唐门、二之丸庭园是日本建筑及设计黄金时代的江户时代初期保留下来的珍贵遗构。

1867年，江户幕府的统治结束，并在二条城宣布将政权移交给天皇，18世纪末期，外国使节团要求将军结束约200年的闭关锁国政策，与外国进行通商，此事引起了社会混乱。日本南方的武士试图通过武力结束江户幕府，将政权交还天皇。迫于这种形势下，第15代将军德川庆喜于1867年10月13日在二条城召集了40个藩的重臣征求意见。讨论结果于第二天宣布，将政权归还天皇，并在1867年10月15日得到了天皇的同意。虽然中间出现了一些小的战争，但在没有人员伤亡的情况下，1868年春，江户城移交给了朝廷，江户幕府时代从此宣告结束，日本开始步入新的社会。由于政权回归天皇，开启明治时代，因此被称为明治维新。

说到幕府，自然就要知道将军是何人，朝廷统治始于4世纪，到了694年开始，正式在奈良建都，此后历代天皇以不同的形式维系着统治。天皇虽然保持着国家元首的地位，但实权却掌握在武士手中。武士的首领被授予征夷大将军的头衔，后来简称将军。将军这一职位起源于8世纪，职权相当于最高司令官及大元帅。原本是为了镇压日本东北地区暴动而任命的将军，却在1192年以后成了日本政治的实际掌权者。

日本历史上存在过3个幕府时期。

首先是1185年至1333年的镰仓幕府，其次是1336年至1573年以京都为据点的室町幕府，最后是1603年至1867年的江户幕府。二条城就是江户幕府在首都京都的权力象征。1915年继承明治天皇皇位的大正天皇在御所举行了即位大典。大典后在二条城设飨宴款待朝臣，外国的高官、首相。这是由于二条城在明治维新以后变成了天皇的行宫。为了此次飨宴，新建了众多建筑物，飨宴结束后建筑物被拆除，目前只留下了南门。

大约在2000年，在计划好将世界文化遗产二条城留给后人的过程中，京都市于2011年度开始正式实施对以国宝二之丸御殿为主的遗产建筑设施进行修缮保护的工作。

二条城中所谓的权力中枢是本丸御殿，它是与二之丸御殿围合而成的空间格局的政治建筑组群。无论是已经被雷火焚灭的原来的天守阁还是只残留基台30米见方的巨大空间，都从其基台上表现了昔日该城的雄伟和显贵。现在的本丸御殿采取书院造式，一之间到五之间的空间顺序延续，由地面高低及障壁画内容的变化来确定其等级体制，其中将军接见外样大名的黑书院与其行补益的白书院的不同极好地表征了明代的亲正制度。在黑书院是漆黑如墨色的梁柱，而白书院则如素木一样纯洁无华。

二之丸御殿建筑群将权力的构造推向极致。远侍之间、式台之间、大厅、黑书院、白书院组成的雁行式布局，通过建筑轴线与视线引导形成心理压迫。御殿内部铺设的398叠榻榻米的宏大尺度，配合狩野探幽绘制的《松鹰图》障壁画，将游人的视线始终聚焦于上段之间的将军座席。这种空间修辞术在1634年后水尾天皇行幸时达到顶峰，御幸御殿特意设计的四折屏风通道，使天皇必须在三次转折后方能面见将军，暗含君臣等级关系制度严格。

防御体系同样耐人寻味。外堀与内堀形成的双重水网，配合总长1.5公里的锯齿状石垣，东大手门与唐门设置的鹈鹕走廊，利用建筑错位制造视觉盲区；本丸御殿铺设的莺鸣地板，则通过精密的榫卯结构实现安防预警。这些看似传统的建筑手法，实则为德川家康外示儒雅、内存机锋的统治智慧。

二之丸庭园乃是枯山水造型的绝顶之作，小堀远州设计的回游式庭园，

“蓬莱山—鹤岛—龟岛”象征着仙人的思想。池中苏铁岛，三株百年苏铁为瞩望之点；池边错落的灯笼石与雪见灯笼则勾勒出昼夜交替的光影；千之东小池作为视线聚焦，岸上植有梅树、高芝鹃等造就温泉风光。极佳之处是在于借景，大广间的檐廊远远望去便是醍醐寺五重塔漂浮于水上，三公里之外的佛教建筑被引入私家园林，这就是所谓的“借景”。所谓借景便是通过不同的角度感受不一样的景观带给我们的感官体验，达到“移步换景”的体验效果，是东方园林“移步换景”的终极表达。下面我们就来看一看二条城最为有名的借景吧。

春樱借景：西之丸庭园栽种着垂枝樱，正好是如丝线一般垂下来，并落到内堀水中，就像垂挂下来一帘“樱花瀑布”，还能倒映天守阁的残基。

秋枫框景：两侧的枫树和门楣雕花形成的角度是金三角，因此朱漆门框作为天然取景器再合适不过了。

冬雪透景：设于本丸御殿可拆卸纸窗间的“雪见障子”是特意为欣赏覆雪龟岛景色而设置的。

这样把建筑作为时间容器的设计思维，让二条城不只是简单的空间艺术形式，而是转化为四季更替的诗意装置，时值不同，方位亦异，在不同的时刻之中再次回归到同一时空之下，再次感受到建筑本身带给我们的体验。脑海中便会想起北京西郊拥有皇家血脉的一座皇苑——颐和园，所采用的也大抵是相同的结构布局。

本丸御殿内仍保持着相当完整度的室内美学装饰。不同规格尺幅共计3106幅绘画作品都是出自狩野派，根据房间用途与规格的不同而出现不同的格调与趣味性：如作为将校黑书院最引人注目的金色牡丹大样；作为参将校白书院中代表气节的墨竹作品；附有女侍类房间则表现的是化为源氏物哀，生发内心的忧伤；天井的变化有别，将军的正座上方使用折上格天井，而侧方陪臣使用的则是平天井，其间的高低形成了一种相较于书面记载更强大的威压感、地位感和形势感。

建筑材质并不是随机采用的，有阴阳五行之说，御殿主体是用桧木制成，桧木淡雅木构、清香且有防虫的功效，而铅瓦则在满足了防火需要的同时，打造出一种典雅的青灰色，以及搭配榻榻米边沿采用的缎制缘饰，随季节而换，分别是紫藤、红枫及白梅三种纹样，其材质仪式化使得该建筑成为传承历史文化的场所。

站在堀川河堤上回看二条城，令人神往的是它那些错综复杂的统一性构成，它是一座军事要塞式的政体建筑，同时又是一首赞颂文人意趣的艺术信笺；它是天皇幕府垂帘听政的霸气之家，又是禅门寺忍苦修为的清虚之所。当夕阳西下，灿烂的阳光将侍奉两门楼及上白殿照耀成锦绣殿堂，廊板吱吱作响再次传来如同莺鸣般的无韵诗句时，这是一座东西接续、平行并行、东西通达的活文物，在不断地完成一场时空对话，只有优秀的历史逻辑和高妙的美学法则才能塑造的经典之作。

【旅游攻略】

地　　址：京都市中京区二条通堀川西入二条城町541番地
交通信息：京都地铁二条城前站下车，步行5分钟
开放时间：8：45—16：00
门票价格：1300日元（含二之丸御殿）
不容错过：第一代将军德川家康的居住地；城堡中的知名日本庭园——二之丸
联系电话：075-841-0096

京都世界文化遗产：神社

日本神社起源是七世纪的神坛常设化并发展为社殿，认为神居住在山、树、岩石等自然物体中的神社信仰思想，是在日本风土和生活中自然形成的。在初期的信仰中，每当祭祀山中的磐石，祭坛就会被撤走。神道在七世纪左右确立。受佛教的影响，祭坛常设化，建造了社殿。作为常设的背景，可以认为在强大的统治者下，律令体制得以整备，共同体以及在那里进行的祭祀方式发生了变化。

日本在神话与民间信仰中的各种神祇、神体据说有八百万个之多，崇拜

的神多种多样。除了自然界中的山神等以外,《古事记》和《日本书纪》中记载的菅原道真等历史伟人也被作为神供奉。作为神的宿，在原始时代直接崇拜自然，但神社建成后，将镜子、剑、玉等人造物作为御神体供奉于本殿。

神道教没有特定的圣典，神社信仰源于日本的传统民俗信仰，因此没有开祖，也没有总结教义的特定圣典。日本神话《古事记》和《日本书纪》、汇总了各种土地传承的《风土记》、抒发了古代人们对神灵的思念的《万叶集》等，记载了从日本成立开始的神灵的谱系和故事，这些书往往被视为神道的规范。

神职人员被看作是神与人之间的中介，有宫司和祢宜等，是神与人之间的桥梁。一般所说的神主，是指神社的运营、对参拜者的祈祷、祭祀的执行等。神社的代表者是宫司，下一等则是祢宜。根据神社的不同，其间会有权宫司的职位。除此之外，也有权祢宜的职位，他们从事神社的清洁等工作。要成为神职，一般要从大学的神道专科毕业，经过研修，获得神社本厅颁发的“等级”证书。各地的神职培养所和讲习会、实习等也可以学习。巫女不需要取得资格，因为巫女不属于神职。

日本全国有8万多家神社，根据文化厅2021年公布的统计，稻荷神社最多，全国的神社数量为80847所。按都道府县来看，新潟县有4679个神社，排在第2位至第5位的是兵库县、福冈县、爱知县和岐阜县。按神社系统分列最多的是以稻荷先生的名字闻名的稻荷神社，据说全国约有3万家。胜负运神的八幡神社、以伊势神宫为总本社的神明社、供奉菅原道真的天满社、供奉海神的住吉神社也遍布日本。

日本神社的建筑经过上千年的发展，形成了自身独具特色的布局方式，一般由鸟居、手水舍、社务所、摄社、狛犬、拜殿、本殿等组成。入口的鸟居是神域与俗界的分界，穿过鸟居，即为神明居住的神圣之地，鸟居的尽头是参道。手水舍是参拜前为净化身心而设置的水屋，通常用放置的水勺清洁手和嘴。社务所是神职人员进行事务管理的地方，祈祷的接待所、授经所、接受御朱印的纳经所等一般都设置于此。拜殿前摆放的狮子形状的除魔兽称为狛犬，名称来源于朝鲜半岛的高丽。拜殿位于本殿前，是举行祭仪和礼拜的地方，参拜者一般从拜殿前依次向本殿参拜。本殿是神社建筑群中最神圣的中心建筑，据说御祭神就居住于御垣和围墙的包围下的本殿之中。

这些神社不仅是日本神道教信仰的核心载体，更通过建筑、祭祀传统与自然景观，展现了平安时代至中世京都的宗教与艺术成就，是研究日本古代社会、建筑美学及生态保护的重要标本。

在京都，您可以感受到历史的厚重，体验到京都的传统文化，以及那种独特的宁静与和谐。无论是寻求心灵的宁静，还是探索京都的深厚历史，上贺茂神社、下鸭神社、宇治上神社都是不容错过的地方。

/

京都的神社：上贺茂神社

上贺茂神社又称贺茂别雷神社。位于下鸭神社西北约3.5千米的地方，被认为是玉依比命之子贺茂别雷大神降临之地。

天武天皇六年（677），以供奉神山的形式，建造了与现在几乎无异的社

京都上贺茂神社

殿。因位于贺茂川上游，故称上贺茂神社。贺茂别雷大神被认为是以雷电般的强大力量驱除厄运的神，平安京迁都后被历代天皇所崇奉。

上贺茂神社的主祭神是贺茂别雷大神，作为通过运用雷之御神威来驱除厄运、驱除灾难的除厄神明被公众广为信仰。在上贺茂神社里有一个特别的摄社，即贺茂别雷大神的母亲——神玉依姬神的神社。她一直默默地陪伴着自己的儿子。当然也有主祭神是玉依姬神的神社，那就是和上贺茂神社为一组的下鸭神社。

上贺茂神社总面积包括神社背后的山林在内达664000平方米，有60多座社殿，其中1628年修建的细殿等34座神社殿堂均为国家级文物，充分展现出古代神社的壮观。改建后的神社变成了正面三间，侧面两间，为长方形构造，体现了古代日本房屋的风格。

这座列入世界文化遗产名录的神社，是举行传统神事活动最多的地方，比如5月5日举行的赛马会神事等。而5月15日举行的“葵祭”为京都三大祭之一，葵祭的亮点是从京都御所前往上贺茂神社与下鸭神社的游行，有500多位游行者装扮成平安时代的贵族。参加“葵祭”的人员全都佩戴两片葵叶和桂树的树枝组合的饰品。“葵祭”从古至今一直都是京都最为重要的仪祭活动。日本有名的两部书《源氏物语》和《徒然草》中对此活动均有记载，在其他一些古典文学中也有提及。

上贺茂神社附近是与这间神社有关的神道教神官居住的传统房屋街区，目前，日本政府已将此处指定为重要传统建造保护区。

2025年的春节过后，我来到了上贺茂神社。公交车直接开到了神社的大门口，门外树立着两座高大的红色鸟居，称为一鸟居和二鸟居。鸟居为日本“明神系”形制，像汉字中的“开”字一样，鸟居由两根落地的大红柱子支撑，最上面的横木由两根木头重叠组成，上面的为黑色笠木，下面的为红色岛木；而下面的横木称为“贯”，上下横木之间还有贯通的童子木。穿过二鸟居就来到了细殿。

细殿前的两座左右对称的沙堆，名为“立砂”。立砂呈独特的圆锥形，是模仿神山的形状而建的。神山周围曾发现绳文时代的遗址，可见这座山远在神社建成以前就是特殊之地。由于憧憬神山的力量，过去曾有参拜者将这里的砂砾带走并撒在家宅周围。据说这便是用于驱除厄运的“净化之砂”的起源。其设计灵感来源于自然界的山水景观，通过细腻的砂石耙制和石组的布置，象征着自然界的壮丽景象。砂石的纹理可以象征水的流动，而石块则代表山峰和岛屿。这种设计不仅展现了自然的美感，还通过极简的元素传达了丰富的意境。

在众多摄社（附属于本社的神社）中，片冈社（片山御子神社）因保佑平安分娩、姻缘美满的寓意而受到女性的喜爱。早在平安时代，片冈社便因求姻缘灵验而声名远扬，据说《源氏物语》的作者紫式部也曾到此参拜过。

上贺茂神社的本殿与权殿并排而建，是两座相同的三间社流造建筑。主祭神贺茂建角身命和玉依媛命供奉于本殿，权殿则是在式年迁宫时使用。

【旅游攻略】

地　　址： 京都市北区上贺茂本山339

交通信息： 乘坐4路、46路京都市营公共汽车在上贺茂神社前站下车即到

开放时间： 鸟居以内5：30—17：00，特别参拜10：00—16：00

门票价格： 神社内免费，特别参拜500日元

不容错过： 每年五月，上贺茂神社会举办京都三大祭之一的“葵祭”。“葵祭”的亮点是从京都御所前往上贺茂神社与下鸭神社的游行，500多位游行者装扮成平安时代（794—1185年）的贵族。

联系电话： 075－781－0011

/

京都的神社：下鸭神社

京都最有名的河流是鸭川，鸭川的正名叫贺茂川，“鸭”字在这里只是用来记录发音，而“贺茂”才是真正的名字。所以，下鸭神社其实就是下贺茂神社，和上贺茂神社相对。上贺茂神社的全名是贺茂别雷神社，而下贺茂神社

的全名是贺茂御祖神社。

下鸭神社是京都最古老的神社之一，日本历史中关于下鸭神社最早的记录是崇神天皇七年（公元前91）建造了瑞垣的记载。而整体神社建于八世纪，早于平安京建立。作为古代豪族贺茂氏的氏族神社，平安迁都后成为京城守护神社。

下鸭神社位于京都贺茂川和高野川的汇合处的北部。而上贺茂神社坐落在下鸭神社以北3.5千米的地方。两座神社在古代都是祭祀贺茂一族的氏神，所以又被总称为贺茂社。

下鸭神社的建筑保留平安时代的建筑风格，主殿采用“流造”样式，境内拥有原始森林，面积约12万平方米，由于此森林保留着日本建都以前的原生林生态，所以这里也被指定为国家历史遗迹，是京都生态环境保存最完好的区域之一。

下鸭神社的御祭神是京都的守护神贺茂建角身命和玉依媛命，贺茂建角身命也被称为金鸦八咫乌，作为引导胜利之神，神德显著。他们中一位是贺茂别雷大神的母亲，一位是外祖父。主要保佑的是延命长寿、结良缘、安产、五谷丰登、殖产兴盛。专门供奉丰收之神，是京都最精致迷人的神社之一，不仅建筑细节令人赞叹，而且庭院中散落着许多小型神社。

以表参道为中心的森林，树木高大苍郁，是一处夏天极佳的避暑胜地。有很多树龄达数百年的树木，最老的阔叶树已有600年树龄。人们认为这座森林是一片圣域，谎言很容易在此现形，因此这里是解决纷争的好地点。从周边挖掘出绳文时代的陶器和弥生时代的遗迹，证明了神社的历史。

穿过森林中漫长的表参道，即来到神社宏伟的入口。楼门前树立着大鸟居。进入楼门，广场上有舞殿，这里是每年举行祭祀时舞蹈表演的地方。

绕过舞殿，进入中门后即到达下鸭神社的核心区域，主拜殿前供奉着十二生肖，这是京都唯一供奉十二生肖的神社，绝大多数的游客走到这里都会在属于自己的生肖前面虔心礼拜。拜殿后面是神社最后的院落，其中分布的东本宫、西本宫是供奉主神的神圣之地，一年中极少开放。

在下鸭神社的众多魅力之中，还有一处不可多得的美景——河合神社。

这里供奉着被誉为日本第一美神的河合神，是追求美丽人士的圣地。神社内特设的绘马区域，更是别出心裁地采用了手拿镜的造型，上面还巧妙地描绘了脸部图案。游客可以在此用自己日常使用的化妆品在绘马上尽情描绘，同时在背面写下对美丽的祈愿。这种独特的互动方式，不仅能让您在追求外在美的同时，也能磨炼内在的修养与气质。

下鸭神社，这座历史悠久的古老神社，承载着众多自古流传的祭典。这些祭典不仅让现代人有机会亲身体验到传统文化的独特魅力，更在历史的长河中留下了深刻的印记。其中，尤为引人注目的便是每年1月4日举行的蹴马里节庆典。这一节日源于现代足球运动的原型——蹴鞠，它在大约1400年前与佛教等一同从中国传入日本。尽管在中国和东南亚等地逐渐式微，但在日本，这项活动却历久弥新，成为从天皇到平民，乃至男女老少都热衷参与的盛事。庆典当天，身穿传统服饰的鞠人们，围成圆圈，以鞋背巧妙踢起鞠来，

京都下鸭神社

展示着他们精湛的脚法。那清脆的踢鞠声和鞠人们的呐喊声，仿佛将观众带入了一个超越时空的奇妙世界。

【旅游攻略】

地　　址：京都市左京区下鸭泉川町59

交通信息：乘坐4路、205路京都市营公共汽车在下鸭神社前站下车即到；或乘京阪线前往出町柳站，往北步行约10分钟即能到达神社

开放时间：5：30—18：00

门票价格：免费

不容错过：森林中已有600年树龄最老的阔叶树；5月3日的射箭比赛流镝马；京都三大祭典——纪念春季丰收之“葵祭”的游行起点

联系电话：075－781－0010

/

京都的神社：宇治上神社

到日本旅行的时候发现一个有趣现象，这个国家到处都是神社，其密集程度和佛寺相呼应。日本的神社大部分是供奉祖先的，或者某些带神化性质的权贵人物，位于京都府宇治市的宇治上神社便是其中一处代表。宇治位于日本京都府南部，从京都出发只需要30分钟的车程。

宇治上神社横跨宇治川，居于平等院的对岸，与相邻的宇治神社相对，是日本现存最古老的神社建筑群。神社的本殿是日本最古老的神社建筑，建于平安时代后期（约11世纪），为平安时期“流造”风格典范，屋顶以丝柏树皮葺顶，斗拱雕刻精细，被列为日本国宝。

拜殿建于镰仓时代前期。主殿屋顶的弧度非常特别，平成27年（2015年），历时约2年完成了本殿和拜殿的屋顶更换。

位于昭雾桥旁的宇治神社是一座朱红色的小神社。它和宇治上神社一起被称为“宇治镇守明神”“离宫上社”，是平等院的守护神。围绕神社栽种着

数棵枫树，深秋时节，红叶梦幻浪漫，叶绿时节同样诗情画意。神社内供奉着菟道稚郎子命、仁德天皇和应神天皇。菟道稚郎子是仁德天皇的弟弟，传说他自杀后，仁德天皇才即位。

宇治上神社内有镰仓时代拜殿及宇治七名水之一的“桐原水”，至今仍涌出清泉，成为茶道文化的重要水源。神社后方的宇治川沿岸以春樱、秋枫闻名，与古朴建筑形成自然与人文交融的独特景致。

公元7世纪，佛教僧人将绿茶从中国带到日本。僧人们当时会将其磨成粉，长时间冥想时用它来消除困意，直到镰仓时代（1192—1333年）才成为更普及的饮品。绿茶粉逐渐成为茶道中的重要原料，在贵族阶层中大受欢迎。日本临济宗初祖、将禅法带回日本的荣西禅师（1141—1215年）曾撰写《吃茶养生记》，历述绿茶益处，教宇治僧人栽种茶树。由于宇治乃是日本首个种植绿茶的地区之一，宇治亦成为绿茶的代名词，以出产高品质绿茶而驰名日本。

每年十月的第一个星期日，当地都会在兴正寺举行宇治茶祭。茶祭上，寺僧将祭典茶碗供奉到数尊人物雕像前，托他们的福，宇治才成为绿茶之乡。日本最古老的茶铺在宇治。通园茶屋建于1160年，目前已传至家族第24代。

京都宇治上神社本殿

茶屋位于宇治川旁，供应美味的绿茶冰点甜品和汤团，是歇脚驻足的好去处。

宇治是源氏物语的发源地之一，虽然不是主要背景，但最后十帖发生在宇治，因此被称为“宇治十帖”。除了源氏物语博物馆外，宇治桥旁的作者紫式部石像，以及昭雾桥头的浮舟和匂宫的乘船石像，也是书迷朝圣的景点。宇治桥初建于646年，曾出现在不少日本艺术和文学作品中，最著名的就是《源氏物语》。这是日本的一部古典名著，描写了天皇之子源氏和诸多情人间的爱情故事，展示了11世纪日本贵族的生活。

宇治上神社不仅以其悠久的历史和精美的建筑吸引游客，还以其深厚的文化底蕴和独特的自然景观吸引着众多信徒和游客前来参观。这里不仅是宗教信仰的圣地，也是体验日本传统文化和历史的绝佳场所。

【旅游攻略】

地　　址：京都宇治市宇治山田59

交通信息：京阪线宇治站下车，步行10分钟即可到达

开放时间：9：00—16：00

门票价格：免费

不容错过：日本最古老的拜殿建筑

联系电话：0774-21-4634

古京都遗址是仿效古代中国首都形式，于794年建立的。从建立起直到19世纪中叶古京都一直是日本的帝国首都。作为一千多年来日本的文化中心，古京都不仅见证了日本木结构建筑，特别是宗教建筑的发展，而且也向世人展示着日本花园艺术的变迁，现在日本的花园设计艺术已经对全世界的景观花园设计产生了重大影响。

在近十年的时间中，我多次到访京都，逐一探访包括二条城、神社、佛寺等17处世界文化遗产景观，每座建筑都给我留下了深刻的印象。

/

京都的佛寺：仁和寺

京都西北郊分布着众多佛寺，其中被列入世界文化遗产的有金阁寺、龙安寺和仁和寺等。金阁寺是旅游热点，游人如织，但仁和寺就略显冷清。

一承载着千年的旧事的伽蓝，稳重地矗立在京都西郊御室川畔，在晨光中若隐若现的仁和寺金色屋脊映入眼帘，伴随着铜铎响动飘散出的和风那悠扬的声音，庄严而高耸的五重塔矗立于河面之上。是宇多天皇亲自创建的古刹留存了平安时代皇家寺庙的风韵，存续了镰仓时代的武士文化、江户时代百姓的信奉与期盼。进入其中，内心会不由自主为这样一个空间而感动。

仁和寺始建于唐风东渐的鼎盛期887年，宇多天皇敕令初代伽蓝严格按照《造寺司式》来营造，在平面布局上完全遵循平安时代“一塔三金堂”的格局。现存金堂原为京都御所紫宸殿，于1641年被整体迁移到此处，将皇室建

京都仁和寺

筑变为寺院建筑。寺院建筑参用宫室规制的典型案例让原本作为寝殿造样式的金堂成为一座具有佛教建筑特征的日本传统建筑。十二根圆柱支撑两层重檐歇山顶，檐角的青铜凤凰与铜制的唐破风，两种不同风格巧妙搭配。

位于寺院中轴线上的九所明神神社，是日本现存最古老的神佛习合遗迹。朱漆鸟居紧挨着佛塔，佛塔旁散落着八幡神与药师如来之香火，神佛分祀之前的这种庙宇门前有神社的说法非常具有特色；春日造社殿的曲线屋檐在寺院平面正中的脊线周围起到限制作用，并且还会随时间变换为晨昏两种不同的独特剪影。

御影堂是仁和寺秘佛供奉场所，为重神性建筑空间，于秘刹装置内外结构次第展开的空间序列最重要的元素；仁和寺建于此，21年一次周期性现世的空海大师本尊像堂内“三间四面”格局合于密宗曼荼罗，天王像按照四方四维方位正确定位并雕有暗含梵字真言纹样。

灵宝馆以传统伽蓝为“轮回”，采用安藤忠雄设计的混凝土回廊，将极简主义与“洄游式庭园”进行结合。用玻璃幕墙上映五重塔、用数字投影将《仁和寺御室旧记》建筑图样投映在禅堂壁面上等构成古今同辉的作品。

沧桑木构并不废，紫宸殿上的金鸱吻、五重塔上的铜宝珠、经藏里的轮藏机关、灵宝馆中的数字投影，无不体现这是一座根植于过往的记忆而存活于当下和未来的千年古刹，其用传统语言塑造的建筑传神地表达了这样的真谛，一切真正的文化遗产都活于传统与创新的交融之中，因此新生为文化的必然。

【旅游攻略】

地　　址：京都市右京区御室大内33

交通信息：岚电御室仁和寺站下车，步行5分钟即可到达

开放时间：9：00—17：00

门票价格：寺院庭院免费，御所庭院800日元，灵宝馆500日元

不容错过：灵宝馆内供奉着寺庙创建时的主像——阿弥陀佛三尊像

联系电话：075－461－1155

/

京都的佛寺：龙安寺

从金阁寺向西20分钟车程就到了龙安寺，这里以经典枯山水而闻名。

京都西北衣笠山麓间一方枯山水庭园，一片空灵萧寂之境，一挥石笔、一抹砂纸幻化出极致风骨的日式禅宗美学。中京大佛地龙安寺位于回廊间的一片几度重修之后的龙安寺方丈庭院，回廊之中的一片青石铺于纯白砂石之上，细川胜元于1450年建造，当人们立于油土塀前，透过那些千年定格的目光，望见的不仅是石组的千千万万个可能性，更是一份关于东方建筑在处理空间本质问题时的超然态度。

以“书院造”为核心典型代表的龙安寺方丈建筑群，以平面布局轴线对称布局，有长25米、宽10米的方形平面，设计时进行了细致的分工，呈黄金分割的5：2比例；方丈建筑在东南面的廊间支撑之间相距只有1.8米，柱列的柱距比为3：5，这都是一种数字的关系，在《作庭记》中有“阴阳相济”的表述，而油土塀表皮肌理做了七遍才完毕，那是用赤土加石灰再加菜种油反复涂刷，再经火烧后所形成质地的变化，并经岁月涵育，成为色彩深浅各异，犹如老僧入定般呼吸频率的琥珀色彩。

龙安寺的枯山水堪称“立体的水墨画卷”，北庭以白砂为海，青石为岛，运用借景的手法将衣笠山峦化作天然屏风。砂庭铺设的“京都银砂”产自琵琶湖底，经七道水洗工序去除杂质，颗粒直径严格控制在0.8—1.2毫米，确保踩踏时可以发出特有的簌簌声响。十五组石群按“七五三”阵型排布，主石采用鞍马山青石，底座埋入沙中1.2米深，石面35度倾角恰好捕捉晨昏时分的霞光。砂纹雕刻遵循《山水并野形图》古法，“大波”纹用五齿铁耙拉出宽幅浪涌，“小波”纹则以铜丝帚勾画细密涟漪，每天的子时僧人根据月相调整波纹走向。最精妙的是“蓬莱三岛”石组设计，中央主石象征须弥山，顶部天然凹陷处积蓄的露水，正午时会沿石面27道纵向沟壑分流，形成天河落瀑的微型景观。东侧配石底部暗藏陶制共鸣器，雨滴击打石面特定位置时，会依次发出宫、商、角、征、羽五声音阶。西侧卧石表面培育的星星苔，需每日用丝绸拂拭，三年方能形成绒毯般的质感，光合作用产生的细微氧气流，使周边砂纹始终呈现向外扩散的动态效果。

方丈院本身就是一个立体版的《碧岩录》，由次第的空间组成相应线索，过程则按照禅宗看话禅的参悟步骤展开。玄关前方就是三钴松，据传已有500多年历史，其扭曲的根造成的破格之材，刚好作为玄关上的额枋，自然而然约束了观者的眼光聚焦于约1.5米远距离平视高度处。在穿过了唐门到达中庭之后，踏步呈雁行阵列状铺砌，其间步距约为成人常用步长66厘米，使人进行了一番不费吹灰之力完成七步之远地缩术。

方丈室内的袄绘是整个建筑最为精彩的留白之处，本是被狩野派山水画点缀着的纸门，在遭遇明治时期的大火之后全部烧毁，反而造就了大地上最好的“无画之画”。现存的三间佛室是按照经典的“床间书院付书院”来布置的，床柱采用了300年树龄的榉木，并且保留下了树木自然生长的略微弯曲的痕迹。东侧边上的猿户小窗仅有36厘米 × 24厘米，但运用了3层匣子的框景构造，可以将衣笠山的四季变换移到室内的尺幅千里之中。库里建筑群的空间布局构思精妙，巨大而起伏的曲木厨房的梁可达8米之长，并且不用一根铁钉，而用“继手”和“仕口”的手法组成；地窖则因其高差达2.3米而能风过自然，不用风机便可维持储米仓常年恒温的15℃。最为不可思议的便是房屋下部排污暗渠的设置。圆形的陶管之间虽有毫米级的缝隙，在保证排水顺畅的同时又能得以使水流声成为大小随时间推移变化但任何时候都不会断绝的美妙的水琴窟。

镜容池旁的茶室是“藏六庵”，用枯山水的语言呈现出来，藏六庵是一间四叠半的茶室地面，全用京都市北山所产的赤松木材铺设而成，并对板材的走向做光学测量，在早上的日光照射下，光线聚集于该茶室之内成为平行光带。躏口高度下降到68厘米，参禅者在这个低矮的门户下将不得不折腰而入，从而对整个空间产生某种记忆体感上的重构。茶庭中的关守石也小到只有15厘米，但是观看者的视距一旦发生调节，便会产生明显的心理上的障碍感。

仿造平成新增龙源院的构筑物解构传统空间，将方案置入与园区一致的空间体系。复原完成之后的《龙安寺缘起绘卷》，通过数字化展现在曲面LED屏幕上，并且通过AI调节光源色温，800多年前手工制造的矿石颜料恢复到最初的状态。最让人感叹的是这个声景装置，在砂庭底下埋藏了532个微型扬声器，可以用播放的声音模拟出室町时代的雨打砂纹的声音。

当夜晚的月光漫过御影堂的唐破风，枯山水便进入最富哲思的观赏时刻。白砂上的银辉随角度变化呈现七种灰度，与石组投射的阴影共同构成《华严经》所述的因陀罗网。那些被时光固化的沙砾，既是微观的须弥世界，也是宏观的宇宙。每一道波纹都在诠释诸行无常，每一粒石英都在诉说色即是空的佛家理念。

京都龙安寺

【旅游攻略】

地　　址：京都市右京区龙安寺御陵之下町13

交通信息：搭乘市营59路公共汽车在龙安寺前站下车即到

开放时间：8：00—17：00

门票价格：500日元

不容错过：石庭枯山水，神官居所北侧的石制水槽；在樱花祭期间漫步于寺中，欣赏美景；在开园后一刻或闭园前一刻造访，此时游客稀少

联系电话：075－463－2216

/

京都的佛寺：金阁寺（鹿苑寺）

金阁寺是京都人气最旺的景观之一，16年前第一次带团来京都，行程中即有金阁寺。

金阁寺位于镜湖池旁，俗称鹿苑寺舍利殿，建于1397年，这座日本建筑中最引人注目的三重檐楼阁，体现了日本人最深邃的思维方式，由下至上分别是平安贵族寝殿造——紫檀立柱，素木格窗的第一层极乐世界。然后是幕府武家书院造——格棂、金箔障子的第二层极乐世界。最后是禅宗佛殿造——楠木斗拱、宝形顶的第三层极乐世界。

建筑的语言层层累加，足利义满“极乐世界”的思想表达于此得到了形象化的展现。此殿系足利义满所筑以显其权势，其中金阁实取“极乐世界”之意，镜湖池之中的三岛犹如蓬莱，结合政教二理之作。大火后被修筑时，工人发现原来倾斜3度以防京都盆地的地质沉降、承托积雪重压的设计方案。檐角均做精准抛物线设计，令皑皑白雪始终无法在檐上聚集停留而被吹落。

金阁寺主殿（舍利殿）按三个时期的三种手法叠合成塔形楼阁，融合了不同时代的建筑风格，具有混合式特点。

第一层法水院：庄重的平安时代寝殿造，用紫檀为立柱，素木做格子窗，勾勒出建筑的寝殿造，中央供奉着宝冠释迦如来坐像，左侧是足利义满的坐像，木雕完美还原了室町时代的服饰花纹。

第二层潮音洞：武家书院造，尽显极致金工，金箔障子门、格棂窗的金属包边运用切金工艺，每片金箔边缘重叠不超过0.1毫米，光照下留下层次感极强的连续性金色光晕。

第三层究竟顶：禅宗佛殿宝形屋顶为桧皮葺，用了360多层、平均每平方米要铺用800枚以上的桧树皮，檐角铜凤凰内中空铸造成型，经声音反射共鸣，又发出清脆的声响。

主殿外立面金箔装饰是日本传统工艺的集大成之作，冠绝当代。涂金工艺亦堪称中世纪美学的一绝：在第2—3层共享金箔20多万枚，每枚厚度仅0.1微米，不及一根头发丝直径的千分之一。采用柿漆七层贴合法：第一层底

京都金阁寺

料刷铁红土增加反射力，第二层加入云母粉塑造出星星的效果，第三层才施上松烟墨勾勒出一个个阴影的明暗关系。

1955年重建时采用浮世绘贴箔法，工匠使用竹制镊子逐片定位，误差控制在±0.3毫米以内；1987年修复时引入纳米级金箔修补技术，确保新旧金箔色差低于3%。镜湖池围绕着金阁，面积为20790平方米。有如《作庭记》中的“池者，天地之镜”意象，池岸曲线经阴阳师用七凸匹配北斗七星，五凹代表五行之意象，中以十三小岛铺成五洲、三岛，映托蓬莱仙境。其佳妙之处在于借景，东北方的苇原之岛和西南方的衣笠山形成的45度视锥，在春分、秋分时刚好使早上金阁所被映照出来的朝阳置于衣笠山棱线的位置，将金阁的倒影延伸到湖面上，从西南方仰视便会出现双阁奇观。池西陆舟之松，乃六百岁的五叶松盆景，经由二十七位养林师鼎力雕琢，终成举帆扬镳之舟形样式，其树冠造型分别代表佛家中之过去、现在、未来三世。池南夕佳亭一侧之茶室，仅能以数语形容其美观而巧妙，用南天竹点缀格窗之后，让金阁变成一幅上下的连环画，早为水墨，午做金碧，晚见焦茶。

【旅游攻略】

地　　址： 京都市北区金阁寺町1

交通信息： 搭乘京都市营59路公共汽车在金阁寺道站下车，步行5分钟即可到达

开放时间： 9：00—17：00

门票价格： 400日元

不容错过： 在宁静的镜湖池上观察金阁的镜面倒影；金阁的四季景致；游览绿意葱茏、苔藓遍地的庭园和寺内的茶室

联系电话： 075-461-0013

/

京都的佛寺：延历寺

延历寺位于京都东北的比睿山上，是距离京都市最远的佛寺。整座延历寺规模庞大，天台宗中心的本尊佛像是《法华经》中的宇宙观布局，所谓法华宇宙，是指以本愿堂作为娑婆世界的中心，东塔象征着东方净琉璃世界，西塔象征着西方极乐世界，而横川代表的就是十方净土。各建筑群依山而建，恰好与京都盆地每年12月22日冬至日的太阳高度相同，每年这一天早晨穿过根本中堂棂窗照到秘佛药师如来眉间的白毫将会与太阳重合。

千级台阶构成的精神净化之路，前半部分台阶比后半部分要低，全段三级共有3000多个台阶，路两旁布满108个佛塔，代表人的一百零八种烦恼，花岗岩打磨后有0.3毫米深的小凹，涨水的时候因为很细所以会在上边堆起来变成一道道水帘幕，这是自然界作为修行仪轨空间叙事的地方，在这里人们仿佛进入了现实中的曼荼罗。

延历寺的核心建筑是根本中堂，现在还保存着从1642年德川家光重建之后的建筑，但是仍然可以看出最澄大师时代建筑物的“基因”。面宽七间（约34米），进深四间（约24米），非常巨大，外表呈罕见的入母屋造妻入的结构，东侧、西侧的斜度相差5度。由于配合比叡山的东西两面截然不同的积雪压力，同时还有权实二法的教学理念。屋内有42根整棵桧树矗立的大柱群，其中一棵即法灯柱，内部做成空间状，下部设置的陶管可以和山体本身的裂缝相连而具有自然除湿功能。

源于大殿内的1200多年的“不灭法灯”，其为三重构造：外面是防止风吹雨淋的青铜莲台，中间是一个用陶土制作的容器来控制进入的空气量，里面的灯芯则是用百衲衣的线编织而成的灯芯，至于灯焰的高度一直稳定在9厘米左右，符合《法华经》关于佛界的记述。据记载，在江户时代，工匠在灯座刻上了7条的螺旋凹槽，能使空气成为旋涡，可以将风速达到8级的风力消除掉，所以大火与这股风都能够互不影响，这便是后来这盏灯火可以被叫作“佛界灯”的奥秘。

横川中堂位于比叡山东麓，离山门百米之外，是运用了中世木结构工艺的旷世杰作。建筑整体全部不用一根铁钉，而是使用了大小不同的248种榫卯结构卯合在一起，如屋檐的“三斗组”把屋顶重量传至下面屋檐的三角“飞忍（三角尺）、尾垂木”上，通过它的斜30度达到将重力传递成水平推力的效果。在1997年的修缮过程中发现的在立柱底部垫着厚约15厘米的碳化米糠，成为最原始的隔震层，使建筑在地震中有0.5秒的滞后响应。而且建筑彩绘还做了声学设计，上梁十二天壁画的颜料中掺进了牡蛎壳粉和辰砂与生漆混合物，使诵经的声音基频稳定，再加上天花板中的六角形藻井布置成斐波那契螺旋，让视听融为一体的空间，使得每一次法会变成一场立体化的佛法示现。

延历寺建筑群如同一部刻在山岳间的佛经，每根梁柱都在诵吟着山川草木皆可成佛的天台真谛。晨钟惊起群鸟，山岚漫过回廊，那些穿越千年的建筑智慧仍在与天地对话，见证着无常与永恒的辩证共生。

【旅游攻略】

地　　址： 滋贺县大津市坂本本町4220

交通信息： 从JR京都站乘坐电车到比叡山脚下，再乘坐缆车或索道前往延历寺

开放时间： 8：30—16：30

门票价格： 三塔巡拜1000日元，国宝殿500日元

不容错过： 参观根本中堂的不灭法灯（佛教的不朽之光），据说此灯1200年来从未熄灭；聆听阿弥陀堂前水琴窟的悦耳声音；从山上俯瞰琵琶湖和京都市

联系电话： 077-578-0001

/

京都的佛寺：慈照寺（银阁寺）

银阁寺在京都是非常值得参拜的寺院，沿着哲学小道往北，一边观赏着春天艳丽的樱花，一边听闻小鸟的欢唱，不久就能看到隐藏在丛林中的银阁寺。

银阁寺属临济宗相国寺派。1473年，室町幕府第八代将军足利义政卸任后隐居东山，用12年时间营建东山殿，在1489年完成的核心建筑观音殿（银阁）标志着日本建筑史的重要转折。这座本拟覆盖银箔却最终以朴素木构示人的双层楼阁，以未完成的状态完成了美学觉醒，相教于金阁寺的华丽璀璨，银阁寺用侘寂理念重构权力话语体系。建筑通体采用桧木素造，仅以柿漆涂装防虫，木材表面经特殊碳化处理形成黑色氧化层，在月光下会泛出金属冷光。观音殿底层的心空殿用的是书院造式，在建筑结构里使用45根立柱，使用二重割束工法和榫卯节点把地震的能量化解吸收；上层的潮音阁用了禅宗佛堂的造法，根据京都冬至日中午12点阳光的入射角度把格窗棂条的距离做到了黄金分割，整个建筑物是7：5的比例，类似于《碧岩录》里的“七佛五祖”。

京都银阁寺

银阁寺是以禅院伽蓝七堂制为基础的建筑群，运用空间的顺序演绎《楞严经》，而参道入口处总门、中门，为空有二门，而且门钉都是六角排列，一扇门有八十一颗，即为《周易》中的阳数极值。过了三门之后，便是洗月泉，是人为控制流速，效仿《碧岩录》中的曹源一滴水的禅意。除此之外，最重要的两组建筑分别为观音殿、东求堂，形成一动一静空间对位。

观音殿西侧设置月待台，利用建筑阴影与月光投射，在望月夜形成三重同心圆光斑，对应三世诸佛的意象；东求堂作为日本现存最古书院造建筑，东求堂为义政公的持佛堂，一层楼的歇山式屋顶建筑，是现存最古老的桧皮葺屋顶四帖半榻榻米大的书院。南边设有铺设木头地板的方二间（正方形八帖榻榻米大）的佛堂，北边有二室，分别为六帖与四帖半榻榻米大小。北边东侧四帖半榻榻米大的房间名为同仁斋，是孕育出东山文化的舞台。

银阁寺庭园是把中国画的留白运用到庭园布局设计之上，在其中形成了上部枯山水，下部池泉庭园的二元论哲学思想。

银沙滩：长度为22米的砂白波纹形同琵琶湖荡漾的波浪，砂纹深浅运用5重耙齿制作而成，最大落差可达12厘米，可以变幻出银河逆卷的水波形态倒映月光下的效果。

向月台：位于其中央的高1.8米圆锥形沙丘形似富士山，其沙砾含有7种粒径，当月影移动时，能够产生由前到后连续变化的光影效果。

锦镜池：池中布置的四座岛屿按《神仙传》布局，池底铺黑色的野曜石碎片如一面镜子，水中倒影非常清楚透明。池周有六百年树龄的月见松，枝丫曲折、纹理有序。

银阁寺最著名的是四季变幻的枯山水，如同一卷未写完的俳句，在时光里悄然流转。它静默地躺在银阁寺方丈庭院中，以砂为墨，以石为骨，以四季为笔，书写着流转千年的变奏曲。

春天，东山的樱花飘雪般落下，银沙滩上的沙子也好像会喘气一样灌注了生命。匠人拿一把竹耙挥着禅心替沙滩划出风长波纹的一道道痕迹，每一笔线条都是风的模样。满月台仍是苍白冷酷的淘金伯弟面目，但经过樱花少女的蛊惑早已变得温柔了许多。春日里的砂纹线条异常柔和，他们像月光融化后，或者仿佛刚刚冬眠万物慵懒展眉苏醒的样子；此刻，枯山水就像是凝结起来的浪花，还有浮动的花瓣，在冥想中频频向我们展现了苏醒之美。

夏天，骤雨过后，苔藓探入砾石缝里疯长，将整片沙滩篆为碧绿的诗句。银沙滩上的细纹被水冲出斑驳深浅，就像海面下的暗流滔天。那些疾速而过的浪花，此刻平静了下去，在石阶边凝成遥望的背影，恍然间枯山水又化身为镜像天地的巨大镜面。僧侣默默走在廊下的干沙地里，衣袖摩挲着沙，一刹那沙下因动而变却又不动的事实就是“动中静”。盛夏枯山水，从绿色和白色中让我们察觉“一即一切”。

秋天，时间就在渐冷的颜色里继续着静默的更迭，当枫叶浸染在一片红火之间，枯山水也变得越来越具有幻想色彩。到了月色如霜的夜晚，月台不再是那一个个静止的砾石，而升起了虚无缥缈的光柱，照亮天地，在白砂上镀上了一层淡淡的银辉，浸透着银阁的茅草屋檐，仿佛一束闪闪发光的海浪。在秋风鼓动下，浮游于砂上的纹路开始蔓延开来，也泛起了几分泛善可陈的褶皱……哪怕江户时代有人曾经在此夜观枯山水，并赞叹着说“沙中见银河”，而今天的游客则是在拿着灯笼撑着脑袋正应和着“沙中见银河”……

冬天，早晨披上一袭洁白银纱的海边依然伫立着枯山水的冰冷外形，作为人工铺就的砂纹之下的最后一页封面，在清晨之光下融化为雪茫茫海岸之侧立起一座熄灭的灯塔，其“无相之相，方为大相”一去永远不再具有彼时彼地的写实的江山大海。所以到了正午，一城的雪开始融化，积蓄一夜的溪流从大地上淙淙掠过，冲刷心海留下巨大的波痕。沙子将在一片雪下述说他来自渊深而远古的血脉。

在上百年的时间里，银阁寺的枯山水被修复过很多次。原来由江户时代工匠用木耙制作的砂纹早已不是当年室町时期的那个模样，现在网络平台上的“变与不变”也无法再现古人笔下的银阁寺枯山水所留下的水墨神韵。但是正是这“变与不变”造就了千古一景，它是一道关于禅宗的公案、一份远古的审美化石，也是众生过客心中每一个不稳定的宇宙镜像。而在此时此刻，我们也会发现原来是最后一粒沙归还给了这个瞬息间的银滩才揭开了谜底，永恒，只是一刹那和另一刹那的同一个频率。

【旅游攻略】

地　　址：京都市左京区银阁寺町2

交通信息：搭乘市营5路或17路公共汽车在银阁寺道站下车，步行5分钟即可到达

开放时间：8：30—17：00

门票价格：500日元

不容错过：银阁，即寺院的主建筑；在洁净的禅院找到心灵的平静；茶室中品茗

联系电话：075-771-5725

/

京都的佛寺：清水寺

位于京都东山连绵的青绿之间，羽翼为朱红悬空舞台的清水寺，是京都最热闹的所在。观音阁里的飞鸟时节所承载的佛光和今朝平成人民期待的心情描绘成一幅百尺长的历史画卷。来到这里，看到的就是从778年修建至今的古刹寺殿，可以洞见日本的佛教文化和这座含蓄得如同自山涧腾出的一只凤凰般重生的清水寺。

走出仁王门不远便能看见抬升到眼界的高大的悬造建筑本堂建筑群。号称清水舞台的整组建筑以139根直径约30—40厘米的榉木柱为骨架向外挑出12米，犹如一只即将起飞的凤凰亭立在空中，虚浮于音羽山中，打造清水舞台巨柱的关键之术在于楔入技法，即工匠们根据树木自身的收缩特点，把30多厘米粗的硕大木柱倾斜着以一定的角度钉入基岩中，由于运用的是物理学中的压强原理，它便如同一根弹簧一样能随着地震而随之偏移，而不是受到猛烈摇晃破坏。据说，在2017年的大修中，在更换已腐朽的柱子时还发现，江户时代的柱子依然跟平安时期刚建的时候一样，是向一边歪斜着的。

顺着西参道向上攀爬，穿过柳树冠的时候，会看到三重塔傲然耸立在

蓝天之下，远远地凸显出朱红的身影，是一道让过客肃然起敬的壁画景象，1632年建成，三重塔高达31米，挂有一串串青铜制风铃，它们是江户时代初敷的原物。塔中供奉千手观音像，每30年才展露一次供人们参拜，藏匿于其织袍云英波浪般的细细纹路上的法华经微雕尚未解谜。

那个最里面的内阵中供奉的就是清水寺的本尊，十一面千手观音立像。它是高3米的桧木造像，经过9次密封之后加以重新装金，在2020年大修工程中才再度打开。据说X光检查出它的胸口中有奈良时代的破旧经卷，而在破烂经文的旁边，居然还有8世纪时一位尼僧使用墨笔书写的“此生愿为渡世舟”这样的字句。

很容易被忽视的建筑无疑是这个只有不到十米高、仅存的几个三角形结构所组成的“子安塔”，这个塔中仅有几道梁柱和盘旋而上直到顶层的踏步是观音菩萨三十三个化身的数目。

妇女在这里会自己用绳结系上一条祈愿安产的绳子。

京都清水寺

本堂东侧陡坡下的音羽瀑布，三条清流从石缝中涌出，在青铜龙首口中化作水线。这座看似天然实则完全人工调控的水系，为清水寺最精妙的环境工程，江户时期的《山城名迹巡行记》记载，僧侣通过调整上游十七处导水竹管的倾斜度，使泉水流量终年恒定在每分钟42公升。取水竹勺的演变史恰是日本社会变迁的缩影。战前使用的是带柳钉加固的厚木勺，昭和年间换成轻质桐木勺，平成后全面改用可降解树脂材质。2019年智能水勺，既能统计游客取水量维持生态平衡，又会用多国语言播放“勿贪心只取一瓢”的劝诫，传统礼仪与数字技术在此达成奇妙和解。有趣的是，三条水流分别对应“长寿”“良缘”“学业”的传说，其实为明治时期住僧为吸引不同客群创造的现代叙事。

除了让游客摩肩接踵的主殿群，清水寺还有更为深远的历史。以“清水丸”的材质及船钉制作而成的装有行莲圣人的奥之院本殿、三曲亭等建筑当中有一片沉寂的世界，一种穹苍般的现代感，在黑夜中开灯后，从雕栏缝隙之中投下闪烁的映像，成了南蛮时代的地志图。鲜为人知的田村堂（开山堂），是按照唐制《营造法式》的比例来设计建造的。2015年修缮时，在壁板夹层内发现了大量的空海法师真迹的临摹残片，《风信帖》摹本的笔锋甚至和敦煌遗书中唐人写经相似，成为证明中日佛教建筑同源性的强有力的证据。西门边的小院落中的“铁钵堂”平时给人的印象很不起眼，里面供奉着江户中期铸造的一件千人供养钵。根据钵上所刻名字可知当时有献银的、献钱的、献衣服绸缎的、捐献各种物品的、有奉献金钱者、有捐献一枚铁钉的佃农……各种各样的刻痕赋予这里江户时代的社会图景。

清水寺的营造史就是一部长歌未尽的灾难史诗，《清水寺缘起》载明：自东刚仁开始在此建寺以来就经历了7次完全烧毁、26次局部焚毁，最新的毁坏发生在2021年的台风引起的山崩。每一次重建并非纯粹复旧，承和时期（834年）大火过后用上了更为耐火的松脂涂层；应仁之乱以后才有的重建用上了葡萄牙传教士教会他们的东西，即三角测量法，在平成大修的时候使用了碳纤维，达到了现在世界上最高的抗震等级。在不断遭到破坏与再生之间，形成了一种独特的美学。

本堂东北角上的伤痕之柱至今留着安政大地震时（1854年）的45度扭

曲，裂口处钉进了螺钿，镶着《心经》全文，西门台阶的石板有很多是历代损毁建筑的础石，因此，真正的古刹不是被封住的历史标本，而是不断成长的生命。我们现在抚摩着本堂柱子上的沟槽，好似抚过1200年来曲折而冗长的光谱。每一道裂缝都是时间留下的刻痕，每一次修补都是写给未来的句子。

【旅游攻略】

地　　址： 京都市东山区清水1－294

交通信息： 搭乘市营公共汽车100路或206路在清水道站下车，步行10分钟即可到达

开放时间： 6：00—18：00

门票价格： 400日元

不容错过： 通往清水寺的宜人步道；地主神社，供奉着结缘之神；饮用音羽瀑布泉水祈福

联系电话： 075－551－1234

/

京都的佛寺：醍醐寺

置身于京都市伏见区，向南眺望群山中的醍醐寺，仿佛一卷蕴藏千年的经卷，在晨钟暮鼓间由嵯峨天皇书写下的五重塔为经文，碧井上的灵泉为墨水。

醍醐寺建造于平安时代的元和十六年（874），是日本佛教真言宗醍醐派的总本山和一个集建筑、造园、绘画三位一体的文化遗产复合体，这里收藏着空海祖师创传的密教法脉，也见证着丰臣秀吉奢华无比的“醍醐花见”，一块块镌刻着永恒定格的础石拼接出东方美学的一脉传人。

矗立在下醍醐寺金堂前面的五重塔是日本现存最古老的木塔，在天历五年（951）完成之后一直保留至今，该塔塔心柱底下的铜制舍利容器内，日本考古学家曾发现七世纪时属于波斯萨珊王朝的琉璃珠子，由此可见当时的丝路文明对日本密教的影响是何其之大。

除了那些因为上部脱落及不易观察到的小局部破损，塔体斗拱均为唐风本制，不过已经出现了演变之迹。一层檐下双杪三下昂斗拱是西安荐福寺小雁塔风度原样，但五层塔刹的露盘饰作却被安上了菊花纹、桐纹等本土色彩浓厚的新元素。最为重要的是，塔内的壁画，虽然经历了上千年的风霜，但以朱砂为材的八方天女衣袂居然还摇曳生姿，2015年通过激光扫描可以看到，天女瞳孔处居然都点有呈梵字“阿”的直径仅为0.3毫米的金泥，表明《造塔功德经》记载的“目中含真言”是事实存在过的密教仪轨。

下醍醐寺的核心建筑是大佛样，实则是一部火灾与重建的编年史。由于初代金堂毁于应仁之乱，所以其后丰臣秀吉将纪州汤浅的明王堂移筑于此处。现存的建筑虽然属于桃山时代的豪壮风格，但是建筑本身依然保有镰仓时代的大佛样的构造。直径1.2米的楠木通天柱垂直贯穿金堂全高，依靠榫卯固定，无一铁钉，柱基、梁柱皆被油漆漆为朱红色。

相比之下，药师堂具有以细节见长的匠人气息，这栋建于1124年的国宝级建筑，桧皮葺屋檐是层层叠叠垒起来的树皮屋顶，最厚处可以达到30厘米，在雨天时，会散发淡淡的桧木醇香；堂内秘佛药师如来的背光屏上面嵌有完整的《药师经》，每个字只有0.5厘米，但每一个笔锋都非常清晰；更玄妙的是龟腹，即是一个可以在地面上实现立体声音环绕效果的空间，在这里，只需敲击一下地面上排列起来的22个地板孔洞，无论处于何处的人都会被变成一台沛笈音师的手锤。事实上，要比欧式的教堂穹顶发出的声音早四百多年。

三宝院建筑群作为醍醐寺的政教中枢，在这里集中了桃山时代最具代表性的特点，而改建表书院是丰臣秀吉为“醍醐花见”所建，由200叠大小的空间和狩野山乐绘制《松鹰图》等障壁画和饰以金箔的隔扇构成，最有意味之处就属房间的地板，更精细也更有颠覆性。为了使坐于最下席位的武将可以正视上座的大名大人，便把地板设计为上升0.5度的样子，称为“权力的透视法”，是世界上最独特的地下造型建筑。

庭园是流动的立体《源氏物语》，小堀远州设计的游动庭园中的龟岛和鹤石组合，独具阴阳五行之妙，仅石径边用到了“藤户石”，这块产自濑户内海的天然大石，因为被苔藓、海带之类的植物覆盖呈现出不同的青灰色调，因此共呈现出了七种青灰风貌，丰臣秀吉将这面七彩景观作为陪衬，布置于当年3月15日举行的赏樱集会上，通过把二百株花移接成樱花之“三阶樱”，让这幅美景按照预约先后安排绽放到樱花朵朵分出前后场次。

海拔450米的上醍醐建寺筑群用高差打造了一处用于密教修行的空间。登上1500级的石阶本身即为《大日经》里所说的十住心象征式的实践。弁天堂的悬造结构直接架设于瀑布之上，里面生长着经由漫长的岁月以来被水气熏蒸形成灵芝样的真菌，被认为是自然的曼荼罗。

准胝堂内有一幅宽约6米的横幅血曼荼罗，画家以自身的血为颜料来绘制；通过对画面可见区域的红外线成像观察，在画面的空白处有修行者用血书写的百万遍“阿”字真言。

清泷宫本殿的“倒立柱”做法是把承重柱顶端削细后插入梁架中，相当于形成了现在常用的抗震措施中所运用的柔性节点。2018年超强台风袭击时，从现场拍摄的视频上看到，它发生了大约15厘米的前后位移，并没有出现一丁点儿的问题。古代匠人们的聪明才智让今天的工程师都叹为观止。

醍醐寺的建筑史，其本身的走向就是灾难与重生的循环。战国时期的49次兵火、安政大地震的打击、昭和时期的美军空袭，每次都要后退避祸，然后重新建造，但是在每一次的修建过程中总会推出新的营造想法，庆长再建时采用的贯穴技法将构件在跨上开洞，以减轻自重不损力度，在昭和年间使用的年轮应力测定法能够判定木件的承载极限，在令和时代出现了在地基里打入2000个陶器共鸣管的方式，把地震波转变为次声波扩散掉。

当游客站在上醍醐的开山堂前，既能俯瞰下醍醐寺的金堂琉璃瓦在阳光中闪烁，又可远眺京都城的霓虹渐次亮起。此刻，古建筑不再是凝固的，而是连接过去与未来的时光枢纽。

【旅游攻略】

地　　址：京都市山科区小野御灵町35

交通信息：从京都站乘坐JR琵琶湖线或湖西线至山科站，换乘东西线在醍醐站下车，步行15分钟即可抵达。或在京都站或山科站乘坐公

共汽车前往醍醐寺，在醍醐寺或醍醐寺前公共汽车站下车

开放时间： 9：00—16：30

门票价格： 拜观500日元，梅园300日元

不容错过： 在三宝院或下醍醐区域可看到主堂和五重塔建筑，均被列为国宝级文物。五重塔兴建于951年，是整个京都地区现存最古老的建筑物

联系电话： 075-571-0025

/

京都的佛寺：平等院

平等院为现存的十一世纪佛教建筑最重要的参考。除了精细的工匠技巧，平等院的设计与施工也影响了几世纪的佛教建筑。

现在平等院所处位置原本为权贵的别庄。平安时代（794—1185年）的贵族为了远离京都的喧嚣，在宇治川畔建了许多别庄建筑。藤原道长（966—1028年）的儿子藤原赖通（992—1074年）继承了其父所建的别庄。赖通笃信净土佛教，故于1052年将别庄改建成寺院群，献给西方极乐净土的本佛阿弥陀。他亦在隔年下令建造成为寺院中心的凤凰堂，此堂原称阿弥陀堂。

赖通意图将凤凰堂比喻成地上之界的阿弥陀佛西方极乐净土。他以阿弥陀佛的住处为印象建造寺院，这是希望达到身为净土佛教信奉者的目标，也就是众生可因阿弥陀而获得生命的再生。在净土信仰末法思想的教义中，相信释迦的教诲将衰退，世界终将陷入混沌。而赖通等信奉者希望重生于此混沌之前，并因阿弥陀之教诲获得顿悟。赖通等信奉者对阿弥陀的信仰之心对这时代佛教艺术之繁荣作出了贡献，他们仿效云上西方极乐净土阿弥陀佛的天宫宫殿，建造了此寺院。建筑物高耸的屋檐映在邻接池中的姿态，好似浮于空中一般。当院中供奉的阿弥陀佛沐浴在从东山升起的阳光中，更显得云上世界的美妙。

平等院的中心为供奉阿弥陀如来坐像的阿弥陀堂，此建筑以凤凰堂之称

而闻名。建筑中央向两旁伸展，有如展翅之鸟，而屋檐上装饰着两只铜制凤凰，故得凤凰堂之名。凤凰在东亚地区神话中象征着重生，凤凰的长翼与鼓起的胸膛，呈现即将展翅飞翔的样貌，这样的印象强调了阿弥陀佛西方极乐净土的救赎。桧木雕刻的52尊菩萨像装饰在阿弥陀堂内阿弥陀如来四周的墙壁上，呈现仿佛飘浮在空中的样貌。

菩萨虽已达到了悟，但为帮助他人所以暂不成佛。净土佛教中，阿弥陀引领死亡的信奉者到西方极乐净土时，菩萨也会一同出现。中央佛像周边的支持梁上装饰着52尊云中供养菩萨像。每尊菩萨皆有其个性，飞腾云上的菩萨演奏着乐器，在涅槃的世界中向阿弥陀如来致敬。52尊中的28尊演奏着笛、铜钹等乐器，其他还有呈现手持天盖、坐于莲座、舞蹈或合掌等姿态。不论何种动作，所有的菩萨像背后皆飘着细云与羽衣，呈现无限的动感。

在这些庄严的神像上施以雕刻、彩绘、涂装与金箔等装饰的是，代表平安时代的佛像建造师定朝（?—1057年）与其引领的一批工匠。神像铜制的光背本来的颜色已褪色，只有一尊复原了色彩，此复制件展示于平等院博物馆中，将近一千年前原本的姿态在现代复生。

凤凰堂是日本最具象征的建筑物之一，也是现存平安时代（794—1185

京都宇治平等院

年）最大的建筑物。名称源自屋檐上两只黄金的青铜凤凰，而一对凤凰像则设置于屋檐两端，仿佛展翅之鸟。表现了阿弥陀如来居住的净土世界。建筑正面的姿态可联想起展翅的不死鸟，走廊施以绚烂的装饰，建筑两侧向左右延伸，地板为离地面数尺的高架式，天花板非常低，成人需要弯着腰行走。

凤凰堂中奉有以桧木雕刻施以金箔的阿弥陀如来像，高约2.77米。佛像建造师定朝以"寄木造"的技法制作此像，即将小木片组合起来的手法，可造出大型且轻盈耐久性高的佛像。定朝与他的工匠们组合桧木的零件，并以雕刻整理形态，将布、漆与金箔重叠在组合的部分，最后佛像呈现出辉煌耀眼的金色。

凤凰堂的墙壁与门扉上绘有阿弥陀如来迎接亡者至净土的《九品来迎图》，装饰十分豪华。描绘的内容基于《观无量寿经》，此经典中述说了善良之人死时有九种不同归返佛国的方法。两只凤凰像于凤凰堂十一世纪建造之际铸成。从远处看两尊虽貌似相同，但建筑北侧的凤凰较南侧的凤凰高出4厘米，南侧的凤凰较北侧的凤凰宽10厘米。日本政府于1973年将两尊凤凰像指定为国宝，其后，寺院为了保存而将雕像移至屋内保管。现在屋檐上的凤凰像为复制件。平等院博物馆中的原件凤凰像在过去也像复制件一样贴着金箔，经过近千年的风吹日晒，金箔早已掉去。

1897年，凤凰堂与阿弥陀如来像被指定为国宝。2004年版的一万日元钞票上印有平等院的凤凰。而凤凰堂也出现在了日本10元硬币之上。

【旅游攻略】

地　　址：京都宇治市宇治连华116

交通信息：京阪线宇治站下车，步行10分钟可到达

开放时间：8：30—17：30

门票价格：庭院+凤翔馆600日元，凤凰堂300日元

不容错过：凤凰堂内国宝阿弥陀如来坐像；凤翔馆中52尊云中供养菩萨造像

联系电话：0774-21-2861

京都的佛寺：东寺（教王护国寺）

走在京都九条大街，一眼便可见东寺的五重塔，塔尖的九轮承托着空海大师带回的唐密真言。这座始建于延历十五年（796）的官寺，是日本真言宗的根本道场，是平安京的镇护圣殿，教王护国寺的每一块砖瓦都有唐风东渐的特色。

从东寺南大门进入以后，在视线里就能看到金堂的身影，将我们的意识瞬间倒退到了平安时期，这是现存最古老的密教本堂，是中日两国文化融合的历史见证物。最初的木造像建筑在文明十八年（1486）被烧毁，却由丰臣秀赖（丰臣秀吉之子）于庆长六年（1601）进行了复建，看上去就像一味地袭用桃山时期的华丽外在形式一样，内里却被保持着只有中国的唐代建筑的基本形式。七开间的格局和敦煌壁画中的唐代佛殿一模一样，就连檐下的斗拱也

京都教王护国寺（东寺）

与山西的佛光寺东大殿的大小相比无异。

殿内药师佛三尊像的背光屏，工匠以3毫米厚的金箔为地书錾金文《药师经》，字虽仅米粒大小，笔力劲健。坛下“地镇空间”内出土的盛唐铜镜和空海手写的陀罗尼经咒等考古遗迹，恰好验证了《造像量度经》中所述之“以密咒铸佛基”的事实；阳光穿堂而过，照耀着窗棂，使殿内大木梁架上端饰的彩绘飞天灵动欲飞，当一缕远古的文化气息通过那一抹残存的群青色沁入我的神经时，便恍惚地令莫高窟壁画复活了一般。

金堂是密教的物化存在，讲堂是密教教义的立体表述，其中央供奉的是宽永十二年（1635年）建造的木胎铜箔叶真言金身群像，由21尊组成，共计铜箔叶五万八千七百九十七枚，总面积达1290多平方米的三维宇宙模型。中央有五智如来，皆采用金刚界曼荼罗布局，双眼安有琉璃宝珠，均由遣唐使以迎请来的波斯原石制造而成。药师如来像莲花座下的地台上，是一幅精雕细刻的、镂空的完整胎藏界曼荼罗，人在下面跪拜，正上方正好就是此曼荼罗面的角度。四天王像的铠甲是有历法的密码，生长天象右肩的带匣部分装着365颗白色玉珠，代表着太阳。广目天象肩膀上装饰的354颗黄色玉珠则象征太阴历。密教时空观的具象表达即是一部形象化的“金胎合曼”。

五重塔高达54.8米，如同一支疾射云霄的金刚杵一般，几度焚毁重修的历史就是一部日本的涅槃史诗，现存的塔身竣工于宽永二十一年（1644），而藏于塔心柱底的空海头发舍利瓶和放在塔刹上面的青龙寺土相辅相成，共同勾勒了一条从西安—北京—南京—平安京这条贯穿帝国信仰的轴线。各层屋檐的举折遵照《营造法式》举屋之法，将木材衔接起来的却是融合了中国唐朝之后的新技法镰仓组物；甚至于塔的朱漆中加入了一些贝壳粉末，如果是在月光下看到的话，就会看到银河一般的光辉。最不可思议的是最初那一层内部所创造出的一整片空间，四壁八个方向上描绘的菩萨手持着各式的法器，当他们结合塔内一直围绕着一个半圆螺旋通道而攀升上来的奇特的方位时，简直就像是在用建筑来演绎一种叫作法界体性智的东西。

始建于明治维新时期的宝物馆本身就是一部长篇筑就的护法故事，它本身是一个唐柜纹样的钢混外衣，而镇馆之宝《真言七祖像》的数字化展出在

AR下可透视到颜料层下空海大师亲自修改的笔迹，将历史上每一页的文字墨痕都保存了下来。

藏身于西北角的灌顶院，被视为密教血液流传下去的圣域核心。当时的唐代天文元年(1532)将这里改为八角堂，并严格按照《大日经疏》“八叶九尊”的意象建造，再次掩埋下了8口铜瓮，在灌顶时会有与之共鸣的声音，东侧的渡廊由以月龄作为间距计算标准，满月时其月光正好会投射到本尊大日如来像的眉间白毫上。每年春分、秋分时的初升太阳都会透过三道门扉，闪耀于三重坛城之上，完成了三密加持。如今的信徒来到此地受传法灌顶时，脚下的每一块石板似乎都在默默地讲述着空海时代的信徒在这里走过留下的痕迹，这就是千年法脉的传承。

从桓武天皇的镇国祈愿，到现代社会世界文化遗产的认同，教王护国寺从来都是东亚文明对话的最佳标本。风吹过五重塔尖带走了大唐长安的黄色，垂落在金堂梁枋间的雕饰凝固着敦煌壁画的遗梦，穿过灌顶院落薄雾般的月色见证了现代人的精神返乡。与经受了12次火劫和23次大地震的千年不倒古老寺庙一样，空海大师亲手种植的那棵莲花在千余年后的夏天还在夏夜里静静地矗立，未曾变更模样。

【旅游攻略】

地　　址： 京都市南区九条町1

交通信息： 从近铁东寺站下车，步行5分钟即可到达

开放时间： 8：00—17：00

门票价格： 庭院免费，金堂+讲堂500日元，观智院500日元

不容错过： 五重塔高55米，是日本最高的木造建筑和五重塔；每月21日的跳蚤市场

联系电话： 075-691-3325

/

京都的佛寺：西本愿寺

西本愿寺创建于文永九年(1272)，是日本净土真宗本愿寺派的大本山，也是桃山时代的集大成之作。从安土桃山时期的金箔障壁画到江户初期的唐样结构；从战国枭雄的权谋暗影到现代科技的修缮密码，一幅立体的文明图像透过千年之前的设计构想，在这一座号称西京第一的寺院中被清晰地呈现出来。1591年丰臣秀吉赐地迁建之后，西本愿寺迎来了转机，整座建筑群轴线和朝向略偏转，避免正对着该地区最大势力幕府首领德川家康的二条城，并运用了倾斜角度顺势将人们的目光引向右面方向的比叡山延历寺的旧址。所谓斜轴政治学，将其充分体现在御影堂与阿弥陀堂之间的距离上，使两个殿堂之间相隔甚远。在这里将庄严凝重的传统宗教以一种丈量空间的形式表达了出来。

穿过后门迎面而来的便是并峙东西的御影堂和阿弥陀堂两个殿堂，就如同双子星座一般。

御影堂建筑面宽45米、深42米的大体量，采用唐代的举折和平样破风相结合的方法构建起来，千吨以上的唐风巨构重量却令人感到仿佛是凌空飞来一样。特别是经过2018年的全面大修以后，发现以前施工中体量感不足的原因，原来在直径1.5米的榉木立柱底下是有螺旋凹槽的，地震时用木头纤维的弹性来化解横向的应力。同样的还有对称的阿弥陀堂运用数理佛学的方式产生震撼效果。七列七段的须弥坛是按照七重栏楯、七重罗网的《阿弥陀经》的形象化构建，而365格藻井作为周天度数，春分或秋分的时候，正好映入的是中盘垂下的金莲华灯射入身后的中轴线对应的阿弥陀佛的眉间的白毫光。

西本愿寺西侧的唐门金碧辉煌的雕刻鎏金错落有致，宛如浮世绘般定格在净土真宗的佛殿顶部。这座号称日暮门的国宝建筑唐门，是典型的桃山美学。从门扉到门柱、门梁再到顶棚，错落有致堆积着大小繁复的雄狮。用特殊技法控薄成毫米的金箔，在阴雨天气也会反射出淡淡的金光。青海波门柱上的海浪纹饰，并不是通过雕刻制成的，而是将贝壳粉末与漆混合后一层层地抹上去构成的。青海波看上去就如同海水一般荡漾不止。青海波碰触上去会有凹凸起伏的颗粒感。虹梁中间有2米多高，重约一吨的虹梁，中间被掏空加填铁砂松脂，以增加虹梁的抗压性和抗震性，门顶鬼瓦嘴里的魔除饕餮口中放有庆长年间制作的《法华经》，如今使用内窥镜仍能看清字迹。

在御影堂巨大的木森林里埋藏着净土真宗独特的工程神学，横亘在大地上的78根巨木撑起了世界上最大的木造建筑物（全长62米），直径大小则是完全依照《无量寿经》中七宝合成的方式加以设置。2014年重建时，发现柱础下的石板四缘用铜片装接密封着江户初年的信徒为供养所寄赠的头发、指甲，也即是“七宝合成”的供养行为，让建筑成为众生共业所凝铸之物。

第2146面金碧障壁画全部由狩野探幽创作而成，可谓是移动的宗教百科全书。画卷内的《二十四孝图》，又将儒家伦理嵌入佛家经典中，画面里的曾子跪坐于以梵文“阿”字构成的草席之上；《三国名胜图会》屏风上的富士山峰便是极乐世界七宝池之倒影。而狩野探幽绘制的《三十六人家集》隔扇上的歌仙，手中并不拿传统的书卷，而是莲花，这就是说，这里的平等思想就更是称名念佛的思想了。《四季花鸟图》左上画着含苞欲放的梅花，下面是早凋谢的彼岸花，二者都是精妙之至的。

京都西本愿寺

【旅游攻略】

地　　址：京都市下京区堀川通花屋町下儿

交通信息：从京都站步行即能到达西本愿寺，大约15分钟

开放时间：5：30—17：00

门票价格：免费

不容错过：唐门；大照院枯山水

联系电话：075-371-5181

/

京都的佛寺：天龙寺

清晨，岚山还在鸭川的水汽中，沿着渡月桥西侧的小路拾级而上，竹子上的露水把我的衣服都沾湿了，来到尽头就会看到一扇覆以茅草的唐破风式样的山门，这就是天龙寺的大门，始建于1358年，是当时东国武夫足利尊氏为了纪念被流放的后醍醐天皇而修建的一座禅寺，六百多年前的淡淡晨雾似乎就笼罩着这座位于龟山和岚山之间休养生息的庙宇。

池畔立着三尊镰仓时代的石佛，青苔覆面却难掩嘴角的笑意。石灯笼旁的老枫树已有四百高龄，枝干虬结如龙爪探向池心。忽然一阵晨风掠过，水面泛起细密的同心圆，惊起池底朱红的锦鲤，足利义满曾在此放生的灵物，竟在池中繁衍了三十七代。

从挂着龙吟匾额的玄关穿过，方丈殿榻榻米上的线香之味还没有消失，狩野探幽作的《云龙图》在这昏黑之中若隐若现，好像还有烽烟的痕迹没有散尽；在应仁之乱的时候，西军曾在院内壁柱处施放过铁炮，留下了很多弹孔。打开南边斜开的琴窗，淡红色的阳光一下就照进了房中，其实分毫不差地来说就是千余年光阴可以尽收眼底，后醍醐天皇所赐的题字《梦里相逢》与昭和天皇的御赐墨宝“万象在旁”相会于此，并悬于此，江户初期莳绘砚箱子附近摆放着英国陶艺家伯纳德利奇制作的茶碗，一面是永仁三年（1295）

的纸门上还留有七百年前飞帅山上逃难士兵的笔迹，用来写的正是著名的《十牛图》牧童衣袂的朱砂已经变成淡淡的樱花色了。

廊外传来笃笃的木鱼声，早课已然开始，随之悠扬而起的僧人们诵经的声音和庭中的滴水声融为一片，惊醒了梁间睡着了的战国金蝙蝠。在《潇湘八景图》屏风上倒挂着一只只翅膀上带荧光的蝙蝠，犹如卷着金泥的纸鸢一般，扇动着斑斓的光彩。

转过法堂东侧的竹篱，忽有暗香浮动。占地三亩多的百花苑里，二百八十种草木正在演绎四季轮回：二月残梅与三月早樱共舞，五月紫藤缠绕着十月枫枝，十二月的山茶花苞上还凝着去岁腊月的霜。这是梦窗国师设计的四序之庭。扫庭老僧将落花拢成小山，你看那株五色彼岸花，白日开红花，暮时变碧色，子夜转绀青，是江户时代的花匠用了六十年才育成。他掀开井盖，露出德川家光捐赠的青铜水道，春岚山的雪水正汩汩流过八百年前的陶管。

京都天龙寺

最奇的是西北角有个叫“音羽泷”的瀑布，这声音仿佛也是以七五调谱成了《平家物语》，恰到好处。后醍醐天皇被放逐的时候，在这里彻夜听瀑，把心中的不快化为三十一首和歌，在此岩壁上还可依稀看到这些后南朝武将们的刻字。

日影西斜时，踏上后山的竹林道。这条小径原是后醍醐天皇的皇子们逃往吉野的密道，如今铺满昭和天皇手植的翠竹。穿过“虹之隧道”，两侧竹枝自然弯成的拱廊，忽见溪流上横着半截焦木。这是应永之乱烧毁的往生桥。当年临济宗四十八位高僧在此自焚明志，骨灰中混入桥墩砂浆。细看焦木断面，果然嵌着念珠残片与烧熔的锡钵。对岸五轮塔群在暮色中泛起青磷，塔身梵文经咒随夕照角度变幻，竟在空中投出《理趣经》的虚空文字。归途经过大堰川畔的茶亭筛月庵，老茶人正在碾抹茶。茶釜里沸腾的，是曹源池引来的活水。捧起天目盏的一刹那，碗底金彩绘制的天龙云纹忽然游动起来，原来是夕阳穿透窗棂，将满庭竹影投入茶汤。

可以想见，当皓月当空，推窗见天，曹源池跃出一片如墨玉般的棋盘，是伏虎寺下的两位老僧，在车辙旁布下的棋局；每日的辰刻，庭前已添上风姿不同的砂纹，独有那尾碧血锦鲤依然在吾心为念的北斗石附近悠然摇尾，原来这六百年的天龙寺早成了禅宗公案里的凉茶。

【旅游攻略】

地　　址：京都市右京区嵯峨天龙寺芒之马场町68

交通信息：从JR嵯峨岚山站徒步15分钟即可到达

开放时间：8：30—17：00

门票价格：庭院500日元，讲堂参拜300日元

不容错过：寺院内的米其林星级禅宗素食餐厅——筛月；子院宝严院和弘源寺，仅在春秋两季的限定时间内对游客开放，是欣赏樱花和红叶的绝美之处；日本传统庭园设计最佳典范

联系电话：075-881-1235

/

京都的佛寺：高山寺

京都市的西北坐落着栂尾山，秋季的清晨在潮湿杉木林上的晨雾织成如丝如梦的银纱，在高山寺石阶步径上踩落满地鲜亮至红至黄的枫叶，在此消彼长的时空交替间，作为国家的重要保护文物奈良时代的古刹，日本最古老的禅寺之一和世界上最具代表性的少数人类艺术宝库，平安时代的《鸟兽人物戏画》，镰仓初期的茶园遗址、幽玄的密教修法殿以及当今最新的数字修复实验室，并肩构建出高山寺中时间与空间纵贯千年的对话。

高山寺沿山势而筑，层叠分布，沿着天梯参道而上，脚踏阶梯、建筑簇拥于自然之中，一步一重天。按着山势建造是秉承着《华严经》中"一即一切，一切即一"的理论与主旨。行人拾级而上，层层阶梯、层层面貌成为天人合一式的建筑序列，此处展现了模仿、顺应自然的特点。阶梯和每一座建筑都是朝拜者修行的过程，在攀登的过程当中，精神获得了洗礼。核心建筑石水院，完美展现了镰仓时代的建筑精髓。这栋国宝建筑采用寝殿造与禅宗样

京都高山寺

相结合的营造技艺，檐口的唐破风与简素的木格窗形成精妙对比。室内空间通过可拆卸的袄障子实现灵活分隔，昼为讲经道场，夜可化身禅修精舍。建筑四周的缘侧回廊，创造出室内外交融的灰色空间，雨日可听檐滴成乐，晴时可见光影作画。

寺院建筑群中包含有经藏、钟楼、书院等17处具有重大价值的建筑，共同组成了完备的宗教建筑体系。每栋建筑的选址皆有据可循，考究精巧，实现建筑与山势、日照角度协调统一，从而体现出建筑本身便是记录一年四季风光的立体画卷。

高山寺建筑对木材的运用已是出神入化，石水院正中间的桧木柱使用了直径80厘米的大木柱，已经历了七百多年的岁月而完好无损；利用木材本身的弯曲而设计的曲线形态，木组合的方法用在斗拱节点上不用一钉一铆但是也可以承受巨大的地震力量。每种构件都可以看到巧夺天工的设计。比如，屋檐前飞扶板下藏着滑轨和导水沟，使雨水顺利地顺其下落但不至于破坏屋下部分的木材；在天井上细致地开构格子确保均匀采光。屋檐伸出的角度是经过精细计算的，依当地的降雨量做出相对应的出挑长度作为自然的雨伞，这样具象的构造往往成为活的营造法式教科书。

高山寺最富革命性的创造是空间叙事，在参拜路线由山门到本堂的变化过程中，尺度与明暗都有细腻微妙的变化，使人从俗世进入净域再过渡到悟境。对于枯山水庭园来说，这是非常有影响力的建筑叙事观。

高山寺是日本茶道之源。寺院内部有日本最古老的茶园，因地形是梯田式的高低落差和建筑方向性而形成特别的光照系统。其中的一间茶室，“遗香庵”则开创了侘寂美学，粗糙厚重的土墙，不规整的窗洞都是一种禅宗不二法门的哲学思量转化成的空间感受，在这里还有国宝级别的《鸟兽戏画》，其戏谑笔触暗中与寺院空间建筑发生着一种神交关系，在一幅纸本长卷的图景里有着拟人化一般的动物世界，就像是砌筑、斗拱、雀替、木鼻一样的构造细节里上演的生活化场景一般，而在其背后则是属于日本中世期的风华景象。

当夕阳笼罩着整个五重塔时，我在山门口那家茶楼要了一杯葛切。老板看着碗底因为金箔而游动着的液体字，说："这是摹写《鸟兽戏画》兔子的笔触。"不远处传来晚钟声，窗外的枫树叶子纷纷飞落在砚形石桌上，就像一团浓郁的墨。突然明白了高山寺的魔力，当你注视着十二世纪的图绘卷子时，其实那一幅画卷上的兔子也用同样的角度，同样瑰丽的色彩透过光阴，与你凝望。

【旅游攻略】

地　　址：京都市右京区梅之拇尾町8

交通信息：从JR拇之尾站下车，徒步5分钟即可到达

开放时间：8：30—17：00

门票价格：石水院800日元

不容错过：秋天时欣赏层林尽染的秋色；从寺庙的观景台眺望美丽的清泷川

联系电话：075-861-4204

/

京都的佛寺：西芳寺（苔寺）

在京都众多的世界文化遗产佛寺中，西芳寺是一个谜一样的存在，它的门票是所有寺院中最贵的，参观一次要4000日元，而且预定手续还相当烦琐。第一次在不知情的情况下，直接坐车抵达寺院，因为没有提前预约，被无情地拒之门外。

这座始建于镰仓时代的佛寺是日本净土真宗的一个代表，是中日建筑文化的活化石。从寺里的高大27米高的阿弥陀堂，到精彩的飞檐翘角，都是西芳寺用木石谱写的千秋赞歌。

寺院的发展恰逢日本佛教改革风起云涌的时候，建久三年（1192）净土真宗开山始祖亲鸾上人在京都访问期间，暂居于此地而建草庵修行，当时源平合战已经结束，战乱过后人们渴望见到净土，所以人们对于其乐融融的乌

托邦世界极为向往，最初亲鸾上人创立的草庵仅是三间小屋，但是却吸引了许多庶民来此礼拜和听经。

贞应二年（1223）第三代住持觉信尼将草庵升格为寺院，并更名为“西芳寺”，意即“西方之渊源”之意，出自《阿弥陀经》的“十万亿佛土”，现在的五堂三塔建筑群基本上就是这个时期的形制。此时主体还是沿用了平安时代和样风格，但在细部则加入了我国宋式的风格。现在基本保存完好的“亲鸾堂”基座上的础石，就是当年的模样，每一方花岗岩石上留有当时的匠人刻上的梵文种子字。

战弘安之役（1281）后，伴随着日本与南宋通商贸易往来局势的好转，西芳寺迎来第一次大兴土木重建工作。住持显智由宁波请来工匠，于西芳寺之西侧增建一处北宋式样的劝学院，这一院落群由引导和倾斜两种方式构成，在各个房间的高架上，下层为横梁，上层升起檩木形成梁架，在房柱中也是由中间逐层向两侧升高，在各层柱身向外稍倾斜，有一种难得的丰绅富丽的感觉。所以抗震意识极强，400年后直到元禄大地震都完好无损。天正七年（1579）遭焚毁，仅存经藏与钟楼，后被丰臣秀吉从京都洛中三大净土道场保护之列予以保全，并在大阪城御用匠师鹤屋吉隆主持下重建，营造出桃山时

京都西芳寺（苔寺）

期的华丽之美。

新建的阿弥陀堂为双堂并联式布局，东西两殿以上空连接，取法净土曼荼罗宇宙图式。堂内有至今放光的36根贴金蟠龙柱，每根龙首方向即寓一天二十四节气方位变化。最具革命性的乱间天井，全部是用2300块嵌金的柏木板斜着做拼花，阳光透过格窗在地上做出流动的光之河。

建成于庆长三年（1598）的唐门可以说是日本禅宗样的集大成之作。唐门呈飞鸟欲展翅之状，门柱下逆莲瓣柱础和海老虹梁之间虚实相对形成笔墨留白的艺术效果；门扉上将牡丹透雕暗合机关，此时门孔正巧被日光斜射55度角，使门内地面上呈现未露便已显露出来的佛像纹成，此中机巧令人拍案叫绝。

明治初期神佛分家使得西芳寺失去了大半个庄园地盘，但维护着西芳寺建筑遗产又因此产生了保障制度。明治二十三年（1890），建筑师伊东忠太在调查报告中第一次使用西芳寺式这一词来定义带有斗拱体系的具有中国浙东式和闽南式共用的方法。而且在大正期间修复的鼓楼里发现了梁架里面被封存起来的十五世纪的修理记录，说明在修缮之后都有的三重穿插枋是为了防震而设的技术。

至此，除了因平成修复而发掘出更多的营造秘诀以外，还有书院建筑的木柱有极细微而确切的内倾、地藏堂木组合密码，534个榫卯对应着《无量寿经》的全部文字，构件的长短对应该文字的笔画数，这样将佛教典籍化为三维空间的叙述。

今日西芳寺，早晨七百多年前铸成的梵钟总会准时响起，传音仿佛空气和回廊相撞、共振的声音一样被世界记入联合国非遗名录里。待到日落时分将唐门之影镶嵌在苔庭之上，依然会有历经战火、地震保留下来的木构件，在诉说着一份古老的东方木造记忆。

【旅游攻略】

地　　址：京都市西京区松尾

交通信息：从阪急岚山线的松尾大社站步行约20分钟可抵达苔寺

开放时间： 9：00—17：00（需要至少提前一周预约）

门票价格： 4000日元

不容错过： 在六月的雨季造访，欣赏庭园中茂盛的苔藓；枯山水庭园

（二）京都的其他景观

/

京都国立博物馆

世界历史文化名城京都拥有厚重的历史底蕴与辉煌灿烂的文化内蕴，在几千年的积淀下形成了一种东方特有的禅宗文化。京都是“活化石”带来的“活化石”古城。从东山上俯瞰，建筑风格别具一格的红砖楼既不能和一街之隔的三十三间堂、清水寺相融，也不能和延历寺融为一体，但是它们就是这座热闹的古都城市里那独一无二的一朵奇葩。

位于京都东山脚下的京都国立博物馆正验证了这一点，当之无愧的宝库是日本最值得造访的十大博物馆之一，也是东亚文明对话的最有效的无言见证者。作为日本四大日本国立博物馆之一，京都国立博物馆肩负保护日本乃至东亚遗产的责任，它的馆藏作品来自不同国家，涵括各个朝代各种门类的艺术。我将以时间为主线，以场所为伴，细细品味京都国立博物馆的故事，感受它作为“活化石”的特别之处。

京都国立博物馆诞生于日本近代化的过程中，在1868年开始的明治维新之后，随着“西方化”潮流来临，传统文化受到前所未有的冲击，寺院、神社中的宝物因财力枯竭被大量卖掉，许多文物流落他乡。为了防止这些国宝流失，1889年日本政府决定于东京、京都、奈良三处设立国立博物馆，其中京都是日本的千年古都。京都博物馆就坐落在这片古老的风水宝地上。

东山一带是平安时代的佛教艺术中心区，周边有众多古代名刹如南禅寺、东福寺等，建设博物馆的目的就是以此传承优秀传统，发扬历史文化精

髓。自1897年京都国立博物馆开馆以来，首任馆长山高信离便遵循“保存国宝，普及美育”的原则，并将收集的重点放在整理院外流散的文物上。明治至大正时代，通过政府调拨、寺院捐赠及民宅收回等方式，在海外不断地采办和征集日用杂器和佛教美术。例如，《古社寺保存法》(1897)规定，重要的文物“保存国宝，普及美育”；博物馆内现存收藏的《普贤菩萨像》《阿弥陀二十五菩萨来迎图》等国宝也都是此后的购进之物。

二战时的京都没有受到战火的摧残，博物馆藏品也没有遭到破坏。战后随着日本经济恢复发展和文化产业的振兴，京都国立博物馆也扩大了自己的收藏范围，相继增加了工艺品及书画的门类。1973年建成的平成知新馆实现了京都国立博物馆从“保存”向“传播”的转变，不但开展了各种主题展览活动，而且实行了和民众开展的各种学术交流活动和采取多媒体数字化的形式使文物“活”起来的工作。

今天在京都国立博物馆有着被称为“明治古都馆”的本馆是昭和时期的“明治古都馆”，知新馆则是平成时代建起的新楼，彼此虽风格迥异，但二者所体现的都是一种融合传统与现代的美学。

明治古都馆是片山东熊以当时的欧式流行风格，使用当时罕见的红砖建造的，也是日本难得一见的黄顶清水红砖大厦建筑遗作，其海外留学返日本后承建了该建筑作品，先后运用西方“埃斯塔克”，以及伊斯兰“雁行柱列”架构，师法法国巴洛克式的立面设计。厅内的穹顶装饰着莲花纹，这也是当时日本为了大和绘卷壁画特地制作的非本国风格立面。外侧的白色下端装饰了植地道场的鬼瓦头。以此构筑意大利古典巴洛克式风格的同时，又采用了本土材料将两个元素结合在一起，正是明治时代“和洋折中”思想代表之作。

京都国立博物馆知新馆启用于2014年，也是著名的现代主义大师谷口吉生打造的“消隐的建筑”，外部为白灰色的方形建筑，在这里没有限定出任何固定范围的墙体，用混凝土和玻璃构成流动的空间，将庭院引入展览空间。打破了一般的博物馆入口的封闭型的做法，打开帷幕，插入落地窗，观赏外面的景色，可以从展厅里看到外面的四季常变的东山景色。室内用一种黑盒子的设计理念，精心调节温湿度和照明控制，使《风神雷神图屏风》之类的易损坏文物可以得到充分的展示。知新馆的极简是一种拒绝传统的雅致，用最现代的语言重述了“空寂”“幽玄”的日本美学。

京都国立博物馆目前存有藏品1.2万余件，其中国宝89件，重要文化财622件，都是可一睹日本美术史全貌的宝藏级珍品。它的宗教、权力、日常史都可以从这些物件身上看到。博物馆藏佛教文物是整个藏品里最重要的部分之一。古人把佛教的思想赋予到救赎的高度上。除此之外，还有代表博物馆亮点的作品，狩野派和土佐派的屏风画；二战前代表室町时代的《四季花鸟图屏风》，正如博物馆里的所有古代书画作品一样，让人感觉即使是极端的帝王或者贵族，也有属于他们的精致的生活。此外，还有众多精美的茶具、漆器、刀剑以及器物。安土桃山时代“志野茶碗”的釉色仿佛是一层白色雪花，它正是奉行侘寂美学大师千利休所开创的特色瓷器；江户时代有名的莳绘螺钿砚箱，则是将金粉和贝壳拼贴出肃杀的秋草之纹样来，也就是日本匠人精神极致体现的匠心之作。其本身在视觉上的震撼程度，并不是一件夸张

京都国立博物馆

厚重的艺术之作，也并没有过于奢华精美，在此时已能体会到日本美学之迹，并非仅仅存在于高堂之上，而是深入骨髓渗入日常生活中。

一走进博物馆一层的佛教艺术展厅，就仿佛置身千年之前与先人的一场心神相交，《阿弥陀二十五菩萨来迎图》的金箔墨地底是一片祥云，二十五位大势至菩萨像一阵浮云翻滚之中翩然而降、来迎接我们，用昙花的明亮光芒暖了心头。画面正中端坐佛祖阿弥陀佛持法之手执莲台身着宝冠，或是眉目低垂静听人们祈愿。画作是镰仓时代末期平安时代初期净土宗寺院的秘宝，在明治时期由于实行了《古社寺保存法》，才能够永存于世界。此作十分罕见地采用“截金”技法来作云纹饰的创作，即在墨色部位巧妙地将金箔切割成0.1毫米的金丝，似漫天星辰闪动，而有美妙之感。

展厅中央一幅奈良时代的《十一面观音立像》更令人屏息，这尊高178厘米的榧木造像，十一面层叠如佛塔，正面慈悲相垂目含笑，侧面獠牙面却怒目震慑邪祟。衣纹采用中国唐代传入的“翻波式”雕刻法，褶皱如海浪翻涌，行至足下又化作莲花盛放。曾有专家以CT扫描内部结构，发现佛像腹腔中藏有鎏金经筒，筒内藏《法华经》残卷字迹仍清晰可辨。转过回廊，江户初期的《风神雷神图屏风》以金地着色的绚烂瞬间攫取人们视线。风神背负风袋凌空疾驰，青面獠牙间吐出飓风；雷神赤脚踏云轮，双手执槌击打雷鼓的姿态充满张力。

狩野山雪的《兰亭曲水图屏风》展示着另一种雅趣。六曲一双的屏风上，王羲之与名士们沿溪跪坐，流水以银泥勾出“回”字形波纹，泛着月光一般的清辉。最绝妙处在于屏风背面——紫外线照射下，《兰亭序》全文如星轨浮现，字迹笔锋与屏风正面的山石皴法形成奇妙呼应。这种“屏中藏卷”的构思，将中国古代文人的曲水流觞转化为东瀛美学的立体叙事。

工艺展厅内，安土桃山时期的志野茶碗“卯花墙”静静躺在恒温玻璃柜内，碗面如初雪融化一般温润细滑，碗壁厚1.2厘米左右却仅重180克左右，入手犹如无物。碗壁内壁的“虫噬痕”其实是烧制过程中埋入稻壳，待其烧结后便形成气孔，在浇入茶汤后会照出一本模糊的卯花影子(溲疏花)，在这里就是用自然带给人的淡淡流韵创造了一种基于日常使用之物而非观赏性艺术品的现实之景象，这是最能体现日本侘寂之美学意趣的明证之一。

而江户时代的莳绘螺钿砚箱更是集巧思于一身，细腻的程度堪比乾隆时期故宫博物院所藏的珍品百宝箱。盖顶的金莳绘秋草纹中的叶脉经0.1毫米的银丝打造，露出轮廓线条之后再加上以鲍鱼壳碾磨成微米级的片材铺贴；打开砚箱底部的菊形机关，从里面便会升出一个两厘米的小笔架，笔架又恰是用漆液制作的直径0.3毫米的中空漆管，高超技法令人称奇！这亦是日本“器以载道”美学的典型例证。

当我走进博物馆中国馆的铜门，一股兴奋随之涌上心头，看到一尊战国错金银壶在我眼前呈现，投下幽暗的寒光。它通高42厘米，通体上蟠螭纹之间镶嵌37枚蜻蜓眼玻璃珠，据光谱分析可知，这些玻璃珠于公元前四世纪产自腓尼基城邦。又见壶身内壁错金铭文“楚王为鄂君启铸”八字，2013年7月在安徽博物院展出的鄂君启金节上也有此铭文字样，可以与之互相印证，这是讲述着楚国贵族曾经沿江贸易的故事。这件约昭和时期（1926—1989年）进藏的珍贵文物，其制作工艺竟然和奈良正仓院藏有的唐代银壶有着一脉相承之处，为这项以汞齐法嵌金丝，在1200℃以上的高温熔合后铜、金结合形成的永不褪色的纹饰工艺，沿东海一路东传发展成为日本“象嵌”的传统工艺源头。

展厅中央一尊唐三彩载乐骆驼俑，驼峰间架设的舞台仅有手掌大小，五位乐师手持筚篥、曲项琵琶的造型纤毫毕现。经X射线断层扫描，骆驼腹内藏有唐代开元通宝十二枚，其中两枚边缘錾刻着“和同开珍”字样。印证了《续日本纪》中记载：遣唐使吉备真备归国时，长安西市胡商曾以三彩器换取日本砂金。骆驼脖颈的蓝釉流淌痕迹，与奈良博物馆三彩陶器釉色变化如出一辙，揭示着8世纪中日陶工共享的窑变工艺。当京都陶艺家清水卯一在1970年复刻此器物时，仍沿用我国唐代“三彩系”技法，在素胎上施铅釉，经780℃氧化焰烧制，使铜绿、铁褐、钴蓝三色自然交融。

展柜中的北宋定窑白瓷划花莲纹洗，可观测到薄若蛋壳的器身和仿佛如透过半透明胎体看到细若发丝般的莲茎与内底的莲纹；口沿为包银品种，且阴刻契丹小字“统和廿二年贡”，经比对辽代陈国公主墓出土的带银扣瓷器，造型如出一辙；这件经由15世纪流落至日本的茶具，还被收入1652年的《荫凉轩日录》，其中提及过足利义政曾用它试墨，最后发现墨汁渗入器具细凹的划线之上便能形成颇具韵味的“水墨莲影”，便让京都陶工以此具为本创制新的方法，也就是今天所说的“刷毛目”。并且，2015年时的激光扫描也证实了器底留下的磨损痕迹恰恰与唐物茶入“松花”的承座相符合，这也印证了该器曾经是流传于东山文化圈的重要茶道具。

围在南宋牧溪的《六柿图》禅意墨韵前的人群最多，这是一幅只有74厘米长的水墨横轴，运用五行墨色刻画五个柿子正背阴阳角度，正中间由深而浅，呼应禅家的“五蕴皆空”。在画面右侧的绢帛上，隐约可见“嘉熙二年佛日牧溪”字样的残旧题款。据记载，江户时代的大德寺僧人逸然在《碧山日录》里提到过，正是有牧溪创作此作而引起了雪舟等人仿制的一幅《泼墨山水图》，两幅作品采用的都是“减笔皴”，借留白之美展现形式之美，是日本“余白”艺术观。采用红外线反射法勘测发现，在画心夹层处有明代项元汴“檇李项氏”骑缝印一枚，据推测此作曾在华夏随项氏天籁阁、安岐墨缘阁流转，民国初年经日本最临近中国的水路抵达日本。

京都国立博物馆除了是一座大型文物仓库，还是文化再创造的大本营，常设展按照时代划分或以某个特定的主题而展陈布置，并带有导览讲解与交互装置，可多语种介绍，使游客能够清楚看到日本的艺术是如何从传承到发展演变的过程。“禅与水墨”展示厅用牧溪、雪舟等画僧的作品来展示禅对于日本之美形成的影响，“能乐与屏风”特展用当下最流行的AR技术为游客打造一处《源氏物语绘卷》的虚拟剧场。

博物馆还要承担着国际间交流的任务，在国际上我们可以看到许多博物馆举行的国际性的展览活动，比较典型的有：2019年举办的“中国南宋书画展”，来自故宫博物院、上海博物馆的展品向世界人民展现了宋元时期中国与日本的深厚情谊；还有2022年举办的“丝绸之路佛教艺术展”，该展览汇集了犍陀罗雕塑与中国古代日本佛像对比展出，呈现出从西域来日本的轨迹，在这个世界大舞台上形成了人类的世界文明对话。

步入京都国立博物馆中国馆穹窿之下的展厅，一路所见从楚国青铜到奈良三彩、从宋茶器至今墨和禅画中都能够看到时间留存于器物上的痕迹，有跨越边界的交流经历，而一种属于一个族群与时代的美好心意，在每一件器物上都得到了沉淀并永久保留了下来。

直至傍晚夕阳穿透玻璃反射的白光，落在定窑白瓷上，我也从日落到初夜方才觉悟，这个世界上并不缺少好东西，重要的是目光与内心都不被遮蔽，拥有一双能够被映照的眼睛去捕捉世界与人心之美好。

【旅游攻略】

地　　址： 京都市东山区茶屋町527

交通信息： 搭乘京阪本线前往七条站，出站后步行约5分钟，或从京都站步行约20—25分钟，即可到达博物馆

开放时间： 9：30—17：00

门票价格： 700日元

不容错过： 明治古都馆于1897年首次开馆，展现了西方对日本设计的影响，现主要用于特展

联系电话： 075-525-2473

/

京都三十三间堂

京都古称平安京，是一座拥有1200多年独特文化与历史底蕴的城市，且坐拥丰富的自然美景。自794年至1868年的千余年间，一直是日本的首都，被日本人称为“心灵的故乡”，日本文化的许多方面均源自京都，直至现在仍深深根植于当地居民的生活之中，是日本文化的象征之地。古都中保存了大量唐风建筑，历经千年风雨洗礼，依然保存完整，徜徉其间，令人陶醉。如今现代居民居住的传统木质联排别墅“町屋”、京都独有的年度活动（如著名的祇园祭）、艺伎生活和工作的京都花町区文化，以及遍布整座城市的地藏菩萨雕像（由黏土、青铜或石头制成的雕像，代表儿童和旅人的守护神），所有这

些通通体现了京都的文化传承。无论是健康且营养均衡的日式料理、人们对茶的喜爱，还是开放空间中雅致的花艺布置，京都的传统都为日常生活增添了色彩。

而在京都众多的古代建筑中，如果让我选择一个印象最深、最能震撼到我的建筑恐怕就是天台宗寺院三十三间堂啦。

从京都站出来后右转，向东步行十几分钟就抵达了莲花王院，即三十三间。

三十三间堂主要的看点有三处：宏大的殿宇、宽阔的庭院和日式的花园。1164年，即日本平安时代的晚期，在京都六波罗蜜寺的平氏宅邸旁边，一座宏大且又极具颠覆性的建筑悄然崛起。建筑的选址是鸭川与东山之间的战略要地，这里既便于利用河流运输建筑材料，又可俯瞰京都盆地的全貌。

平清盛出于巩固自身权势的目的，于长宽二年（1164）主持建造了莲华王院的本堂。最初修建的五重塔与回廊，轴线精准指向京都东北方向的比叡山延历寺，以显示对天台宗势力的制衡。三十三间堂在建筑形制上采用了从仿唐式建筑向日本式建筑过渡的时代特征。本堂的立柱采用的是丈六间规制，即柱与柱之间的间距为4.85米，屋顶的坡度有所收小，细微的调整使檐口投影恰好可以覆盖佛坛的边缘。

建长元年（1249）三十三间堂毁于火灾，现存的本堂系文永三年（1266）所重建。丰臣秀吉在其北侧修建了方广寺，并一度加以合并。丰臣氏灭亡后，归妙法院管理。目前是日本仅存的平安时代晚期千体观音堂形式的建筑物。

三十三间堂的山门处的建筑屋顶如展开的经卷，将人们的视线自然引向纵深。十二级石阶上分布着深浅错落的青苔，宛如《源氏物语》里褪色的浮世绘，沉淀着千年的风霜。门柱上残存的漆纹里，仍可辨认出平安时代特有的海青波纹，历史的沧桑感油然而生。

现在的本堂面向东方，建筑南北长120米，东西进深18米，长宽之比为6.67：1，使人看起来非常和谐。这是一座传统的日式单层结构建筑，带有瓦顶的坡屋顶和四坡屋顶。现代的实测数据显示，三十三间堂立柱的间距总和是3.636米 × 33，与《观音经》记载的观音化现距离120由旬完全符合，古人巧妙地将原本抽象的教义转化为具象的空间。而更为精妙的是，本堂正中佛坛体的高度为1.08米，与建筑进深的比值为1∶16.67，恰与佛教宇宙观中的十六重净土形成的对应。本堂中部入口处的五脊顶占据了东立面七个开间，其他开间则用推拉门填充。西侧有格子窗，中间穿插着一个八开间的入口。一个环绕四面的游廊完成了简单而干净的设计。虽然是一层建筑，但屋顶的脊高15米，从稍远处看，建筑呈现出宏伟的景观。大厅的内部是一个自由流动的空间，带有椽子和檐口的天花板，覆盖着简单、坚固、弯曲的横梁。

当我第一次步入本堂的那一刻，即被眼前的景象震撼到，1001尊千手观音像，28尊守护神，以及风神、雷神等共1032尊神像齐聚一堂，整齐排列。

堂内空间序列的设计为三重递进，前廊开放式的柱列引导视线聚焦中尊千手观音；中间段的密集佛坛形成一定的视觉压迫感；后方的暗阁通过0.6米的地面落差，营造出“现世”向“净土”过渡的宗教体验。建筑学家这些年

京都三十三间堂

通过高科技光线模拟发现，冬至日阳光会穿透第17间立柱，在千手观音眉心点形成光斑，这种天文建筑学设计比古印度科纳拉克太阳神庙还要早两个世纪。

本堂在创立之初，堂中原供奉两尊神像，一尊是高约4.8米的莲花王观音坐像，是神殿的主尊雕像，另一尊是约一人高的站立雕像。而现在的主尊莲华王千手观音坐像高3.46米，十一面像各具特色，栩栩如生，造像工艺体现着运庆流派的突破性创新。主臂有42只，各手分执法器，姿态优美。观音头顶佛陀宝光圆通，优雅端庄。既有女性的柔美，又不失男性的果断和刚毅，观音的守护神风神、雷神，则是半裸身形，造型夸张，充满着超越自然力量的动态感。

本堂内的千尊千手观音像被分成两组排列，每组500尊，分别位于中央主尊的两侧，每组由10排台阶组成，主尊观音像位于中央，1000尊千手观音像围绕着主像，描绘了从天堂到人间的神祇的化身。在千尊观音菩萨前面排列着另外30尊神像，是日本佛教中的风神、雷神，以及28位护法神。

一千余尊神祇齐聚一堂，每一尊都被命名，体型相差无几，排列有序，这是一件非常难得的事情。以往在国内的佛教寺院看到五百罗汉就常常被震惊到，如北京香山碧云寺罗汉堂、武汉归元寺罗汉堂等。33间堂中的千手观音均出自镰仓时代初期（13世纪）京都近畿地区的著名雕塑家之手，包括高国、源氏和丹氏，以及来自佛教造像匠的因幡和恩幡学校的继承者，本堂中的千尊观音像中约有一半的佛像上刻有雕塑家的名字。

观音像采用樟木拼接技术，关节处留有可活动的铜制轴心，整体重量约1.8吨。除主尊外，殿堂内的二十八部众及雷神、风神，构成了观音的眷属。它们身上夸张丰富的表情与细节，将我从悬浮的状态拉回到现实。

三十三间堂在京都的旅游中属于较为小众的景点，一般游人都不会太多，但体验感却能爆棚。我去过的几次堂内的游人均不多，只有一次因为赶上有法事活动，堂内聚集了不少的信众，光脚踩在堂内的木地板上，能听到吱呀吱呀的声音，因殿内不能拍照，反倒是更能静下心来好好琢磨每一尊造像的细节：有青筋暴起的密迹金刚、端庄典雅的大辩功德天、鸟头人身的迦楼罗、瘦骨嶙峋的婆薮仙……

三十三间堂的正式名称为莲花王院，因千手观音属于密教中的莲华部，在莲华部诸尊神中，以千手观音最胜，故俗称莲华王。其实，千手观音很少真正有1000只手，普遍为左右各20只，据传每只手能化解25个烦恼，这些手的数量相乘即为千手。殿内看到的千手观音，非同一时期雕刻，其中只有124尊是平安长宽二年（1164）即创寺时的作品，其余的是1249年火灾后重新雕刻，数十位顶级佛像雕塑家，耗时15年时间完成了全部876尊雕像的制作，为镰仓时期作品。二十八部众及雷神、风神雕像，推测为十三世纪湛庆率庆派雕刻师所作，是三十三间堂最古老的雕像，也是日本二十八部众雕像中最早的作品。

每一尊千手观音像的服饰都模仿了古印度的王室服饰，就像佛教创始人悉达多太子在宫廷中佩戴的一样。头上佩戴珠宝皇冠和装饰发夹。下半身裹着轻薄的裙子，上半身从左肩到右髋裹着内披肩。手臂和身上装饰有手镯、项链等配饰。每尊雕像两侧的42个手臂（38个单臂和2对双臂）是用相同的工具和模具制作的。1001尊千手观音立像则构成了世界上最早的标准预制件系统，专家通过榫卯编号证实了古代模块化生产方式的存在。

专家在对本堂中的千尊观音进行光谱扫描时有了惊人的发现，即每一尊千手观音的瞳孔中均微雕有《法华经》的经文，令人惊叹。每一个单字的尺寸仅为0.3毫米，这种毫芒佛教到十七世纪欧洲才出现类似的案例。在金箔修复中发现的漆层显示，历代贴金至少使用过三种工艺：平安时代的“沉金法”、室町时代的“研出莳绘”、江户时代的“平莳绘”，最近一次修缮则引入了纳米金箔喷涂技术，使古老的传统工艺焕发新生。

日本的战国时期，佛殿历经了从宗教空间向武家精神的蜕变。丰臣秀吉在1586年将建筑北扩了8米，新增的佛坛绘有刀剑形制的装饰纹样。江户幕府在1614年修缮时，又将立柱替换为纪州产的熊野杉，木材年轮检测显示这些巨木生长在平安中期，可以理解当时已存在系统的古材循环利用方式。从三十三间堂北侧的大门出来左转是古代的射箭场所。莲华王院以射箭竞技闻名，每年1月15日都会在此举行射箭仪式。在江户中期发展出独特的技艺，射手需在60米距离让箭矢沿2.4米高的殿檐抛物线飞行，高超的技艺催生了日本最早的空气动力学研究。近年就曾在射场发现大量带有武士家纹的箭镞，也成为研究武家文化的实体档案。

每年春分时节刚过，选手们便依次跪坐在青苇编就的矢枕上，膝盖以下的木纹中渗透着百年松脂的凝香。清晨的薄雾漫过千手观音鎏金的身体，将三十三根立柱化作朦胧的队阵。一支支箭镞贴着选手的鬓角掠过，箭翎带起的风掀动垂缨冠的丝绦，惊飞檐下的雀鸟。

众所周知日本是一个地震频发的国家，众多的千年古建是怎么完整保留到今天的呢？以三十三间堂为例稍加剖析。历史上，这组木构建筑历经13次地震而仍屹立不倒，秘密就藏在34根通柱底部的根差结构中。这种可随意滑动15厘米的柱础设计，与今天防震支座原理惊人地相似。2016年熊本大地震，安装在佛寺建筑顶端的加速度计记录到当地最大的峰值，但传统的榫卯木构框架通过柔性变形将破坏率控制在了0.3毫米以内。现代土建专家发现，屋顶800吨的重量与柱列柔性的动态平衡，形成天然的减震体系。古人的智慧不得不令人佩服。

1871年，挺立了千年的三十三间堂险遭拆毁，在当时的一场废佛毁释运动中，僧侣们为保护佛寺，将千余尊佛像分别散装藏匿于京都商户的地窖中，主尊千手观音像被伪装成家具得以保存。建筑北侧础石上的多道斧劈痕迹，正是1872年暴徒袭击的实物的证据。这段历史，被当时的英国摄影师费利克斯·比托记载。之后的转折发生在1880年，美国一位专门研究东方的学者费诺罗萨考察时发现，佛寺立柱工艺为中国古代唐斗拱遗风，他写出的学术报告促使政府将其列入特别保护建造物，从而开了保护文物的先河。

暮色浸染了佛殿的屋顶，最后一缕光亮掠过千手观音充满慈爱的脸庞。在香火熏黑的木构件里，封存着平安时代贵族的信仰和真理，记录了当代旅游人对生命的顿悟。三十三间堂终究超越了宗教场所的范畴，成为人类追问存在意义的立体诗篇。

【旅游攻略】

地　　址：京都市东山区三十三间堂回町657

交通信息：位于京都国立博物馆对面

开放时间：8：30—17：00

门票价格：600日元

不容错过：日本唯一的千尊千手观音堂

联系电话：075-561-0467

/

京都桂离宫

一池春水泛涟漪，三百年间照影来。桂离宫庭园中，一枚青苔覆盖的“月”字石刻静静躺在汀洲之上，这个字原是《万叶集》中的残章断简，却在江户初年的某个清晨，被智仁亲王从残破的典籍里拾起，化作连接千年文脉的密钥。这座被誉为“日本庭院最高峰”的离宫，似一卷徐徐展开的和歌集，每个转角都藏着等待解读的密码。

桂离宫作为皇家的别墅，是由后阳成天皇的弟弟八条宫初代智仁亲王创建而成。亲王自幼文武双全，在17世纪始初得此封地后，于元和元年（1615）开始建造，时隔数年后简朴素雅而别有风格的桂山庄才建造完成。这时候亲王大概40多岁，所以古书院的建造也可能是在这个时期，在亲王去世后的十余年间，山庄曾一度荒废。二代智忠亲王和加贺藩主前田利常之女富姬成婚后，因有了财政支柱，积极出资重建及扩建了山庄的规模，使之得以复兴。智忠亲王从其父亲智仁亲王继承的极为灵敏的审美情趣，直至宽文二年（1662），在原来庭院建筑的基础上，巧妙地调和了中书院，更新建了新御殿月波楼、松琴亭、赏花亭、笑意轩等处风景。并且对池塘和庭院进一步改造，才有了现在我们所看到的姿态。据说，为了迎接后水尾上皇的到来，而特别新建了以带有桂棚和付书院而闻名的新御殿和御幸道。在此之后，八条宫家依次被改称为京极宫、桂宫，直到明治十四年(1881)随着12代淑子内亲王的去世，八条宫家才走向了消亡。明治十六年(1883)，作为皇家园林的桂山庄由宫内省接管，被正式称为桂离宫。桂离宫创建至今没有遭受过火灾，基本上保持了创建当时的风貌。昭和三十九年(1964)，对于保持原有景观以期万全便买下了7000平方米的农田。

桂离宫总面积(连附属地)为69000多平方米。中央建有纵横交错的池塘，内有用土桥、板桥、石桥所连接的大小5个岛屿。备有小舟可停靠的书院和茶室。在关键处，放置了许多灯笼和净手盆，由回游式庭院和数寄屋风格的纯日本式建筑构成。沿着径路前行，眼前浩渺的池塘风景有时会突然消失，有时忽然又在眼前展现出来，有时不知不觉中到了高处，又不由自主走到水边，因遇到这些变化而感到惊叹。另外，园中巧妙利用了切割好的石头和天然的石头，由此可以观赏犹如真、行、草的石径或者飞石。而文雅的美感贯穿于假山、湖石、沙洲等建筑处，不论晴雨变化，一年四季所散发出不同的美感都令人叹为观止。据说造园时尽管小崛远洲并没有直接参与，但是庭院和建筑随处可见其风格，桂离宫是集受远州影响的造园师和工匠们的心血以及两代亲王高层次情趣雅致的结晶。它和京都御所、京都大宫御所、京都仙洞御所、修学院离宫共为皇室财产(国有财产)，并现由宫内厅管理。

离宫的北侧有个表门，那是桂离宫的正门。除了特殊场合以外，一般不开此门。平常的出入是在右手的旁门，沿着篱笆向南少许的地方，有个门叫"黑御门"，门柱是用柏树杆制作的，门为竹子紧密编织纵排而成。再稍微往里走一点儿，还有一座门，叫作御幸门，门上盖有茅草制作的屋顶(茅草切妻屋顶)，支撑屋顶的门柱是未经加工的留有树皮的山毛榉树干。据说，此门是为了迎接后水尾上皇，由智忠亲王所建。后又荒废，而在家仁亲王时重新建造的。

从御幸道的中间往左转，进入离宫苑内的地方有一个外腰挂(等候处)。它的屋顶采用茅草寄栋结构，看上去令人感到非常松软，而支柱为保留着树皮的树干，是一个带有卫生间的露天茅草小屋。主要用于进茶室，松琴亭前的等候处。它的前面一直伸展着由天然石和切割石巧妙地堆砌而成的石板路。两端设有双层正方形的净手台和低矮的灯笼，为园区风景增添整齐感的效果。对面有苏铁山，上面的苏铁据说是由萨摩岛津家进贡而来的。继续往前，眼前出现一组非常醒目的黑色布景建筑，又名洲浜，一片黑色的扁平石头铺砌在水池中形成的突出部分。而装饰在池中最前端的灯笼，又被喻为海中的灯塔，从而表现了海的意境。这之前，中岛连接石桥，又名“天桥立”。顺着指示牌路线来到了松琴亭，它是采用桂离宫当中格调最高的茅草入母屋顶结构而建造的茶室，跨过一整块石板所铺成的小桥，即展现在游客眼前。刚过桥就能看见写有“松琴”两字的匾额，字为后阳成天皇御笔。这两字来自拾遗集卷八杂上的“琴音在山峰之中的松间飞扬”的句子。进入茶室的小门，里面是正式的茶间，铺有专供茶室的榻榻米（三叠台目），围有远洲风格的八扇拉门。从外面东、北西三个方向看松琴亭，让人心旷神怡，有着不同的意境，分外赏心悦目。而北侧土厢的灶炉和第一间房的地板及拉门采用青白相间的方格花纹显得相映成辉，这种大胆的创意，和现代的设计相比有过之而无不及。来到中岛一个小山坡沿着飞石攀登而上，途中可以见到一个叫“水萤”的石灯笼。登上山顶有一间像茶室的赏花亭。这里是苑内最高的地方。像

京都桂离宫

松琴亭一样，门稍许朝北，夏天是用来当作避暑的地方。屋顶为茅草切妻结构，用的是留着树皮的天然树干。南侧则用竹帘微挡，透过竹帘往外看到的风景具有通幽之美，春天的樱花，夏天的荷花，秋天的红叶，冬天的腊梅，无论什么季节，都很是惬意。在赏花亭的山脚下，只见一个本瓦茅宝形结构屋顶的佛堂。现今只剩下建筑部分，里面什么搁置也没有。它和离宫的整体气氛有些不同，但又别有一番风景。匾额则是后水尾上皇亲书御笔。我们继续往前就是笑意轩，这是一座由切割山石而堆叠成直线，形成的人工湖边建造的田园风格的茶室。也是一座有草寄栋结构的屋顶，带有柿茅结构厢房的长方形建筑。装有廊子的“口之间”的拉门上，设有六个横向排列的圆门，又名“下地窗”。圆门的下地，建筑结构组合形态各异，茶室上方所挂“笑意轩”的匾额是曼殊院良恕法亲王的御笔。内部设有拉门隔断可以和天井连为一体，而使内部空间显得更大气。石制洗手盆的“蹲踞”（茶亭的洗手钵）有“浮月”之称。在船靠岸的地方，作为照明工具，放了一个像盖着斗笠一样的三光灯笼。书院群坐落在桂离宫的核心区，由东依次为古书院、中书院、乐器间组成。新御殿成雁状型分布。在古书院，面向池塘的地方设有一座供皇家赏月的台子，中书院分一之间，二之间，三之间，而乐器间为曾经收藏乐器的房间。新御殿是智忠亲王为迎接后水尾上皇的到来而增建的。一之间南面，有个月牙形窗户的付书院，旁边有桂棚、地袋、袋棚等巧妙组合精酷冠目系强的另类架子，又被叫作“桂棚”。这个桂棚和修学院离宫的“霞棚”，以及三宝院的“醍醐棚”并称为天下三棚。1976年7月至1991年3月各书院及各茶室进行了大修理。在古书院二之间的正面，从宽廊子向池塘延伸铺设的竹台除了赏月，还能在此观赏苑内主要的景观，并可以在此纳凉。此时，遥想几百年前的一个中秋之夜，月波楼地板缝隙透出粼粼波光，这是工匠精确计算月亮轨迹后设计的机关。智仁亲王将《明月记》中“月移花影上栏杆”的诗词转化为建筑又充满诗意的语言，让自然天象与庭园合二为一，这种时空交织的设计，使四百年前的月光依然能在当代游客的身影中流淌。

不远处的月波楼是在古书院旁的池边高地所建的一座茶亭。正面中央有宽阔的开放式的房间。这里也是赏月的最佳位置，右边的房间除了赏月，还可以清晰明朗地看到池塘的风景。而从房间的里面向北看的话，却看不见池塘，非常有意思。化装天棚铺屋顶的竹子的椽子则做成了像船底的形状。

来到御舆寄，这里是书院的大门，前庭被青苔覆盖。从中门开始的石径一直延伸至门前。直到这里都很难见到这样坚硬的石块。而再上四段台阶就有一块大的石头，那是用来脱鞋的地方。日本人从古至今都有进屋或者寺庙脱鞋的习俗，以示对屋主的尊敬，这么一大块石头，可以同时排放6个人的鞋子，所以又叫作“六人脱鞋处”。

四季轮回在桂离宫呈现出不同的叙事篇章。早樱时节，“御幸道”两侧的枝垂樱与《枕草子》中“樱花如云”的描写重叠；秋枫漫山时，“红叶桥”的朱色倒影与《新古今和歌集》的恋歌共鸣。这种将物候变迁纳入空间叙事的智慧，使建筑成为记录时间的活态典籍。

暮色渐浓，桂川的流水继续吟唱着千年不变的和歌。智仁亲王埋下的文化密码，在当代人的凝视中不断衍生新的意义。那些散落在苔痕石隙间的文字碎片，既是通往过去的引线，也是指向未来的路标。当现代建筑在京都的夜空下生长，桂离宫如同永不褪色的水镜，映照着文明传承中永恒的诗意。

【旅游攻略】

地　　址：京都市西京区桂御园

交通信息：搭乘京都市营公共汽车在桂离宫站下车，步行15分钟即可到达

开放时间：9：00—16：00（需要提前网上预约）

门票价格：1000日元

不容错过：370多年前的庭园建筑，古茶室

联系电话：075-211-1215

/

京都美秀美术馆

20世纪90年代，我曾读过一本《贝聿铭传》，始知有这么一位著名的美

籍华人建筑师，主持设计建造了一系列影响当代的知名建筑，如北京香山饭店、香港中国银行大厦、苏州博物馆新馆、华盛顿国家美术馆东馆……最有名的莫过于法国卢浮宫入口的玻璃金字塔等，其中位于日本京都滋贺县的美秀美术馆的设计，更是将中国桃花源记的意境与日本的自然山水巧妙融合，打造出一个亦仙亦幻的美好世界，从那个时候开始就梦想着有朝一日能亲自到访，而这一梦想直到2024年方得以实现。

美秀美术馆的设计者贝聿铭出生于1917年的广州，祖籍江苏苏州，1935年随父母迁居美国，后就读于马萨诸塞理工学院和哈佛大学，攻读建筑学，1955年他在纽约设立建筑事务所。在沃尔特·格罗佩斯和马歇·布劳耶的影响之下，他的建筑风格从最初就具有现代气息，但他对现代风格的思考又包含了对其文化起源的敬意。

贝聿铭的建筑作品中无不渗透着与当地文化的融合，已知的华盛顿国立美术馆的东馆，巴黎卢浮宫的玻璃金字塔都是如此，这也许与他人生经历有关，他来自古老东方文明的发源地，虽然移居到全新的美洲大陆，但他依然牢记现代建筑是文明的产物，他拥有细致乃至精炼的感性，具备把古典与现代的差异相互融合的能力。作为现代建筑行业的领衔人物他倍受世人瞩目，1983年获得了普利兹克奖，1989年获得了日本高松宫殿下纪念世界文化赏建筑终身成就奖。

1988年，退休后的贝聿铭接受的第一份工作，是为神慈秀明会设计建设信乐神苑的钟塔，并于1990年建成。神慈秀明会于1983年完成教祖殿的建设，其中包括14000平方米的广场、超过5500个座席的大礼拜堂以及参道，建筑物的形状使人联想起富士山，该建筑物被称为明主礼堂，是为悼念世界救世教的教祖冈田茂吉氏。他所主张的地上天国也可以说包括自然之美和建筑、艺术之美。以小山美秀子为会主的神慈秀明会于1970年创立，是从世界救世教中分离出来的一支。1988年小山女士决定在神苑中建立钟塔，为了追寻自然、建筑与艺术融合的景致境界，她寻找世界一流的建筑设计大师，并最终在纽约见到了贝聿铭。贝聿铭先生的钟塔设计，是从1954年在京都旅行时购买到的一件小纪念品中得到的启发，就是三昧线琴的拨子，他说“拨子和钟塔除了都持有音乐的要素以外，我这样决定并没有什么特殊的理由，只是有一种神秘的直觉而已”。1988年2月，他在纽约开始设计钟塔，1989年4月完成了这项工作。钟塔建设中选用了贝瑟尔白花岗岩来覆盖表面，钟塔高60米，被命名为“The Joy of Angels”，上边镶挂有来自荷兰皇家公司铸造的50个钟铃。钟塔和教祖殿遥遥相望，广场置于中间，蜿蜒而至的参道尽头钟塔隐隐可现。参道的铺路石也选用与古京都的一样材质的石头，沿参道而行，走到可以眺望到钟塔的位置之前，有神道之水的洁净仪式。

贝聿铭拒绝了第一次的土地建筑候选位置，理由在于，他感觉来此参观的人必须从顶部入场。而第二次的土地建筑位置决定时，贝聿铭终于设计出步行者使用的隧道，通过吊桥与建筑物的入口相衔接的方案。整个建筑在一片近乎四方形的地形间完成，这一建筑既展现了贝聿铭的现代风格，又承袭了这一土地原有的日本传统。

美秀美术馆与卢浮宫从某种意义上看具有密切的关系，贝聿铭在信乐神苑使用了与卢浮宫同样的设计，即他所偏爱的法国大理石，大量的使用玻璃、卢浮宫的透明金字塔的三角形，到信乐神苑四面体的几何形构造，都是20世

滋贺县美秀美术馆

纪建筑革新的标志，从中也可以感受到古代思想的根基。贝聿铭对桂离宫和日本寺院的研究，在此清晰地展现出其特有的意义。通往美术馆要经过长达200米的隧道，然后由120米的吊桥引导而去。这座桥由贝聿铭先生和纽约的结构工程师莱斯利·罗伯逊共同设计，由于隧道具有缓慢的曲线结构，使得美术馆的入口在最后才可以呈现到来访者的眼前，这种曲线步道的设计，实际上在日本的寺院设计中经常被使用，这种方式使来访者走到最后的一瞬间，还不能发现将要呈现到眼前的奇幻景象。

2002年11月2日，美秀美术馆的吊桥设计获得了国际桥梁构造学会的优秀奖，在表彰仪式上这座桥被称赞为“是典型的轻美如飘之造型，是映衬在自然景观之上的优雅的艺术品”。这座桥的结构由悬臂桥梁、钢缆固定及桥柱斜拉方式的组合而构成，达到了桥面仅有两米的厚度。贝聿铭在美秀美术馆的开幕式上说，“12年前，小山女士在离这里不远的地方搭着帐篷眺望过这一建设用地。这是一块完整的土地，但怎么样进入这里却是一个课题，我们讨论的结果得出了答案，使用吊桥和隧道进入美术馆，这是唯一不会破坏这里的自然环境的方法”。

1937年，根据詹姆斯·希尔顿的小说改编的电影《消失在地平线》，把世人带入位于香格里拉的秘境，这里的人们认为和平的生活才是真正的生活，而这个故事只不过是在文学、艺术历史中反复出现的故事的最新版本。在中国古代也有同样的故事，东晋文人陶渊明在代表作《桃花源记》中也为后人描述了一个世外桃源，晋朝太元年间，在武陵居住着一位渔夫，有一天乘船沿小溪而行，不知不觉迷失了方向，无意中进入了桃花盛开的仙境。小溪的两岸是一望无际的桃花，林中无杂树，芳草鲜美，落英缤纷，捕鱼人十分诧异，又往前行，小溪在山坡下的水泉处截止，山坡有一小小的入口，从中散射出奇光。

桃花源的故事与美秀美术馆的构成有着直接的关系，贝聿铭先生与小山女士都具有很深的中国古典文化造诣，他们在一开始讨论美术馆建设方案时，世上不复存在的美丽的桃花源和洞窟射出来的微光，使得建筑家和施主的梦想在一瞬间便不谋而合，文学和艺术的深远意义，渗透在美秀美术馆的建设工程中。“创建地上天国”的梦想，以各种形式得以实现，来到信乐神苑的参观者，走到隧道的尽头，看到不可思议的微光时，足以感受到这一梦幻世界的存在。贝聿铭在1991年，第一次谈到考虑神苑钟塔的设计问题时，实际上已经给美秀美术馆的建设埋下了伏笔，作为钟塔形状的拨子的选择，十分符合日本的历史及这座钟塔的使命，但是，在神苑实际看到钟塔时，更能够体会到钟塔存在的重大意义。京都的古铺路石铺制的参道，弯弯曲曲通向钟塔，徐徐前行终于能看到钟塔，参道的尽头耸立着钟塔，如有攀天之势向上而去，与山崎实设计的教祖殿对称而立。钟塔似乎暗示着把大地与天空、天堂与现世都连接起来，在滋贺的神圣大地上，贝聿铭的确洞察到了古人的理想世界，使他不能漠视这一世界的存在。

小山母女在拜访贝聿铭先生时，他的人生境界早已超出了美国，而且已经准备好要眺望远的地方，正如他已经参与过的卢浮宫的工程一样，他以极大的力量探求深奥的异国文化，并赋予其近乎完美的形式来达到他自身梦想的实现。他曾经说过：在自己祖国的建筑设计中，探索了中国本来的建筑表现手法，但是，这是现代的造型。不知是施主的希望，还是贝聿铭本身的愿望，在信乐的贝聿铭却是沿袭了桃花源之路。贝聿铭说，“确定下来的选址虽然和中国的规模不同，意境却让我想起了典型的中国风景，有山、有溪谷，其中雾气缭绕。由于建筑的体量偏西，而入口在东边，因此一开始看不到馆身。我对这样的构想欣喜万分。”

从1997年开馆至今，已经过去二十余年的岁月，这里已成为艺术与自然及建筑相互共鸣的场所，这里是各种意义上的地上天国，而且对于已掌握寻找人生方向之方法的人们，这里正是他们的天堂之门。

从京都站搭乘JR琵琶湖线到山科站下车，再转乘帝产公共汽车到石山站，全程大约一个半小时即可以到达美秀美术馆。美术馆由南馆、北馆、餐厅咖啡厅等组成。其中南馆主要展陈小山美秀子收藏的古代中国、埃及、西亚、欧洲等地的珍贵收藏，北馆主要展陈有关日本的文物和艺术品。

南馆：古代世界瑰宝

踏进美秀美术馆的南馆，巨大的古代帝国的文明便呈现在来访者的眼前。这里与展示日本美术作品的北馆所具有的、充满家庭式的优雅气氛相比，完全是另外一个世界。创建者小山女士，在计划建设美术馆时，正是她将收集日本美术作品的眼光逐渐转向世界的时候，引起她注目的是古代的世界遗产。当然那时虽然已经收集了很多藏品，但是对于将要以特殊的理念使美术馆问世的小山女士来讲，似乎还没有达到完美的境界。美术馆的存在需要具备超越遥远的时空，经过几代人继承下来的表现形式。文物是每个时代的代表，刻有每个时代及当地的精神，出自奉献给神圣之主的迫切愿望而发自内心的产物，这些作品能够唤醒人们内心对于永远的崇高的追求。美秀美术馆中的作品来自古代埃及、西亚、希腊、罗马、中亚、南亚和东亚。欣赏这些作品宛如体验欧亚大陆自西至东巡访古代文明之旅，在这里可以看到作品间的互相影响，取其他文化之长处。美术馆内的展示图，如同古代世界之地图，展厅也如同欧亚大陆和埃及的版图一样，分散开来。之后又增加了美国、哥伦比亚作品群，使收藏品几乎涵盖了古代世界的精神遗产。最初分散收集而来的似乎杂乱无章的收藏品，在美的价值之下被统一起来，相互调节映衬，共存于同一空间。

南馆的美术品与北馆的日本美术作品同样是以其作品本身的美及内含的精神之美而选择的，南馆、北馆的同时展出，如同构成了美的总体，仿佛是人类古代智慧和梦想相互交织谱写的协奏曲。南馆古代遗产宝藏的另一个题目是可以通过作品，看到创建者小山女士精神活动的轨迹。作为神慈秀明会的精神领袖，小山美秀子女士继承了对她人生影响最大的恩师冈田茂吉氏的世界观。冈田茂吉氏所描写的人类的未来蓝图，是要超越国境及宗教的对立，超越民族与文化的隔阂，使全人类共同继承地球文化，要抱有重视自身文化的同时也尊重和感谢其他文化和传统的信念，这对于人的成熟是不可缺少的思想。跨越广阔的空间和漫长的时间，收集大千世界的艺术珍品，就是为了全人类共同享有，小山女士的深情和信念在这里得以实现。

古代埃及展区，重点展品有纳黑特木雕像，这是公元前1960年至公元前1916年，埃及第十二王朝前期的墓葬木雕作品，通高168厘米，经过近四千年岁月的洗礼，至今仍然可以感觉到金合欢木质的芳香，其保存的良好程度令人震惊。木雕像的底座上刻有铭文“被欧西里斯神祝福的纳黑特”，他的微笑似乎在诉说着已经承诺故人永恒的祝福。隼头神像是三千年前埃及新王国时代的或神像，现存的实物极为稀少。神像的本体由纯银做底，上贴金板，头发上镶嵌青金石，双眸由水晶制成，专家根据涂在水晶下的红色颜料推测它是无敌的荷鲁斯神。花岗岩雕刻的阿西诺亚二世像有159.5厘米高，是公元前三世纪托勒密二世王妃的雕像，她在死后被封为神。

中亚展区，重点展品有四千多年前巴克特里亚地区的女神坐像，黑发的着色使用了天然沥青，脸部到脖颈似乎涂着带有柔和感的白色石灰岩，具有生动表情，即使以现代的审美观审视她，也不失为窈窕淑女。这里还有四千年前至三千八百年前左右，亚述从美索不达米亚积极进驻地中海区域，成长为强大帝国时代的精灵与侍者的浮雕，浮雕原位于伊拉克东北部的尼姆罗德西北的宫殿中。纯金打造的猛禽装饰杯和牡牛装饰角杯则出自伊朗西北部，通过这些作品，可以感受到三千多年前占据北伊朗及里海南岸地区的民族，其遗留文化中特有的主题。利用口吹玻璃制法在二千五百年前制作的狮子头形杯是保存完整的稀世珍品。此外，展厅中还展示了几件波斯帝国萨珊王朝的银器，也是世间罕有的。

佛教文化展区，有一千九百年前健驮逻国雕刻的佛立像，高达250厘米，是美术馆中最高大的佛造像，也是我看到最亲切的展品。宝冠佛立像来自泰国与柬埔寨交界之地，是公元12至13世纪高棉王朝的作品。

中国文物展区，有华南地区制作的商代的青铜铙、西汉时期的龟形香炉、东汉时期的青铜马、唐代的三彩宫女俑等，让人看了别有一番滋味。

北馆：日本的美术

美秀美术馆的起点在北馆，从小山女士的个人收藏品发展起来的日本美术品，都是由她感受到每一件作品之美而开始收藏，小山女士认为，看这些作品必须排除一切先入为主的概念，以透明的心灵和眼光去欣赏。作品被公开时，对于作品的一般评价或作品所附带的头衔是不能作为作品价值的判断标准的。小山女士以天生的资质、感性及独到的眼光，可以瞬间判断出其作品的本质，作品的价值全部是以小山女士的眼光作为基准的。作品的收藏并没有什么计划，但经过了几十年，让人不禁感叹这些作品的典雅和收藏领域的广泛，统观全部作品似乎被其光灿明朗的气氛所包围。成为美术馆名称的“美秀子”，是小山女士的精神指导者冈田茂吉氏为其命名的，美秀即“美而秀”之意，冈田茂吉氏也收集了许多辉煌的美术品并设立了美术馆。而美秀美术馆和这些收藏品都是在继承了他的美的价值的基础上形成的。小山女士最初只收集日本的文化所诞生的美术作品，精于茶道的小山女士从收集茶道的道具开始，逐渐发展到收集各类日本美术作品。为了理解美秀美术馆的起点，首先需要理解曾经是个人收藏品的精美茶具中所蕴含的悠闲魅力。为日常的平凡生活增添快乐的木制品、陶器、金属道具等各种单纯的道具，器皿及家庭用品、普通的轴画等，都体现着美术馆的精神世界。美术馆的灵魂与每一件茶道具的精神世界都是息息相关的。茶道里包含的“待人之心”充满着整个美术馆，来访者最初到达的接待栋就如同茶道的休息室，美术馆及周围安谧的环境与茶室的悠闲有共同之处，茶道中细致的用心也体现在美术馆的每个细节中，如通向正馆的银色隧道，人们走在里面没有任何回音，这样的设计是为了使人们能够专心致志地眺望即将出现在眼前的隧道另一端的信乐山风景。

最重要的是，这里虽是美术馆，却能感受到虔诚的气氛，小山女士认为接触美与艺术品是深刻的精神感受，与自然和人的双手创造出来的艺术品相遇，可以使追求这一境界的人们的感性与灵魂得到洗练和升华。她相信绝佳的美可以改变人们的心灵、可以洁净人们的精神，并可以使人们重新恢复到原本的完全的状态。

匆匆的参观过后，更多的时间是在展馆中的徘徊，静静地坐在美术馆大厅的条凳上，看着巨大玻璃窗外修剪有序的花草树木，品位现代桃源仙境般的山中意趣，内心无比满足，希望这样的美好能延续更久。因为来的时间正值清明，隧道入口处的樱花已开了一小片，更增强了这趟美秀美术馆的体验感。

【旅游攻略】

地　　址：甲贺市信乐町田代桃谷300

交通信息：从JR石山站，转乘帝产湖南交通班车直达

开放时间：10：00—17：00

门票价格：1300日元

不容错过：桃花源意境的展馆设计；来自古代埃及、希腊、罗马、中国、西亚和南亚等地区的古代艺术品展示

联系电话：0748-82-3411

/

京都岚山周恩来诗碑

京都与奈良均为日本历史上的著名古都。奈良的唐招提寺和东大寺连着中国的一位高僧——鉴真，而京都岚山的名字也连着一位当代中国的伟人。岚山这一诗意的名称，从伟人游过此山、赋诗，到现代镌刻诗碑，使这座早以闻名京都的小山更增添一道风采，而这位伟人就是已故的周恩来总理，这首诗歌的名字是《雨中岚山》。周恩来是中国第一代领导人，年轻时代曾为探求救国之道到日本留学，到欧洲留法勤工俭学。

岚山位于京都西郊，海拔382米，以春天的樱花和秋天的枫叶而闻名，东南不远处有桂离宫，是著名的观光胜地。昔日王公贵族常泛起轻舟，于岚山山麓大堰江畔，饱览岚山四季美景。轻柔的樱花醉人陶醉，枫叶如悬的浮云，如火如荼。154米长的渡月桥架横跨在保津川上，成为岚山标志性建筑。大堰川在岚山脚下静静流淌，两岸高耸的山峰上松柏苍翠，郁郁葱葱。山间竹林片片，一阵细雨过后，在岚山峰顶上忽而飘荡着如轻纱般的薄雾。

岚山为“京都第一名胜”，是丹波高地东缘的京都著名风景区。它东接大泽、光泽、宇多野，西依小仓山、驰名中外的大堰川蜿蜒北去的峨野。它的上游保津川，峡谷幽深，水流湍急，风光奇绝。下游有连接两岸的渡月桥，立于桥上，放眼四望，岚山若隐若现，苍松欲滴；桥下碧波荡漾，流水潺潺，千姿百态；蒙蒙细雨中，烟雾缭绕，若隐若现；初暗时群峰青翠，禽鸟鸣叫，不觉清幽出尘，诗情画意，别有一番情趣。

第一次到岚山是在深秋季节，从大阪的梅田站乘坐阪急电车先到达“桂”站，再转乘阪急岚山线前往岚山。一路上已经看到很多美丽的红叶，但我心中的目的地却是岚山天龙寺和宝严院中的红叶，去之前已经做好了攻略，预先知道了要去看的红叶胜景。从岚山站走出来，随着人流，走不远就来到了保津川旁，看到了长长的渡月桥，桥畔有岚山公园、龟山公园、天龙寺等，风景秀丽。

在这里，春天赏樱，秋天观赏枫叶，自古就颇受皇亲贵族们的欢迎。龟山地区地处小仓山东南部的丘陵地带，以红松为主，樱花树、枫树交错其中，树下有簇生在一起的山杜鹃等，自然美景给人印象深刻。樱花树和枫树交印其中的林荫路，形成了雅致的风景。也是在不经意间看到路边的指示牌上标注有周恩来诗碑，于是寻径探访，沿着大堰川前行一百多米，向右爬上一段陡坡，就能看到周总理诗碑。

1917年，19岁的周恩来从天津南开中学毕业后，受当时留日潮影响，东渡日本，去东京求学。因家境困难，后在友人的资助下方能成行。本来，周恩来打算通过日语学习后，再考进东京高等师范学校或东京第一高等学校，取得入读公费的资格。抵日后，进入东京东亚高等预备学校学习日语，因语言基础薄弱，未能通过目标院校的升学考试。留日期间，周恩来阅读了日本社会主义学者河上肇的《贫乏物语》和幸德秋水的《社会主义精髓》，因此开始接触马克思主义理论，并在思想上经历了一次转折。他在困惑中意识到，“一线阳光穿云而出”这样的马克思主义，或许能给中国带来希望。1919年，周恩来因南开学堂设大学部，决定回国继续学业，并投身于五四运动，积极投身于反帝反封建运动。4月5日，离开日本前夕，途经京都，冒雨游览了京都岚山，当日天气恶劣，春雨蒙蒙中，只见太阳偶尔从云缝中透出一丝亮光，使眼前的山水分外清秀细腻。他联想到自己所追求的真理，多像这穿云破雾的阳光啊，这时他激动、欣喜之情溢于言表，在归国途中先后写下了《雨中岚山——日本京都》《雨后岚山》《大江歌罢掉头东》《游日本京都园山公园》《四次游园山园区》等脍炙人口的诗篇，借景抒怀，以抒发追求真理、救国志

京都岚山周恩来诗碑

向，为自己的理想而奋斗。

通过接触社会主义思想了解日本社会存在的各种矛盾，在一年半的日本留学中，周恩来虽然没有达到升学的目的，但是与日本人民结下了深厚的友谊，为以后投身中国革命奠定了重要的基础。

日本有识之士和日中友好团体在20世纪70年代末发起倡议，准备在京都岚山立一块刻有《雨中岚山》的诗碑，以纪念为中日友好作出贡献的周恩来。

诗碑高1.3米、宽2.2米，碑石选用京都鞍马山的鞍马石，碑身立于大小石块堆砌的圆台上，用汉文镌刻着周恩来诗词《雨中岚山》。这种马鞍石是碑石佳品，外赤褐，内青蓝，质地坚硬，千年不化。最早由东渡日本的中国石匠发现。

诗碑上的文字由廖承志撰写，目前，诗碑已成为中日友好交往的一个重要标志。

《雨中岚山》
——周恩来

雨中二次游岚山，
两岸苍松夹着几株樱。
到尽处突见一山高，
流出泉水绿如许，绕石照人。
潇潇雨雾濛浓；
一线阳光穿云出，愈见娇妍。
人间的万象真理，愈求愈模糊；
模糊中偶然见着一点光明，
真愈觉娇妍。

本诗第一节写雨后暮色苍茫中的岚山山色，风光旖旎。第二节写夜色降临后登高远眺的情景，写作者的精神状态。透过雨后岚山景物的“天生丽质”

与垄断资本主义的丑恶现实对比，指出：人心所向必然觉醒，资本主义制度的渺茫与黑暗终将走向灭亡。此诗酣畅淋漓，语言清新活泼，写意抒情，浑然一体，浑然天成。《雨中岚山》的诗碑由时年78岁的由高城芳三郎和62岁的正两两位日本老石师精心镌刻，碑上八十余字的碑文精雕细刻。在诗碑的左侧立着一块用日文记录立碑缘由的副碑，上面的文字："为纪念1978年10月日中和平友好条约的缔结和京都人世代友好的愿望，特立伟人周恩来总理的诗碑，立于此，意义深远。"

1979年4月16日，日本各界人士从日本各地专程赶来京都，参加诗碑的建立仪式，时年95岁的建立周总理诗碑委员会主席吉村孙三郎，他曾三次会见周恩来总理，诗碑在岚山龟山公园落成之际，特别邀请了由副委员长邓颖超率领的全国人大代表小组莅临，为此次隆重的活动揭幕。邓颖超在致辞中说，在岚山和圆山留下美好印象的是，周恩来青年时期曾来京都访问。他在几首诗中写下当时的感受，借写岚山风光的优美，抒发见光明的喜悦，在他的思想境界里。这些诗作在他去世后重新发表在中国的报刊上，"唤起了中国人爱好和向往日本的樱花和岚山、圆山的美丽景色，对了解中国和日本的人民都有很大的帮助"。

2022年4月，为纪念中日邦交正常化50周年，周恩来《雨后岚山》诗碑在岚山大悲阁（千光寺）树立。诗碑高1.12米，宽0.55米，底座刻有"世界和平"字样，象征着周恩来精神对中日友好的深远影响。这是继1979年《雨中岚山》诗碑于龟山公园落成后，京都岚山再添第二座周恩来诗碑，两碑隔河相望。

周恩来在岚山的诗和诗碑，不仅记录了他青年时期的思想历程，也体现了他对和平友谊的追求。如今，他的这座诗碑已经成为两国人民携手保和平、加深合作的一个标志。

【旅游攻略】

地　　址：京都市右京区岚山地区龟山公园

交通信息：在阪急岚山站下车，步行10分钟即可到达。乘山阴本线，至巍峨岚山车站下车即到

开放时间：全年开放

门票价格：免费

不容错过：龟山公园、深秋红叶、周恩来诗碑

三

日本兵库县、大阪府和歌山县

（一）兵库县的世界文化遗产

/

姬路城

日本在1992年6月30日加入《保护世界文化与自然遗产公约》，至今已经拥有了25项世界遗产。其中首批被列入世界文化遗产的项目是“法隆寺地区佛教建筑”和“姬路城”。

两年前的一个深秋季节，我到访了位于日本兵库县姬路市的姬路城，这座世界文化遗产建筑是我还在读大学的时代就已经知道的日本景观，最初的印象来源于一枚日本的邮票，而第一次听闻它的名字，便被这个浪漫而神秘的建筑吸引了。

姬路城是姬路市的象征，是日本现存规模最为宏大的古代城堡，是一座风格典雅的代表性城堡。与其他古城相比，姬路城保存完好，在二战中也未遭破坏。城址内的74座建筑物，还包括一座塔楼及城门，均被列为日本重要文化遗产。姬路城最显眼的特点就是城堡外墙上显眼的白色墙体，赋予城堡漂亮的外观。作为日本最具象征意义且保留度最为完整的城堡，姬路城是日本国宝及国家特别史迹，是日本百座名城之一，它与熊本城、松本城合称为日本三大名城；与松山城、歌山城城合称为日本三大连立式平山城；因其保存度的完好，也被称为“日本第一名城”，姬路城内的天守阁亦是日本现存的

12座天守之一，珍贵异常。

去姬路城的当天，我从大阪梅田站选择乘坐JR特急电车，往仓吉行方向，花费大约不到2个小时抵达了姬路市。一路上充满了对姬路城的无限的遐想，想象着画册里它的模样，电车快到达姬路城的时候，就已经能够看到远处山坡上矗立的白色城堡。怀着急于探究古堡的心情走出车站，眼前视野豁然开朗，站前马路笔直的尽头就是姬路城。这里并不是日本的热点旅游城市，因此，来此旅游观光的游客并不是很多，除非是如我这样对姬路城有一定情结的自由行游客。姬路城洁白如雪一般的外墙，在阳光的照耀下显得格外清新，与周围树木浓艳的色彩，以及湛蓝的天空相互映衬，俨然一幅绝美的画卷，让人不禁赞叹大自然与人类智慧的完美融合。

街区上有许多小店，都是比较精致的小店，什么商品都有，风格各异，再加上游人很少，一派很安静的样子。偶尔可见到走过身旁的僧人，他们身上的僧服颇有几分唐僧的风采，敬意不禁油然而生。瞬间就感觉是在靠近鉴真大师、空海法师了。两边的枫叶道上已经成了浓重的红色，微风吹过，叶子哗哗作响，热情地拥抱来自世界各地的游客，树林间偶尔可以听到一两声清脆的鸟鸣，越发显得整座城市焕发着勃勃生机。

从车站步行大约15分钟就来到了姬路城的大门口，城外路边的一块石头上刻有“国宝姬路城、特别史迹——姬路城迹”的文字，与旁边刻意栽种的松树、草地形成典型的日式标识。姬路城外一条三十多米宽的护城河蜿蜒流淌，樱门桥横跨其上，走过这座木桥才来到姬路城的南大门——大手门。因这一年适值姬路城被联合国教科文组织列入世界文化遗产三十周年，城里城外到处悬挂着纪念登陆世界遗产的彩旗。抬头望去，厚重的城门和高耸的城墙令人心生敬畏。城门上雕刻着精美的图案，虽然历经岁月的风霜，却依然能看出当年工匠们精湛的技艺。从姬路城的南门进入，是城堡的免费开放区域，即外部场地三之丸。三之丸拥有宽阔的草坪，院内种植有千余株樱花树，是春季赏樱和野餐的网红打卡地。而秋天到此，也同样不虚此行，天守阁前的枫树的树叶早早地变红了，与白色的天守阁遥相呼应，形成了完美色差。

姬路城的历史可追溯至600年前。1333年，赤松满祐在姬路的一个山丘

姬路城

顶部建造了城堡，1467年赤松智城增建了两层外城墙。随着姬路城被选为京都西面的战略防御要地，第一批防御工事于十五世纪修建。1581年，丰臣秀吉在城堡的基础上将主楼增建至三层。1600年，德川家康在关原之战中取得了最后的胜利，建立了德川幕府，后来，德川伊势的女婿池田辉政得到了这座城堡，现存的城堡建筑群即由大名池田辉政主持建造，于1609年竣工，这时的主楼一增至五层，整座城堡也由一个军事要塞变身为德川幕府巩固势力的象征。1618年，本多忠政增建西城堡外墙。

从门口的售票厅购买了1000日元的成人票后，穿过菱之门，就进入城堡中的付费区域。从这里可以通过城堡内部狭窄过道登上姬路城的主塔，即天守阁。主塔是为防御外敌围攻或举行军事演习而建造的高大建筑。从外部看只有五层，但实际上它共有七层，包含了一个地下室和地上六层楼体。

整个姬路城的象征和中心就是这座巍然耸立在姬路城中央高高的天守阁上，它是最高的点。沿着紧绷的楼梯往上慢慢地举步登山，每一次抬头都是一次挑战。登到天守阁六楼时，眼前的光景我便忘掉了刚才的攀爬痛苦。登高远眺，姬路市镇上所有的街道、园林、建筑、河溪、远处黛青色起伏的山峦等一切景物和画面一览无遗，都像水墨画一般，美丽地展现在你的眼前，你就这样痴迷着，流连忘返，不由自主地沉醉其中，直到秋风吹来才神来。

除了本身的建筑美，姬路城还有很多地方吸引人。它是源于1333年建筑的一系列几经扩展和修整的古代建筑群落。它见证了许多古老的日本历史和日本不同王朝的兴替，还有许多重大的事情发生在这里。古老的姬路城既是防御性的军事设施，也是日本的国宝。它是富有远见的古人在智慧、勇气和创造力方面的艺术品结晶。

游客登阁时必须脱鞋光脚登阁，可以一路爬至天守阁的六层顶部。沿着楼梯往上攀爬，楼层面积逐渐减小，且装饰越发稀少，最后只剩下几个说明城堡最重要建筑和防御功能的标示牌。游客站在天守阁的顶层可以俯瞰姬路城，远眺整座城市。一路攀爬的同时，主楼内的两棵通天巨柱给我留下了深刻的印象，即东大柱和西大柱。

层层叠叠、错综复杂的堡体中，用木制的楼梯、廊子、房舍联结起来，整个是一个大的迷宫，处处都透出这历史遗留下的年代感来：雕残破旧的楼柱或房屋墙壁，斑驳蚀损的旧地板，刀痕凿孔或者焚烟抹黑痕迹的痕迹。而游入城堡深处之后，一下进入时光隧道，带我直奔几百年之前，并在里面走动几个时辰之久也完全感觉不到饥渴。小心翼翼不敢发出任何声响，不仅出于对脚下糟糕硬冷的地面及破败的心情的担心，也担心打破这里因时间过长而积存许久的安谧和玄奥。

姬路城外院西侧的西之丸庭园也是城堡的付费参观区域，游客在那里可以欣赏到天守阁四季的美景。

姬路城的建造采用了典型的古代日本“复合式平山城”的布局，它将山城的险峻与平城的开阔融为一体，使整座城池以大天守阁为核心，三座小天守阁通过梁柱间的渡橹相连，犹如飞鸟展翅般的放射状结构。站在城内远眺姬路城，46米高、五层六重的主楼挺拔高耸，纯白的墙面在阳光的照射下耀眼异常，似珍珠般的光泽，飞檐翘角的设计如同白鹭振翅欲飞，这也是“白鹭城”别称的由来。

天守阁处处可见独具匠心之处：外墙用“石垣”和“土藏造”，由下而上分别为花岗岩条石依次叠加而成的厚重花岗岩基座，再逐渐变为上面刷白灰、底下镶木板的结构平衡了坚刚与柔和，增加其防御性的同时还极其通透。“千鸟破风”的屋檐向外延展，间或的木雕装饰纹样丰富多彩；或散或次排布的皱席纹线条不仅使刚直峻峭的线条出现某种曲柔的美，更由于突出局部竖向高差的原因，使严肃紧张、紧绷挺拔的形象得到了缓和与放松，这种形神兼具的对立统一更引起了人们的注意。一层厅堂中的楼梯间斜坡由多级的台阶组成，长达数十米的倾斜，登阶梯的过程其实就成了你减缓了敌军的进攻的时间，待他们一直前进到驻地的时候，恐怕就要愣在那里不知所措，你就可以占据时间优势处理军务应对危机了。

天守阁的箭窗都是三角形、窄长形和方孔，这样就可以极好地看到远处的目标，并将射击死角减少到最低限度。天守阁各层天花板均做了浮雕式的彩绘，凤凰、牡丹之类的图案同硬朗的防御功能形成尖锐的对比，既有武家之勇，又不失秀雅的美。池田辉政等历代城主匠心独运，把桃山时代的豪华风和江户时代的实用风揉合到一起，无论是天守阁屋面形制下的“唐破风”，抑或是附属建筑样式里面的“入母屋造”，均显现了日本建筑以物模拟而上的模仿力。置身于此，仿佛能在一砖一瓦中感受时间刻印的冷暖，一遍遍将毁于战火中又一次次重生、被时光打磨得油光铮亮的砖石上无声诉说着日本城堡建筑艺术的千年历史留下的痕迹。

日本古代天守阁是国防要塞，凝聚着当时人们追求审美和文化记忆传承的精神气质。同是日本天守建筑的杰出作品，姬路城的天守阁、大阪城天守阁、和歌山城天守阁存在不同的构建原因、设计理念，在一定程度上代表着不同时间、时代的城市功能和作用。姬路城天守阁从结构上来看，它囊括了复合式布局的美学，所以才有了人们口中的姬路城天守，是实用功能与艺术美感的完美融合。

目前日本古代保存下来的天守阁共有12座，都是城池的标志性建筑，它们功能不同，作用各异，就以我目前到过的天守阁来比较，除了姬路城，还有大阪城天守阁及和歌山天守阁等。

【旅游攻略】

地　　址：姬路城本町68

交通信息：从JR姬路站下车，步行20分钟即可到达

开放时间：9：00—17：00

门票价格：1000日元

不容错过：西之丸、三国堀、大天守

联系电话：079-258-1146

/

大阪城天守阁

大阪城天守阁建于1583年，是由丰臣秀吉主持建造的。当时的丰臣秀吉已经统一了日本关西大部地区，为了彰显自己的权力和地位，决定打造一座

更加宏伟的城堡。

今天的大阪城天守阁在历史中见证了多次战乱。1615年，德川家康在大阪夏之阵中击败了丰臣秀吉的儿子丰臣秀赖，大阪城天守阁被烧毁。此后，虽然进行过一些修缮，在1665年，天守阁又遭雷击而再次被严重损毁。现在能看到的大阪城天守阁是在1931年依照原样重建的，建造过程中使用了更为现代的钢筋混凝土材料，阁内为登楼方便还加装了电梯。1997年至1999年，又进行了大规模修复，摒弃现代痕迹，从而使外观和内部装饰更加接近历史的原貌。

号称是日本建筑艺术瑰宝的大阪城天守阁的内部，里面的文物给我们讲述了很多之前发生在这些建筑上面的故事，每一块冰冷的砖、每一根古老的木都融入了时间的味道。天守阁中最具特色的就要数回廊式设计，好似时空通道，在里面走一圈就像穿越了一次世界史一样，最后你就会出现在对面的入口处。第二层展室里是一袭鎏金铠甲，那是将军丰臣秀吉曾经征伐用的

大阪城天守阁

铠甲，浑身笼罩着早已尘封的历史烟云。1576年的石山本愿寺之战，在一番苦战且一筹莫展之际，丰臣秀吉做出一招妙手：绕路后方给足三家断粮，说不定他也向中国偷学过孙子兵法吧，但从这件明黄盔甲身上我看不到半丝败象，它见证了丰臣秀吉从一名世族平民一步步登上天下之主的盔甲，在灰暗的展厅里体现着他即使是在近二十年的混战中仍旧顽强闪耀。再拾级而上，地上静置了一些壁画，壁画上显现出的是大阪冬之阵与夏之阵那两场惨烈的战斗场景，又是一头苍白头发前倾的伟大将军，真田幸村任德川家建起了将大阪城团团围住的真田丸，而在真实的博物馆的现场壁龛中放置着的，就是真田丸的微缩模型。真田幸村率领将士时手持的铁炮就在下面大大的柜子中放着，这在当时可是十分能虐德川军队的大杀器！阁楼上的天花板彩绘同样不能错过！彩虹一样的色彩斑斓、线条清晰的老式屋宇、颇具张力的人物形态都告诉我们，这是有着日本传统特色的壁画。

顶层观景台则是眺望大阪全城及回溯历史的好地方，在这里可以看到当年丰臣秀吉将军端坐于此凝视着自己的城市，并为之后城市建设以及各个防线的建设作了初步的安排部署，德川家康也在此地统领大军于后来将丰臣政权推翻。每当春天，当这护城河边肆意起动的水波映射着两旁列错的高楼，一旁两侧花开正盛的樱花，一阵风过摇曳的城墙……仿佛大自然一手绘制的这幅画面就呈现眼前，真正的历史与现实在此交相辉映。

【旅游攻略】

地　　址：大阪市中央区大阪城1-1

交通信息：从JR大阪环状线森之宫站、大阪城公园站下车，步行15分钟即可到达

开放时间：9：00—16：30

门票价格：大阪城公园免费，大阪城天守阁600日元

不容错过：在美丽的西之丸庭园欣赏大阪城的美景；在樱花和梅花树林里野餐

联系电话：06-6941-3044

/

和歌山城

我的日本旅行见到的第三座天守阁，是位于大阪市南部的和歌山城天守阁。

好似久经风霜的高阶学究，在这里守望着接近四百年时光的老岁月，它是目前已知建造最古老的一座天守阁建筑，不像姬路城一样流利飘逸，更不如大阪城厚重帅气，它仿佛在这儿无声诉说着一段段自己的过去时光，宛如静静地正等着夫婿的淑女。

和歌山城天守阁是丰臣秀长于1585年建造。但不同于其他显赫气派的军事要塞城楼，它是从建立之初就肩负着守卫家族一方平安的责任而生，作为丰臣秀长驻足在这一地域上心中所规划的理想防御型和居住型城市，和歌山城天守阁则是丰臣秀长建造这座天守阁的目的所在，成为保留和生活于一体的实用化的天守阁。德川时代初期的天守阁样式显然已经过渡到江户时代的样式了，故当时的天守阁建造并不新奇。但在明治维新的大规模拆城中，除去当代所见无几的存在于世界上的江户时代以前样式的天守阁，唯一被保

和歌山城

留下来的只有此时的和歌山城天守阁，得以被人们当作最早的保护日本传统古建筑的先驱建筑存在。从建筑形制上看，和歌山城天守阁是望楼型木构建成的四重堂制的两层木造建筑，坡度和缓地从一层逐渐向上伸展至第二层，在全部建筑过程中呈现出24米的高度，相教于其他大型天守阁则相对比较内敛低调许多。墙体使用未经表面涂饰加工的深灰色原木，只偶尔点缀零星苔藓，好似树木肌理般的自然成型痕迹。这是一栋具有朴实风格的建筑，没有任何装饰性的曲线出现，也没有美艳的艺术曲线出现，都是用尽可能接近平直的线条所勾勒出整个阁楼模样的立面，只是在各转角位置往上略有起翘，仿佛是这种抑扬顿挫般的切妻造式屋顶，略带内敛的一种日本美学方式，在此处尽情展现着它的独特韵味。

进入天守阁，窄小的木楼梯和低矮的走道，有着过去时代的沉稳，每一步踩上去都有经过岁月的洗礼后平滑润泽的温度；两旁有立于墙面的横梁，以及夹带岁月时光裂痕的栏杆。二层的城楼建得小而精致，所以选择在形状上不同于其他以三角为主要特征的防御箭窗，改成了一种狭长菱形的样式，既可以保持良好的观景视野，也能给予兵士们一个较好的掩蔽位置。现在的阁楼仓库里面还是使用着土藏造的格局，厚厚的泥巴墙壁和纵横交错的木头相间堆积，即使碰到敌人也能进行挡避，并且还可以防火防潮，只有古代真正会建筑的人才能够懂得这样做的用意。

最令人动容的便是天守阁中的这些陈列，展示柜中展放着纪州藩主留下的书信手稿，上面记录着当时幕府政争的情景；旁边则是一枚古式的算盘，上面有着帐子破略的记录；墙上挂着的老式武士铠甲已被时光打磨得锈迹斑斑，但却能依稀令我们看到昔日先祖君临天下的风范。一切都与古建筑融入寸土之间。二楼还有全日本古城和天守阁的几十幅照片依次排开，完整地展现给游人全日本的天守阁景色。

站在和歌山天守阁的顶层，放眼望去，城市、青山、港口和海面融为一体；护城河蜿蜒似带，河岸旁樱花盛开；那边是现代建筑、这边是古老城楼；左边有平成火灾后的痕迹，右边是昭和战败后的沧桑，大地震过后又修缮一新。经过四百多年的时间洗礼之后，这座虽然饱经风霜依然矗立在日本和歌山地界的天守阁已然成为继平安文化的重要传人——通过这种沉默无言的方式宣告了它的人文素养!

以上为大家介绍的3座天守阁因历史时期不同、建造思想不同而各有特色:姬路城天守阁之秀美飞动、精美细致,大阪城天守阁的高大雄伟、豪华壮丽,和歌山城天守阁的古朴清丽、淳厚凝重,风格各异。无论是对于天守阁本身还是日式建筑的认识来说,这些建筑都具有非常重要的意义;而且这些建筑也是人们了解日本历史文化的一个很好的角度之一,所以现在它们依然高高矗立在那边,在无声中诉说着过去的一切。

【旅游攻略】

地　　址: 和歌山市一番町3

交通信息: 从JR和歌山站下车,步行15分钟即可到达

开放时间: 9:00—17:00

门票价格: 和歌山城免费,天守阁410日元

不容错过: 在美丽的西之丸庭园茶室中享用一杯抹茶和日式甜点;天守阁博物馆中展示的武士盔甲和武器;冈口门,城堡中为数不多的原始建筑之一。

联系电话: 073-422-8979

(二)兵库县的其他景观

/

神户孙文纪念馆(移情阁)

神户市是日本兵库县的首府,这座城市与中国近代的先行者孙中山有着不解之缘。

十九世纪末的神户港，千帆云集，商贾如织，作为日本最早开埠的港口之一，这里聚集着中国东南沿海的华侨商帮，他们以同乡会馆为纽带，成为孙中山革命事业最早的海外支持者。

1895年深秋，孙中山首次流亡日本时，将自己的足迹留给了神户这座位于日本关西的港口城市。这里曾经是孙中山革命火种的庇护所，引领孙中山思考亚洲前途的思想驿站，以及搭建一座横跨历史文明桥梁的地方。孙中山通过当地华侨牵线结识了神户实业家吴锦堂。这位出身宁波的“关西财界巨子”，在听完孙中山“驱除鞑虏”的抱负后，当即捐出5000银圆，并郑重道：“孙先生若有所需，吴某定当竭力。”此后近20年间，神户成为孙中山串联革命力量的枢纽。1905年，他在当地华侨资助下秘密建立同盟会神户分会，会员们以贸易公司为掩护，将武器藏于货箱夹层，经神户港转运至中国沿海。1911年武昌起义爆发时，神户华侨商会更是一夜筹款30万日元，通过横滨正金银行汇往国内。一位老华侨在捐款簿上写道：“此非钱财，乃华夏儿女之热血。”吴锦堂为寄托乡愁建造的“移情阁”，此刻却成为改变亚洲历史的思想舞台。

1913年的一天清晨，一艘客轮缓缓驶入神户港。正在甲板上欣赏海景的孙中山先生看到四周灰蒙蒙一片，把眉毛锁了起来，码头上来了一群群欢呼雀跃的人们，有无数华侨站在港口迎接孙中山先生归来，数百人挥舞着红旗迎接，曙光也就在这时破晓而出。1924年冬，孙中山抱病北上，最后一次来日本访问，11月28日在神户高等女校做演讲。孙中山逝世后，神户华侨化思念之情于永久的留念中，把原来的“移情阁”赠给了吴锦堂的后代并改为“孙文纪念馆”。

1983年，在建造明石海峡大桥时需要迁建该塔楼，日本的工程师专门设计了液压顶升装置把其整体向左移300米。

今天的神户港依然舟来船往，孙中山铜像安详地伫立在南京町中华街入口处，他手里拿的不再是杀人的剑和矛，而是卷轴般的书籍。每年的11月12日孙中山诞辰纪念日，依然会有中日人民捧着鲜花，前来这里祭拜。

2025年的元宵节这一天。徜徉于神户最舒服的方式，一定是只身静走。

当天细雨霏霏，先走一条步道至日本三大中华街—神户中华街，然后一路向前，看见横跨日本神户明石海峡大桥，这是耗时13年才建成的世界上第二大吊桥，紧接着就来到这座桥上的观光台，随便就能高出地面数十米，可以迎着风呼吸一下海风的味道，闻一闻海水的味道，桥下的目标就是前面已经提到过的孙文纪念馆（移情阁），近距离感受孙中山胸怀天下的襟度风骨。

神户孙文纪念馆是日本仅存的一座孙中山纪念馆，坐落于神户舞子海边，原为吴锦堂的“移情阁”，建于1915年，1984年更名为孙中山纪念馆，于2001年被日本指定为国家重要文化财产。馆内展出孙中山和神户的关系资料以及1913年访日活动资料、吴锦堂生平等史料。

孙中山在日本期间多次到访神户，移情阁是当地的华侨社团聚会之所，孙中山常在此会见华人支持者，共商革命大计。与中国日本侨民间的交往以及在日本开展革命活动是孙中山参与近代中国政治的重要部分。

其外观采用的是西洋式的设计，有凸形窗户和阳台，是比较简约清丽的一个样子；它的内饰兼具了中国式的传统，比如木雕，屏风，但是由于它是一个纪念馆，还处处体现出西式建筑设计。主楼居中，左右有附楼，一楼是会客厅、公共空间等。

神户孙文纪念馆

二楼是起居室，所有的门和窗户都是中式木雕加上一些屏风之类的，楼一层是西式建筑，比如吊灯和壁炉这些。

纪念馆建筑周围设置有假山、池塘等中式园林景观。在部分区域则采用西式花园设计，增加了多样性。内部中式部分大量使用木材，外部和结构部分使用石材，增加其稳固性。

纪念馆前身是吴锦堂先生的别墅——松海别庄。1915年，在别庄东侧建起了八角三层的移情阁，因其外貌酷似六角，又被当地人亲切地称为舞子的六角堂。

孙文与这座建筑有着深厚的渊源，1913年，他曾在此参加欢迎午餐宴会，开启了与神户人民的深厚历史联系。后经多次修缮，1984年这座建筑正式更名为孙文纪念馆，并于1993年被指定为兵库县重点有形文化遗产。

馆内展览丰富，围绕孙文与日本神户的历史渊源展开，同时介绍了吴锦堂的一生以及移情阁的变迁。

孙先生30年的革命生涯中，有三分之一的时间是在日本度过的，横滨、东京、神户、长崎等地都曾留下他的足迹和身影，纪念馆也是中日友好的象征。纪念馆内陈列着各色纪念物，由于风雨沧桑，岁月流逝，当年的原物留存下来得很少，唯有建筑的外观和内部，尽可能留存了当年的风貌，墙上的壁纸是根据文献重新制作粘贴上的，隐约间，似乎依旧浮现着孙中山先生当年的音容笑貌，馆内设有孙文纪念馆文库，是一个与孙先生相关的图书馆，最初是由神户大学孙中山的最早研究者山口一郎教授所捐赠的私人藏书，之后又陆续收集新购了不少与孙中山相关的文献，成了研究者和历史爱好者的天堂。

纪念馆门前有孙先生的铜像，院内东面立有一方由孙先生手书的“天下为公”石碑。移情阁用金唐革纸裱墙，把这两种文化的精华融为一体，是混血式的建筑。室内设计得比较精细，展览内容非常丰富，向人们展示先生生平、革命历程以及同日本友人之间的深厚友谊。“孙中山生平展”，以大量的图片、文献、实物，向观众详细展示了从孙先生出生到其去世的全部过程，包括孙先生的家庭背景、早年学习经历、革命思想形成的过程、多次起义的史实、辛亥革命、建立民国等;“孙中山革命历程展”，着重讲述了孙先生领导的辛亥革命对于中国的重大意义，观展者还可以看到当时的一些革命宣传品、武器、旗帜等实物;此外，还有特别讲述孙先生与日本政治家、知识分子、商人的交往,有与日本友人的书信、合影等珍贵资料。值得注意的是,在“孙文墨宝”展室展示了孙中山送给日本友人的墨宝5幅，在“孙文与神户”展室有介绍孙中山来往多次神户之经历，其中最有名的是1924年11月28日孙中山和宋庆龄来神户演说的资料等。

【旅游攻略】

地　　址: 兵库县神户市垂水区东舞子町2051舞子公园内
交通信息: JR舞子站徒步7分钟，山阳电铁舞子公园站徒步10分钟
开放时间: 全年10:00—17:00开放;休息日:星期一
12月29日至次年3月1日全天不开放
门票价格: 300日元
不容错过: 明石海峡大桥、舞子公园，移情阁
联系电话: 078-331-3855、+81-78-783-7172

四 日本东京

（一）东京的世界文化遗产

/

日本国立西洋美术馆

位于东京上野公园内的日本国立西洋美术馆作为日本唯一一家专门收藏西洋美术作品的美术馆，于1959年6月10日开馆。美术馆创立的契机是法国政府将由兰斯现代美术构成的松方收藏的艺术品捐赠回日本，其中包括了克劳德·莫奈和皮埃尔·奥古斯特·雷诺阿等印象派绘画，和奥古斯特·罗丹的雕塑等，需要建设一个将它们收藏并可以公开展示的美术馆。如今，除了松方的收藏品，美术馆还接受了许多爱心人士捐赠的作品，并通过购买不断扩大其收藏。美术馆在广泛收集和展示法国现代艺术的同时，还广泛展示西方艺术，已成为可以深入了解欧美艺术历史的美术馆。美术馆在成立之初拥有藏品约370件，发展至今已拥有6000余件藏品，其中购买的作品有4500件以上，有大约1400件是在开馆后接受的各方的捐赠作品。

松方的收藏与美术馆之梦

松方幸次郎（1866—1950年）是日本著名实业家，是川崎造船所（现在的川崎重工业株式会社）和神户新闻社长，1916年到1927年，他在欧洲收集了大量的西方美术作品，包括绘画、雕塑、素描、版画、工艺品等3000多件作品。现在，美术馆收藏的松方收藏品包括法国捐赠及归还的绘画和雕塑，以及后来购买或捐赠的松方旧藏的作品约400件。

松方幸次郎曾两度担任日本首相。1890年从美国耶尔大学毕业，1896年就任川崎造船所的第一任社长，一直到1928年。川崎造船所在第一次世界大战前夕，使用了被称为“斯托克船”的同一规格技术建造了大量运输船，获得了巨额利润。松方以此为基础，开始在欧洲广泛收集艺术品。1916年以后，多次前往欧洲大力购买画廊的作品。其中有些作品是直接从画家那里获得的，代表作品是法国印象派画家克劳德·莫奈的作品。1921年6月，松方拜访了莫奈在吉维尼的家，并获赠十几幅作品。其中一件是2016年在巴黎卢浮宫博物馆的藏品中发现的《睡莲》，次年松方家将其捐赠给了卢浮宫。

松方投入大量私人财物收集西方美术品的动机，是因为在东京很少有机会真正看到西方绘画和雕塑。在当时的日本，人们对欧洲艺术的兴趣越来越

东京日本国立西洋美术馆

高，还出现了专门收藏法国现代艺术的收藏家，经常举行展览，但西方的绘画和雕塑当时还没有在日本设立常设的美术馆（日本第一家常设展示西方美术的美术馆大原美术馆于1930年在冈山县仓敷市成立）。松方为了让日本年轻的美术家能够直接接触和学习西方美术作品，并让普通民众加深理解，计划建立一个经常公开展示欧洲美术品的美术馆，该美术馆被命名为“共乐美术馆”。其建筑的设计委托英国画家弗兰克·布兰金，并计划在东京设立。

在美国艺术杂志《美国艺术新闻》1922年1月21日号松方在接受采访时表示，“艺术是民族灵魂的表达”，了解西方艺术对于日本人了解西方人的精神和心灵非常重要。

松方在同一访谈中也表示，他对围绕艺术各个流派的争论不感兴趣，希望收集所有流派的作品。事实上，他的藏品包括保守派和后印象派，以及毕加索等前卫画家的作品。松方不拘泥于流派，因此他的藏品可以说是日本最早的重要收藏品之一，他收藏了莫奈、勒诺瓦等印象派画家，以及梵高和高更等后印象派画家的作品。

松方收藏的前景原本是顺畅的，但1927年发生的金融大萧条使之发生了巨大变化。由于川崎造船所的经营陷入危机，从主要银行筹集资金越发困难，到这一年为止，其带入国内的收藏品从1928年以后陆续出售，建设美术馆的梦想也随之消失。然而，大约1400件作品由于仍保存在伦敦和巴黎而免于散失。在1939年伦敦仓库中存放的作品因遭遇火灾而永远丢失。而存放在巴黎的作品也因第二次世界大战而命运多舛。

第二次世界大战爆发，巴黎被纳粹德国占领，松方的收藏品管理人将作品从巴黎转移到当地的小村庄，藏在自家的谷仓里。前面提到的莫奈的作品《睡莲》因为隐藏收藏时潮湿等原因，画面有一半左右被损坏。在顺利度过德国占领时期后，盟军解放法国，松方的收藏品作为敌国财产被法国政府扣押，1952年生效的旧金山和平条约正式将其所有权移交给法国政府。1950年松方逝世，其亲属与日本政府进行交涉，日本政府要求法国政府归还藏品。1953年法国政府决定将藏品归还日本，次年12月成立“法国美术馆设立准备协议会”，迈出了日本国立西洋美术馆开馆的第一步。松方“共乐美术馆”的梦想终于得以实现。

日本国立西洋美术馆的建筑

美术馆的建造委托了二十世纪现代主义建筑的代表——法国建筑师勒·柯布西耶(1887—1965年)进行设计。1955年，勒·柯布西耶来到日本，考察了上野的建设用地。两年后，基本设计图纸被送回日本，实施设计的还有三位日本建筑师前川国男、坂仓准三、吉阪隆正。1958年美术馆开工，次年3月竣工。2007年，美术馆成为日本国家重要文化财产，2016年被指定为世界文化遗产，建筑本身也成为本馆重要的“作品”之一。

前来参观的游客首先进入位于建筑物中央的名为“十九世纪大厅”的露天空间。从那里沿着斜坡上到二楼，以螺旋状参观展示室的空间构成。这是“无限成长美术馆”和基于勒·柯布西耶的概念设计的，当收藏的作品增加时，将扩建成螺旋状，扩大展览室是他最初的构想。遗憾的是，在后来的扩建中，由于场地等原因，并没有按照这个概念进行，但在美术馆中，勒·柯布西耶的设计思想得到了相应的体现。其中之一就是他在1950年发表的《摩杜罗尔》。这个词是由法语中的模块(尺度)和奥尔(黄金)组合而成，意指人类创造舒适空间的基准尺寸。以人体身高为183厘米的基准值为基础，以黄金比等推导出更细微的数值，根据这些尺度设计了本馆和前庭各处比例。身高183厘米的人举手时的高度是226厘米，这是天花板高度的基准。在混凝土前院中看到的黑色分割线也按照模板进行了绘制。

勒·柯布西耶提出的另一个概念是“建筑游行”。“建筑游行”在法语中是“散步道”的意思。勒·柯布西耶将建筑构想为人们行走和移动的空间，而不是停留的地方。人们在空间中行走，将建筑视为一种动态的存在，在各种形式的眼前变化的同时展开。美术馆的前庭作为参观者步行到入口的空间，潜藏着多种场景展开，美术馆的一楼至二楼上楼梯是斜坡的，与楼梯不同，可以一边“散步”，一边走，一边看周围的空间。

美术馆收藏的扩充与多样性

从“法国美术馆”的临时名称出发，美术馆的正式名称最终变更为“日本国立西洋美术馆”，不仅可以收集和展示法国现代美术，还可以展示整个西洋美术。关于名称的变更，美术史家矢代幸雄写道：“当初为了收纳归还的松方藏品而兴建的美术馆，为什么会成为日本国立西洋美术馆？说到这儿，法国方面也有意见，这不仅限于松方收藏，更广泛地是为了研究和欣赏西方艺术。于是，我等开始收集实物标本，……尽管在日本，西方美术的研究非常盛行，但总体上鉴于日本没有西方美术馆的矛盾，而且这正好是松方先生的意志的扩大，所以赞成。”美术馆第一代馆长富永惣一在开馆后不久于1961年出版的《日本国立西洋美术馆总目录》的序言中指出了未来本馆收藏的方针，他说：“今后，我们将继续努力，逐步增加新藏品，研究各国、各个时代的美术运动，整理资料，为我国直接欣赏西方美术及其普及作出贡献。”

开馆初期，松方的旧藏品主要是中世纪末期和文艺复兴时期的绘画作品，如安德烈亚斯·里佐斯《偶像：伴随上帝宝座的基督升天》、卡洛·克里维利的《圣奥古斯丁》等。1968年以后正式开始收集近代以前的西方艺术品，近年购买的最重要作品有卢卡斯·克拉纳哈（父亲）的《客西马尼祈祷》；法国十八世纪洛可可艺术画家让·巴蒂斯特·帕特尔的《露营》；十七世纪荷兰重要的风景画家鲁亚科布·范·罗伊斯达伊尔的画作；以及十七世纪西班牙的代表画家巴尔托梅·埃斯特万·穆里略的绘画《圣胡斯达和圣鲁菲娜》，收藏范围的时代和地区都扩大了。这样一来，开馆初期松方藏品中缺少的近代以前的作品逐渐丰富起来。

意大利艺术，美术馆收藏了文艺复兴时期威尼斯派的代表画家，如蒂齐亚·伊诺、廷特雷特、维罗内泽，以及圭多·列尼和盖尔奇诺的十七世纪巴洛克艺术作品。

西班牙艺术包含了穆里略、埃尔·格雷科和朱塞佩·德·利贝拉的绘画作品，作为十七至十八世纪的法国艺术，收藏了罗兰勋爵和乔治·德·拉图尔的绘画，弗拉戈纳尔等洛可可画家的作品，以及以鲁本斯为代表的佛兰德画作。

近年来，考虑到收藏的多样性，美术馆积极收集女性艺术家的绘画和雕塑，包括十八世纪瑞士画家安吉丽卡·考夫曼和法国玛丽一世的作品。

美术馆在艺术品的收集区域、收集对象范围不断扩大，收藏了加布里埃尔·卡佩、印象派最重要的女画家贝尔特·莫里佐、法国现代女雕塑家卡米尔·克劳德尔、丹麦画家威廉·哈默斯霍伊、芬兰民族画家阿克塞利·加伦·卡勒拉的油画及雕塑等，其中有一些是以往容易被忽视的北欧美术家，这也是日本美术馆首次将其纳入收藏之列。

公众的绘画和雕刻

美术馆在购买艺术品的同时，也得到了大量来自社会各方的慷慨捐赠，对收藏品的扩充发挥了重要作用。1990年，曾担任医院院长的山本英子先生向美术馆捐赠了安德烈·德朗和莫里斯·德·弗拉曼克等二十世纪上半叶的主要作品。山本英子先生年轻时立志成为一名画家，当他成为一名医生后，收集了自己喜欢的作品，当他被诊断为癌症晚期时，他将自己的收藏委托给博物馆。据说当馆员到他家取作品时，山本先生说:“我想在意识清醒的时候整理一下。能和这些作品一起生活这么长时间，我真的很幸福。绘画和雕刻都是大家的。”

目前美术馆接受的捐赠作品已超过1400件。1960年开馆不久，巴黎画家沙姆·苏廷的作品《心病的女人》被捐赠给美术馆。这件作品是福岛繁太郎的旧藏品，他于20世纪20年代在旅居巴黎，与当时活跃的美术家们交往亲密，出版了美术杂志《Formes》。之后，这件作品被福岛小说家林芙美子收藏，在她去世后被捐赠给美术馆。

松方的收藏中还包含日本画家藤田嗣治的作品，他与苏廷被并列为巴黎生态画家，曾活跃于巴黎画坛。此外，柿沼先生捐赠了皮埃尔·博纳尔的《劳动人民》和安德烈·博尚的《阿尔克马尔运河，荷兰》。波尚是一个没有接受过正规美术教育的朴素派画家，首先对他评价的艺术家是勒·柯布西耶，可以说在这方面也与美术馆有着直接的关系。

1965年获捐的山村藏品将美术馆藏品的范围扩大到20世纪中叶。山村硝子的社长山村德太郎，与母亲一起制定了在日本建立现代艺术博物馆的计划，从20世纪50年代开始收集日本和西方的现代艺术。但是，由于在母亲去世前不久希望将西方现代艺术捐赠给美术馆，山村先生尊重了她的遗愿，放弃了建造美术馆的计划，委托美术馆收藏他之前收藏的西方现代艺术。不仅松方，山村先生的母亲也对美术馆的梦想作出了贡献。超现实主义最重要的画家马克斯·恩斯特的《石化森林》和美国的抽象表现主义代表画家杰克逊·波洛克的《号码8.1951黑流》等，山村先生捐赠的作品现在已成为美术馆20世纪美术收藏的核心。

21世纪10年代，美术馆收到了迄今为止尚没有收藏过的新流派的收藏品，使美术馆的西方美术展览更加充实。2012年，桥本贯志先生捐赠了800个戒指。桥本先生是日本和东方的古美术收藏家，65岁时开始收藏戒指，当时的想法是"用戒指打开西方美术史这一新流派的大门"，"用戒指，用东方的眼睛创造西方文化的新价值体系"。由于桥本先生的戒指收藏的捐赠，与2001年日本兴业银行捐赠的松方旧藏的挂毯一起，使美术馆的工艺品收藏更加丰富。

筑波大学名誉教授内藤裕史先生在巴黎的旧书店中，偶然发现了中世纪彩饰抄本，并被他收藏了30年，2015年内藤先生将所藏的抄本全部委托给美术馆，使美术馆藏品中一直缺少的中世纪宗教艺术得以充实。因为有了这笔捐赠，使美术馆也成为常年展示彩饰抄本的美术馆。

【旅游攻略】

地　　址：东京台东区上野公园5-20

交通信息：JR山手线/京滨东北线/东京地铁银座线/日比谷线等至"上野站"下车，出站即达

开放时间：全年开放，周一闭馆

门票价格：日本国立西洋美术馆500日元

不容错过：由勒·柯布西耶设计的国立西洋美术馆的主体建筑入选世界文化遗产名录；罗丹的雕塑"地狱之门""思想者"；印象派画家莫奈的画作等

联系电话：81-3-3828-5644

（二）东京的其他景观

/

东京上野公园（上野恩赐公园）

中学语文课上学过一篇鲁迅（周树人）的《藤野先生》，文中说："东京也无非是这样。上野的樱花烂漫时节，望去确也像绯红的轻云，但花下也缺不了成群结队的'清国留学生'的速成班，头顶上盘着大辫子，顶得学生制帽的顶上高高耸起，形成一座富士山。也有解散辫子，盘得平的，除下帽来，油光可鉴，宛如小姑娘的发髻一般，还要将脖子扭几扭。实在标致极了。"

这就是日本东京以樱花闻名的上野公园。园内有多处名胜古迹，如供奉幕府将军德川家康的东照宫，还建有博物馆、美术馆以及中国赠送熊猫的居住地上野动物园等。

文章里提到的上野公园，历史可以追溯到十七世纪，最初是德川幕府的家庙和一些诸侯的私邸所在，400年前，这里曾是德川幕府的权力象征。江户时代初期，德川家康为巩固统治，在此建造了宽永寺作为德川家的菩提寺，并在寺前种了许多从奈良吉野山移植来的樱树。当时的宽永寺占地广阔，香火鼎盛，是江户城的鬼门守护神。1868年，明治天皇为重振皇权，发动了倒幕之战，最终在上野地区将德川幕府的残余势力全部歼灭。直到明治维新后，幕府倒台，这片土地才被收归国有，1873年改为公园，是日本的第一座公园，历史文化深厚，景色秀美，是集自然、历史、艺术与休闲于一体的东京名园。1924年，为庆祝昭和天皇大婚，皇室将公园赐予东京市民，因此得名"上野恩赐公园"。

漫步在樱花大道上，能使人感受到一种历史的厚重感。明治时期的上野公园曾见证过一场激烈的战争，即戊辰战争。1868年，幕府军与明治新政府军在此激战，宽永寺的大部分建筑毁于战火。如今，仍能在公园内找到历史的痕迹，比如重建的清水观音堂，以及被列为重要文化财的旧宽永寺五重塔……

在鲁迅的《藤野先生》中，上野公园被描绘成樱花烂漫的时节望去确也像绯红的轻云。这段描写不仅展现了鲁迅对日本自然美景的赞美，也反映了他在异国求学时的所见所感。鲁迅通过上野公园的樱花，表达了对自然美景的热爱和对异国文化的感受，同时也寄托了他对故乡和亲人的思念之情。

1909年，周树人回国后在浙江两级师范学堂任教。在这里，他开始尝试用文学的方式启发学生。他不像其他教师那样只讲授课本知识，而是经常为学生介绍外国文学作品，鼓励学生独立思考。1915年，陈独秀在上海创办《青年杂志》(后改名为《新青年》)，邀请周树人投稿。这是一个重要的转折点。在《新青年》创刊号上，陈独秀发表了《敬告青年》一文，呼吁青年要“自主的而非奴隶的”“进步的而非保守的”“世界的而非锁国的”。这些主张与周树人的想法不谋而合。

1918年，周树人用鲁迅的笔名在《新青年》上发表了《狂人日记》。小说发表后引起巨大反响，被认为是中国第一篇白话文小说。从此，“鲁迅”这个笔名开始为人所知。鲁迅与《新青年》的其他作者一起，掀起了一场轰轰烈烈的新文化运动。这场运动从文学革命开始，逐步发展成为一场思想解放运动。

樱花盛开的时间很短，也就两周左右，且是在清明时节，樱花伴雨，映入鲁迅眼帘的都是伤感之物，多数日本人深知韶华易逝去，美景不常在，于是在樱花盛开的时候，尽情饮酒言欢。此情此景在鲁迅看来都有更深的含义，他决定离开，去开始新的生活。

今天，上野公园熙熙攘攘赏花的人群中，不知道是否还有鲁迅这样的哲人，在繁华祥和中思考未来，感悟人生。

走进上野公园的南门，首先映入眼帘的是明治时代大将军西乡隆盛的铜像，他是日本江户时代末期的萨摩藩武士、军人、政治家，与木户孝允、大久保利通并称“维新三杰”。西乡隆盛是具有资产阶级民主思想的进步政治家，他反封建立场坚决，为加强中央集权和资本主义改良运动作出了贡献。

上野公园里一年四季，美景不断。春天时上野公园是东京最著名的赏樱胜地，园内种植樱花多达1200余棵，代表性的樱花品种是染井吉野，因在

1885年左右于上野公园所发掘，后来得以将其美名遍传全国。每年这里还要举办隆重的“樱花祭”。

如果您春天来到上野公园，一定会被这里的景象所震撼，超过1200棵染井吉野樱竞相绽放，仿佛一片粉色的云海，这里不仅是东京“花见”圣地，更承载着日本人的精神寄托。每到樱花季，樱花树下都会坐满欢聚的市民，夜晚还有灯光点缀的夜樱，堪称梦幻。

公园内最大的湖泊——不忍池，是无数鸟类停靠的地方，湖旁分布有大佛宝塔、五条神社、民俗资料馆、博物馆等。修建于1650年的东照宫内供奉着德川家康，其建筑宏伟，参道两旁有95座石献灯和195座青铜灯笼。

夏季的主角即是公园中的天然池塘不忍池。池中蜿蜒的木栈道，把池塘分为三部分：莲花池、鹈鹕池和划船区。每年7月，八千多平方米的莲花盛开，宛如莫奈笔下的油画。秋天的上野公园会换上金装，银杏大道落叶纷飞，

上野恩赐公园

与红叶交相辉映。银杏的叶片正是东京都的象征，在都政府的标志上就可以找到它的身影。而到了冬季，这里又成为候鸟的天堂，天鹅、鸳鸯与苍鹭在此栖息，吸引了无数摄影爱好者。

上野公园除了有美丽的自然景色，还是艺术与知识的殿堂，文化氛围甚为深厚，有多家博物馆、美术馆、艺术大学分布其中。

1.东京国立博物馆

东京国立博物馆是日本历史最悠久、规模最大的综合性博物馆。是日本四大国立博物馆中规模最大、馆藏最丰富的博物馆。

1872年，日本文部省博物局在东京举办第一届博览会。同年建立书籍馆，专门保存江户幕府旧藏的各类书籍，这批书籍是东京国立博物馆资料馆的馆藏基础。1873年维也纳世博会期间，日本馆内展出的陶瓷器、金属珐琅器、漆器等在欧洲国家颇具人气，博览会事务局副总裁建议在东京建立一座博物馆，长期陈列这些展品。1881年，博物馆主馆建成开放。1900年，博物馆新建表庆馆，以纪念皇太子嘉仁（大正天皇）成婚。1940年，该馆举办正仓院御品特别展，首次公开展示部分日本皇室收藏，参观人次达到40万。1952年，博物馆正式更名为东京国立博物馆。在1968年至1999年先后建造3座新馆：法隆寺宝物馆、东洋馆与平成馆。

东京国立博物馆主要收藏日本古代文物及东亚地区艺术品，藏品数量达12万件，其中有89件日本国宝、重要文化财产644件，涵盖雕刻、漆器、刀剑、陶瓷器、珐琅器、书法、绘画等类别。

表庆馆馆舍由日本宫廷建筑师片山东熊设计，是明治末期西洋风格的代表建筑，现已被列为日本重要文化财产，目前仅作为临展会场使用。主馆由日本建筑师渡边仁设计，是一座典型的和洋折中建筑，亦是日本帝冠样式建筑风格的代表作。常设展《日本艺术的演变》展出绳纹时代至今的考古文物、雕刻、绘画、刀剑及手工艺品等，呈现日本艺术在各个时期的发展变化，以及西洋文化与宗教信仰对本土艺术的影响。东洋馆又被称为“亚洲的画廊”，主要展示来自中国、印度等地的艺术品及考古文物，如东南亚的金铜佛、中国殷商时期的甲骨残片、秦汉时期的封泥、唐代至清代的陶瓷器等。平成馆于1999年开馆，设有基本陈列《日本考古展》。法隆寺宝物馆藏有奈良法隆寺于1878年进献日本皇室的逾300件宝物，以飞鸟时期的佛造像居多。

2.东京都美术馆

东京都美术馆以其收藏日本传统浮世绘和油画等杰作闻名遐迩。

3.上野之森美术馆

如果您是艺术爱好者，一定不要错过上野之森美术馆。这里常年举办国际级特展，从梵高、毕加索到现代日本浮世绘，每次展览都会引发排队热潮。前些年举办的“蒙娜丽莎——文艺复兴的秘密”特展，曾经吸引了超过50万名观众。

众多艺术机构、博物馆的设立，使上野公园有了“文化森林”之美誉。

4.上野动物园

自1882年开园以来，这里一直是孩子们的天堂。园内饲养着3000多只动物，但最耀眼的明星非大熊猫莫属。大家还记得2023年回中国的“香香”吗？它出生时，动物园门口排队的盛况堪比苹果手机新品发售！目前，这里仍居住着香香的父母“力力”和“真真”，熊猫馆的实时直播屏前总是挤满观众。

上野动物园分为东园和西园，两园之间有一条独特的单轨电车连接，这是日本最早的跨园交通工具。在西园的不忍池畔，您能看到火烈鸟优雅漫步，而在两栖动物馆内，还能见到日本独有的大鲵（娃娃鱼）和濒危的冲绳山原秧鸡。

上野东照宫是供奉德川家康的神社，1651年，这座金碧辉煌的建筑由三代将军德川家光为纪念祖父而重建，仅贴金就用了50万枚金箔。春季的牡丹园开放时，500多个品种的牡丹竞艳，与金色社殿相映成趣。游客路过此地常常要摸摸宫前的石灯笼，传说它能给人带来财运。

远处那座五重塔是江户时代的珍贵遗存，始建于1639年，曾属于宽永寺建筑群。虽然因火灾多次重建，但依然保留了桃山时代的华美风格。

漫步上野公园，已经看不到当年鲁迅笔下“拖着大辫子的清国人”，取而代之的是各国游客及彬彬有礼的日本国民，大家平等地在这里亲近自然，交流文化，放松身心。

【旅游攻略】

地　　址： 东京台东区上野公园5－20

交通信息： JR山手线/京滨东北线/东京地铁银座线/日比谷线等至“上野站”下车，出站即达

开放时间： 全年开放

门票价格： 上野公园免费

东京国立博物馆1000日元，周一闭馆

动物园600日元

联系电话： 81－3－3828－5644

/

东京浅草寺

东京是日本的首都、亚洲最大都市圈之一，集江户幕府留下的政治遗产和当代亚洲经济、文化的重心于一体；贯通城市的隅田川两旁耸立的一幢幢摩天大楼辉映着浅草寺、皇居等传统古迹，交相辉映。有光芒闪烁的橱窗的银座和充满动漫气息的秋叶原；充斥人间烟火味的筑地市场以及充满现代艺术氛围的六本木之间，一切交汇成为这个城市独有的繁杂多元。由23个区组构成的都市迷宫，山手线串联起世界上跑得最快、最密的地铁线，街角间百年老铺和米其林餐厅隔窗相望；从位于明治神宫前出售祝福木牌的老摊贩到隐于涩谷十字路口大树后的风靡网络的全息广告，立足于传承发展的东京守望着过去又迎接当下。

在过去的十数年中我曾多次到访过东京，其中有工作之便，也有自助旅游，但无论以何种方式到访，无论行程如何安排，在东京，有一个地方我是不会绕过的，那就是浅草寺。

除了带团到此参观以外，我更喜欢独自清晨到访，这个时段旅游团队还没有到来，面积巨大的寺院区域空寂、幽静，非常舒适。当第一缕阳光穿透

隅田川的薄雾，浅草寺的晨钟已敲响五声。雷门前那盏直径3.8米的朱红灯笼在晨风中轻轻摇曳，流苏上的梵文“风雷神”三个字若隐若现。

这座创建于628年的古刹，至今保留着江户时代最完整的参拜路线。穿过雷门，石板铺就的仲见世通尚未苏醒，但空气中已浮动着线香的清香气息。走在洁净的寺内石板路上，看到身着藏青色僧衣的老者正用竹帚清扫本堂台阶，笤帚划过石板的沙沙声与远处隅田川的汽笛声交织。这里是东京都内最古老的观音灵场，也是江户庶民信仰的活化石。据《浅草寺缘起》记载，推古天皇时代的渔夫兄弟在宫户川（今隅田川）打捞到一尊黄金观音像，乡民遂建草堂供奉，这便是浅草寺的起源。

历经十五个世纪的天灾战火，寺院始终遵循“不闭山门”的古训，至今保持着清晨五时开门的传统。

东京浅草寺

雷门原名“风雷神门”，两侧的金刚力士像是日本平安时代密教艺术的遗存。左侧的神像手持金刚杵，右侧的神像手握雷电戟，两尊塑像的瞳孔中嵌有水晶，据说是为震慑关东平原的“地震鲶”。门内悬挂的巨型灯笼由松下幸之助于1960年捐赠，底部雕刻的莲花纹实为三井财阀的家纹变形。

在进入寺院前往本堂的路上，是商铺林立的仲见世通，白天的这里游人如织，热闹非凡，记得第一次带团走这里的时候，自己都被两边商户橱窗内的工艺品打动而迈不动腿。

第二道朱漆门是宝藏门，巍峨矗立。门楼背面悬挂有4.5米长的巨型草鞋，取材于《法华经》“以草鞋丈量佛智”的典故。门内两侧的仁王像脚下，暗藏德川家康命人埋设的镇地铜板，用梵文篆刻着镇压关东龙脉的咒语。

重建于1973年的宝藏门东南角五重塔内藏有昭和天皇赠予的佛舍利，其基部的地宫内藏有德川家光手抄本的《法华经》、江户城金箔瓦残片以及保存至今的唐木雕观音肢体（1945年东京大空袭由僧侣抢救出来的）等珍贵文物。各层斗拱以中国宋代《营造法式》为范式；顶层相轮系用钛合金制作，实现了古代建筑艺术和现代工程技术的完美结合。

浅草寺正殿采用的是“入母屋造”重檐歇山顶，屋脊曲线暗合富士山轮廓，檐角悬挂的铜铎多达72个，对应观音菩萨的七十二应身。殿内藻井绘有七福神巡游图，其中毗沙门天的铠甲纹饰隐藏着江户町火消（消防队）的组徽。中央的秘佛观音像每33年开帐一次，这个周期源自《法华经》中观音化现三十三身的教义。2018年开帐时，X光检测发现像内封存着八世纪新罗工匠的铜制发愿文。

本堂前净手池中的青铜龙首有200年的历史了，按照左右左顺时针方向舀水，正好符合佛教身口意三业清净的顺序；香炉前有翻飞的白衣人偶叫“左右左”，是源于江户时代的“左右左”，重病之人将上面记着自己生辰八字的白绸绑在人偶头发上，托人替自己来祈祷。

每年5月3日社祭之时，神舆上绘有风凰纹样的天台宗法华曼荼罗也是该活动中的表演对象之一；冬至，举行萝卜供养仪式，将白萝卜雕成五智如来的形象置于影像堂前；最为神秘的是在子夜举办的御开帐法要，由僧侣使用特殊的竹筒，吹奏《叶衣观音咒》，让声波的频率和五重塔铜铎发出的声音相匹配，产生共鸣。

在观音签自动贩卖机旁，设有扫码解签的AR装置。西参道的数码绘马墙实时显示全球信徒的祈愿信息，其中用区块链技术加密的电子护摩札，可保存百年不灭。这种传统与科技的融合，体现了当代日本宗教的生存智慧。更多的信众和游客仍是喜欢传统的求签方式，花100日元，在求签柜旁摇晃签桶，求得灵签，再按灵签上的签号从签条柜中找到解签的灵签条，求得大吉之签则欣喜若狂，而求的不吉之签，就在观音本堂拜佛瞻礼，然后将签条叠系于殿内两侧的木架上，祈愿寺内僧众每日的诵经得以化解。

浅草寺西北角的碑林群中，保存有镰仓时代的“浅草寺缘起碑”，是寺中最古老的碑刻。碑文记载着平将门之女在此落发的传说。一块宽政六年(1794)的捐灯碑，表面刻着27家商铺的菱形暗号，需用《百人一首》的和歌调式破译，实为江户商人的密码账簿。

1945年空袭纪念碑基座还嵌有被焚化成玻璃状的玻璃瓶与金属纽扣，其附近，震灾记忆石则沿着二十世纪的年代顺序布置，两侧按平成年代设置，其间布设的40年震灾记忆石采集311地震当天宫城、福岛、岩手3个震中县的碎石，并用它们拼出了一幅观音千手纹样的画面。

寺内修复工坊的匠人们将破损处用环氧树脂配上黄金打造而成的银河纹样修补起来，在填补缝隙的同时加强了稳定性，这是他们对于这一褒二符号美学之道的延续。而这种对于建筑的破坏与再造，也成为这寺庙历经劫难之后再次焕发生机的一种表达方式。

浅草寺第37代贯主曾言：保护下来的东西不是古旧的建筑，而是动着的光阴，让机械钟和梵钟都能鸣响，让3D打印出来的佛具以及传统的漆器一同放在佛前，让千年古刹敞开胸襟，以包容百川的胸怀重构信仰的现代性。透过被雷门灯笼点亮的一道光芒，江户时代招贴画和数字时代的脉冲信息，在此灵台之上渲染出人类永远不变的精神家园。

【旅游攻略】

地　　址：东京台东区浅草2-3-1
交通信息：地下铁浅草站下车，从6番出口出站，步行5分钟即可到达
开放时间：6：00—17：00
门票价格：免费
不容错过：雷门，五重塔
联系电话：03-3842-0181

/

东京松本楼

位于东京的松本楼，因我自己对于中国近代革命的浓厚兴趣和研究，所以再次来到东京一定是不容许错过的，松本楼给很多人的印象可能只是就餐吃饭，或者是谈一场恋爱的最佳约会地点。2024年7月的东京，真不凉快，真心建议大家避开酷暑季节，春、秋、冬的日本关东美景众多，可以讲，一步出站，风景为伴。

为躲避东京街头的酷热潮湿，上午先去参观了东京国立博物馆，午后去了皇居。一天下来体力虽累，但精神蛮好。晚餐，是和朋友们早早就预定好了的松本楼。一天的行程走下来不累是假话，可今天对于我们来说重头戏就是松本楼的晚餐，我们以为只是晚餐，其实是非常隆重且正式的晚宴。傍晚五点，从皇居赶往松本楼，刚走进日比谷公园，老天爷撒了点儿调料，知道我们要就餐，天空下起了小雨。本就因走了一天有些凌乱潮湿的头发和汗流浃背的衣服，这时显得更加狼狈不堪，大家调侃着以这样的形象进松本楼是否有些不妥，嘿，顾不了那么多了，你一句我一句，累并快乐着。

傍晚的日比谷公园里，只看到稀稀拉拉的少数游人，公园里的绿植郁郁葱葱，遍地可见的小野花却不杂乱。公园位于东京日本天皇居住地的南面，是一座日本“西洋风格近代式公园”，有一百多年的历史。这座开放式公园

没有大门和界墙，公园里设置有西式花圃、野外音乐堂、图书文化馆和网球场等，是东京市民的休闲乐园。公园内喷水广场和花坛一带形成了公园的象征性景观，常有电视台和杂志社在此取景，很多我们熟悉的日剧场景也是在这里拍摄的。每到夜晚，大喷泉在灯光效果下浪漫气息十足，让人不由得想到日剧中的爱情片段。园内还有一个“心字池”，在江户时代就已存在，十分珍贵。

日比谷公园以鲜花闻名，每年4月这里都会成为郁金香的海洋，上万株郁金香竞相怒放，分外美丽。此外，3月的樱花、11月的红蔷薇和秋天金黄的银杏等都让人流连忘返。在公园的中心，便是那座优雅的白楼建筑松本楼，也是我们吃晚餐的地方。

松本楼不仅是一个餐饮场所，还承载着重要的历史过往，它是见证了孙中山与宋庆龄的浪漫爱情和革命友谊之地。孙中山在日本从事革命活动期

东京松本楼

间，经常在日本友人梅屋庄吉家的松本楼居住，梅屋庄吉与我国近代史、与孙中山有着非常密切的关系。对于我而言，在松本楼除了品尝优雅的法式大餐外，松本楼的前世今生以及和孙中山先生的因缘同样令我痴迷。

松本楼的主人梅屋庄吉（1868—1934年）是日本长崎市人。从小被过继给无子嗣的远亲梅屋吉五郎夫妇。养父吉五郎开了一家梅屋商店，在经营碾米的同时从事贸易，是长崎与上海之间贸易的领军人物。少年时乘货轮鹤江号轮船只身赴上海、南洋游历。经历最初在大米投机生意上的挫折后，1893年梅屋庄吉在香港中环一带开了一家照相馆。1895年春，孙中山从檀香山返香港领导兴中会筹备广州重阳起义，通过其师英国人詹姆斯·康德黎博士结识梅屋庄吉，与其纵谈天下大事，甚为投机，相互引为知己，他向孙中山承诺“君若举兵，我以财政相助”。梅屋庄吉本人及家族由于受到明治维新的洗礼，对社会和国家革新有新的认知，所以后来才会支持孙先生的革命事业，推波助澜，他们之间的友谊好比高山流水遇知音，一个是俞伯牙，一个是钟子期。两位先生在思想上有很多共通之处，也因此成为亲密的朋友。

孙中山以中国走向真正的独立为目标，多次起义掀起武装革命的高潮，自1895年首次举兵以来，七年间共组织了10次武装革命，接连受挫。但矢志不移，屡败屡战，不懈抗争，在此期间，孙先生流亡日本，从梅屋庄吉、宫崎寅藏等先生处获得了精神物质两方面极大的支援。特别是梅屋庄吉先生，为了支援孙中山先生，关闭了照相馆，自学电影制作的技术，将所得财产全部捐给孙中山先生的革命事业。梅屋先生捐赠财产的总额，换算成如今的金额，已经达到2亿日元。经过长年非同寻常的努力，孙中山终于迎来1911年辛亥革命的成功，并推翻了清王朝。

孙先生在日本流亡的时候，曾寄宿在梅屋庄吉的家中，多次在松本楼与日本的有识之士们会商。1915年10月25日，由梅屋庄吉先生为媒，孙中山先生与宋庆龄女士在梅屋庄吉先生的家中举行了婚礼。由于革命，孙中山先生归国期间，将宋庆龄女士寄宿在梅屋庄吉先生的家中。

宋庆龄1893年1月27日出生于上海。她的父亲宋嘉树是中国民主革命先行者孙中山先生的挚友和同志，父亲的爱国热情和民主进步思想深深影响了少年时代的宋庆龄。1913年大学毕业后，宋庆龄经人介绍第一次在日本横滨到见了孙中山，两人一见倾心。志趣相投的二人均怀有对革命的热忱，宋庆龄接受了孙中山的诚邀，担任孙中山的英文秘书，给处于艰难困苦中的孙先生极大的鼓舞。

孙先生与宋庆龄在东京完婚后，两人患难相依、生死与共。宋庆龄忠诚坚定、恭谨谦逊，尽心配合孙中山先生的工作，悉心照料孙中山先生的生活。在他们的东京寓所里，经常坐满来自亚洲和世界各地的革命者。在孙中山先生完成《建国方略》等纲领性著作的过程中，她起到了重要的帮助作用。她参与起草过许多具有历史性影响的电文、宣言，出色地担负起整理文件、处理函电等繁重的日常工作，成为伟人身边的最得力助手。

1921年5月，孙中山先生在广州就任民国非常大总统。她在严酷的革命斗争环境中，置个人生死于不顾，全力保护孙先生的安全。1922年，陈炯明叛变革命，炮轰总统府，叛军进逼，形势危急。宋庆龄对孙中山先生说："中国可以没有我，但不可以没有你"，坚持先送孙先生撤离险境，自己留下来吸引和牵制叛军。

1924年11月，孙先生接受北平军政首领们的邀请，犯难北上，宋庆龄毅然随行。在孙先生抱病期间，她精心护理，并帮助筹备以人民为主体的国民会议。1925年3月12日，孙中山在北平病逝，宋庆龄失去了敬爱的导师、亲密的同志和爱侣。从此，她以自己的坚强意志和柔弱之躯，肩负起继承孙中山的遗志，捍卫新三民主义和执行三大政策的重大使命。在艰苦的革命斗争岁月里，她以坚定不移的信念和毅力，与中国共产党风雨同行，与中国老百姓甘苦与共。

写了这么多有关松本楼和革命伟人的内容，读者们一定理解了为什么我一定要去松本楼就餐，前面也提到过，除了餐食，更可亲自聆听历史，亲身感受历史留下的痕迹，感受革命成功的艰辛，如果说松本楼是一个西餐厅，那么我更愿意把她看作是近代史博物馆。好了，说了很多严肃沉重的话题，也该聊聊今天的松本楼了。

松本楼建于明治三十六年（1903），是一座三层建筑。

松本楼一层进门处的墙上悬挂着由青洲墨书的“松本楼”木匾，一楼大厅的右侧展示着一些与孙中山夫妇有关的珍贵资料，有梅屋庄吉担任“革命军东北军武器输入委员”的委任状；有孙中山与日侨在松本楼的合影；有宋庆龄写给孙中山的英文书信；有梅屋庄吉拍摄孙文影片的脚本；有孙中山与梅屋庄吉夫妇的合影；有孙中山致神户高等女子学校的电报；靠墙还摆放着一架钢琴，是孙夫人曾经弹奏过的钢琴。这是日本雅马哈乐器公司的前身日本乐器制造株式会社于1907年制造的，被称为日本最早的钢琴。钢琴原来是梅屋庄吉夫妇为爱女购买的。后来为了纪念孙中山先生与松本楼的缘分，那架钢琴作为“与孙文夫人结缘的钢琴”被捐赠给了松本楼。小小的一架钢琴，不仅是音乐艺术的载体，也见证了那段友谊。孙中山为了表达对梅屋夫妇的感谢，以及对梅屋庄吉夫人的赞赏，孙先生在梅屋庄锦上挥毫写下了“贤母”二字，至今一楼展示大厅仍可看到。

松本楼的一楼主要是散座，最多可供250人同时用餐。二楼和三楼有大厅和包房，是举行大型宴会和招待贵宾的场所。松本楼最具人气的法国菜包括法式鹅肝和西点。一楼烧烤厅的牛肉咖喱饭和蛋包饭在日本很有名，价格比起二楼、三楼相对更实惠。

除了孙中山和宋庆龄在松本楼举行婚礼外，日本前首相福田康夫的父母也曾在此举行了婚礼。2008年5月6日，日本首相福田康夫在松本楼招待到访的中国国家主席胡锦涛。

今天，松本楼由梅屋庄吉之外孙女婿小阪哲经营，餐厅坚持所有的食物都是上帝的恩赐，提倡吃好食物的同时，还懂得如何善待食物、与食物进行深度沟通，每一个具有生命力的新鲜食材，都是通过专业厨师的精心烹制而搭配出来的，将食物做到细致、营养、均衡。餐厅提供刺身、寿司、烤物、炸物、铁板、主食、汤类等共计280多个产品供食客选择，让食客感受膳食的真谛，体会日餐的细腻、文化的精深、味觉的惊喜。

这次为我们服务的服务生，在2008年曾为到访的中国国家主席胡锦涛服务，他十分谦逊而礼貌，餐间询问我们对餐食的需求和禁忌，还特意找出当年为胡锦涛主席服务时的工作照。我一看气氛已经烘托到此了，又怎能错过和这位服务生的合影呢。

我们选择的是长崎县牛排套餐。套餐内容丰富，分为前菜、中菜、后菜，其中的牛排最令我们惊讶，服务员通过翻译器介绍道，这是正宗的神户和牛，用料是当天采集的，食用的牛排也是和牛身上最嫩的部位，汁水浓郁，入口绵软，除此之外还有西式糕点、酒水等。

在日比谷公园、在松本楼、在宋庆龄弹奏过的钢琴旁，我们都能听到、看到、触摸到伟人的真实生活，仿佛一切就在昨天，又好像很遥远，似近非近。写到这里，引用一位国际友人的话来了解孙中山与宋庆龄的革命恋情："宋庆龄像花朵那样美丽，像钢铁那样坚强。"晚宴结束后，夜空晴朗。我和朋友们漫步在日比谷公园，看着对面闹市区写字楼的灯光璨若银河，记忆也随着车流逐渐远去。

【旅游攻略】

地　　址：日本东京都千代田区日比谷公园1-2

交通信息：轨道交通三田线（I）、千代田线（C）、日比谷线（H），在日比谷站下车，徒步5分钟

开放时间：中餐11：00—14：00，晚餐17：00—20：00

门票价格：参观免费

联系电话：03-3503-1451

/

东京中国同盟会成立旧址

东京繁华地中隐藏的革命圣地

在过去的十多年间，我曾几次到访日本东京，有一次走在东京的街头，是在皇居南边的地方，手里拿着手机导航，竟无意间看到同盟会成立旧址的标识，惊讶之余，忙前往寻找，竟然在一座豪华酒店中找到了它。

酒店的名字叫大仓饭店，是一家位于东京市中心赤坂地区的老牌五星级

酒店，距离首相官邸直线距离400米，它与帝国饭店、新大谷饭店一起被称为“酒店御三家”，是日本最具代表性的高级酒店。

大仓饭店建于1962年，它的建设者是大仓财阀创始人大仓喜八郎的大儿子大仓喜七郎先生。大仓喜七郎曾留学英国，1922年接替涩泽荣一出任帝国饭店的第二任会长（董事长）。

大仓饭店的原址，是大仓家的老宅。二战之后，在大仓财阀遭到联合国军司令部解体之前，这里是日本的一大名宅，不仅有和式建筑，还有西洋式的馆舍。1958年，已经75岁高龄的大仓喜七郎先生决定建设一座超越帝国饭店的日本第一流的酒店。于是，他把家拆了。1962年，大仓饭店落成开业。翌年，大仓喜七郎先生去世。

在大仓饭店主楼旁的一个斜坡上有一个小小的公园，公园里树立着一块石碑，石碑上写着“中国同盟会发祥之地”几个字。

众所周知，中国同盟会是孙中山先生领导的辛亥革命的政治团体，是推翻清朝封建统治的辛亥革命的领导核心。

1897年，孙中山先生来到日本，寻求日方的资金援助。在支持者宫崎滔天的介绍下，孙中山与大仓喜八郎相识。当时，大仓喜八郎的贸易公司在上海和天津均有分公司，与中国有较多的经济往来。大仓喜八郎是当时日本经济界的领袖人物。他听了孙中山的革命理想陈述，当即答应出资帮助孙中山推翻清朝政府。

1905年8月20日，孙中山和黄兴等一批革命同人聚集在大仓喜八郎的家中，举行了“中国同盟会”成立大会。据史料记载，来自中国各地的代表和留日学生共约100人出席了大会，其中包括章太炎、汪精卫、宋教仁、蔡元培、秋瑾、廖仲恺、何香凝、阎锡山，以及朱德、林伯渠、吴玉章、董必武、李四光等后来成为著名共产党人的革命家。

大会推举孙中山任总理，黄兴等任庶务，并通过了孙中山起草的《同盟会宣言》，提出了“驱除鞑虏，恢复中华，创立民国，平均地权”的革命纲领，并决定发行机关刊物《民报》，将中国同盟会的总部设在东京。

辛亥革命爆发时，日本许多实业家都出资支持孙中山，三井财阀当时拿出了30万日元，大仓喜八郎拿出了300万日元。当时的300万日元是一个怎样的概念？明治三十年（1897）的物价，与现在相比，相差3800倍。当时小学教师的平均年收入只有130日元。也就是说，当时的300万日元，相当于现在的114亿日元（约5.9亿元人民币）。

石碑旁还有一块小的说明牌，上面写道："1905年8月20日，中国同盟会以孙中山为总理在此地即存在于大仓东京饭店原址的大仓喜八郎的私宅宣告成立。其后，由中国同盟会发起的辛亥革命在中国成功，于是中华民国作为亚洲历史上第一个共和国家诞生了。为留下纪念，并祝愿日中两国世世代代友好，特立此碑。"这块碑是在2019年8月，大仓饭店本馆重建时树立的。在此之前一百多年间，很少有人知道中国同盟会是在这里成立的。

岁月悠悠，中国辛亥革命和中国国民党的摇篮，居然藏在东京的这一家五星级酒店里，有点儿意外，但值得纪念。

东京中国同盟会成立旧址

【旅游攻略】

地　　址：日本东京港区1

交通信息：地铁日比谷线神谷町站下车，步行10分钟

开放时间：全年开放

门票价格：免费

联系电话：+81－3－32246700

第二章

欧洲艺术走廊——俄罗斯

一
俄罗斯圣彼得堡

（一）圣彼得堡的世界文化遗产

/
圣彼得堡艾尔米塔什博物馆（冬宫）

坐落在圣彼得堡涅瓦河畔的这幢蓝白相间的巴洛克建筑群的每一个棱角上都承载着历史的重量，这就是冬宫，世人对其偏爱有加的一个原因是它从叶卡捷琳娜二世于1764年将其私人画廊对贵族开放起就开启了它博物馆的生涯之旅，在此之后，沙皇私邸变成了如今的世界四大博物馆之一，而它所展现的价值远不止是宝贵的文物，冬宫见证了俄罗斯从专制帝国走向现代国家的世纪巨变。随着1917年的十月革命在冬宫廊柱间响起的每一次炮火，它完成了由权力殿堂到文明殿堂的转变，这是人类历史上从未有过的一座文化地标。

艾尔米塔什博物馆包括冬宫、小艾尔米塔什、旧艾尔米塔什、艾尔米塔什剧院、冬宫储备库、新艾尔米塔什等，是一座总面积达130万平方米的古代建筑群。其中有展厅约550间，实际展示面积约12万平方米。其馆藏文物数量超300万件，更有文艺复兴时期的达·芬奇、拉斐尔，以及伦勃朗、提香、梵高、塞尚、毕加索、马蒂斯等不同时期艺术大师的传世之作，被誉为“世界文化与艺术百科全书式的博物馆”。

冬宫作为博物馆的心脏，1754—1762年由彼得大帝的女儿伊丽莎白女皇聘请著名的意大利建筑师拉斯特列里设计修建，是十八世纪中叶俄国巴洛克式建筑艺术最伟大的代表作。

1762年叶卡捷琳娜二世女皇登基后着手冬宫的室内装潢及改建。冬宫四面各具特色，但内部设计和装饰风格则严格统一。四角形建筑宫殿里面有内院，三个方向分别朝向皇宫广场、海军指挥部、涅瓦河，第四面连接小埃尔米塔日宫殿。面向冬宫广场的一面，中央稍突出，有三道拱形铁门，入口处有阿特拉斯巨神群像。

冬宫四周有两排柱廊，雄伟壮观。宫殿装饰华丽，许多大厅用俄国宝石——孔雀石、碧玉、玛瑙制品装饰，如孔雀大厅就用了2吨孔雀石，拼花地板用了九层贵重木材。十月革命前，冬宫一直是沙皇的宫殿，后来被资产阶级临时政府占据。1917年11月7日起义群众攻占冬宫。

十月革命后，将原来的宫廷房舍和整个冬宫拨给艾尔米塔什，1922年正式建立国立艾尔米塔什博物馆，冬宫成为博物馆的一部分。1946年冬宫表面涂成起初的蓝宝石颜色。

在十八世纪的欧洲巴洛克建筑大潮中，拉斯特雷利赋予了冬宫独特的俄罗斯气质。建筑上意大利式的曲回长廊，加之带着北冰洋风味的肃穆方正的空间特征，及至两公里有余的综合楼体；碧玉绿的墙面配上洁白无瑕的立柱，228根科林斯式立柱围拢的柱廊便是向古希腊致意的赞美词句，也是罗曼诺夫王室向世人昭告自己伟大的帝国话语。而它们都不是虚设的陈设，而是严格按照数学精度排布的构造，这样才使得冬日夕阳穿透柱廊，绽放在内庭大幕之上的光影，在时光中展演着优美的图画。

冬宫以室内空间作为权力运转的具象。约旦台阶使用的金色的浮雕和血红色的地毯构成了一条以升华为宗旨的神圣权力追求者的朝圣之梯；金色大厅晶莹剔透，重达六吨的大水晶吊灯洒下了万缕光子的权力之色，木雕上贴着几百公斤重的镀金，需要整整十二年时间才能完成，一寸一寸贴上去的砖墙，把沙皇的无上权力描绘成了永恒的艺术形象。

两米厚的墙堡中含有暗道，即使穿过八层以上的中庭，也尚有完全可用的出路，屋顶上甚至藏有通观全城的地堡式的楼房，楼下都设有网络状的地道。这座由彻底防御而构制的空间里却密布着纯粹的人类的心血结晶。冬宫扩建时产生了更多对比性极强的冲突。叶卡捷琳娜二世扩建时，为她建造的小埃尔米塔日里还给做军事用途的塔楼配上了空中花园，这样冷冰冰的楼宇配合着带妆上镜般的翠绿景致，在更大程度上形成了一种既现实又荒谬、既建筑实体又拟人具象化的特殊的建筑对抗理念。

叶卡捷琳娜二世于1764年购得柏林戈茨科夫斯基的225幅油画，原本也许未曾想到她将开启艺术史的一个新时代。女皇用近乎癫狂的态度专注于收藏，如痴如醉，把冬宫变成一艘穿越时空的艺术巨轮。收藏从西伯利亚冰雪中挖掘出来的斯基泰黄金文物，收集拿破仑战败后从法国流散到俄罗斯的法国新古典主义绘画作品，其文字式的藏品目录是一部浓缩版的世界文明史。而这样一种跨越时空、俯仰古今的收藏观念，促成了考古学主导下的系统收藏方式的形成，并引领19世纪的冬宫成为首个基于文明演进序列而布展的现代表演性博物馆。

圣彼得堡艾尔米塔什博物馆（冬宫）

今天，在冬宫里展示了三十多万件文物，这里有达·芬奇的《圣母丽达》、伦勃朗的《浪子回头》，他们是西方艺术双星，特别让人震撼的是展览中的对话空间：敦煌绢画与波斯细密画可以在一起低声诉说，而它们与希腊化时代的黑绘陶、商周时期的青铜器等展品则会安静地隔着玻璃相视而笑；在这幢人工用孔雀石堆砌起来的宫殿里，有来自埃及法老和印度教诸神图腾的现代雕塑，它们被摆放在一起，形成超越宗教、超越地域的历史和现实镜像。

博物馆三楼的远东艺术馆藏有大量的中国文物，其中有200多件殷商时代的甲骨文，公元一世纪的珍稀丝绸和绣品，敦煌千佛洞的雕塑和壁画的样品，黑水城出土的西夏文物与中国的瓷器、珐琅、漆器、山水和仕女图等，以及乾隆的藏画，齐白石、徐悲鸿和张大千的真迹等。

西欧艺术馆是最早设立的展馆，有展厅120余间，主要展示文艺复兴时期的绘画、素描、雕塑。西欧艺术品可以说是艾尔米塔什藏品中的皇冠，收藏有近60万件展品，这里陈列的有达·芬奇的《戴花的圣母》和《圣母丽达》、拉斐尔的《科涅斯塔比勒圣母》和《圣家族》、米开朗琪罗的雕塑《蜷缩成一团的小男孩》，集文艺复兴美术三杰的代表作于一身。此外，在这里还能够欣赏到伦勃朗、鲁本斯、提埃波罗、提香、高更、塞尚、梵高、戈雅、雷诺阿、毕加索等画家的作品，只是把这些画家的名字读一遍，仿佛就可形成一部完整的西方绘画史。

博物馆自身的体量更是宏伟的，它本身就像是一座立体的巴洛克风格的大作品；而350个展厅展示出来的文物只是馆藏文物的约百分之一。假如一位游客在完全无休息的状态下，需要花费足足一个月的时间才能看完博物馆里展出的每一件展品。

1917年11月7日，冬宫成了新旧世界的决斗场，阿芙乐尔号一声炮响惊破了黑夜，曾经无比稳固的堡垒，在风起云涌中轰然陷落，隐身其中的守卫士官生们和革命者达成了一项秘密约定，在最后关头把冬宫中的珍藏之物搬到地下室里藏起来。对于这样的举动，人们肯定要投以狐疑的眼光来审视，但是这里包含着俄罗斯人在一个政治剧变的时刻对于我们所有人反思，无论发生多么大的事变，都要保护好这个国家曾经的文化遗产和文脉。

十月革命后成立的文物保护委员会开创了博物馆运营新模式，列宁指示和托洛茨基签署的《文化遗产国有化法令》，将艺术品的公共性首次纳入法律中；对原来储藏于沙俄帝室内的珍贵艺术品迅即进行了清点编号，在三年内逐步完成了由皇家收藏变为公众收藏的过程。

苏维埃政权建立之初，为了建立苏维埃形象，在冬宫做了艰难的身份转型。20世纪20年代西方封锁，冬宫馆方进行了大胆尝试，创新地举办虚拟展览，以全景画及文献复制品为媒介，坚持了国际间的文化交流；二战时期，列宁格勒被围，馆内员工宁可将展厅地窖变为战时幼儿园，以孩子们天真烂漫的笑声，抵挡那不得不仰望的房顶上的炮火声。正因有了如此破格、大胆而且挺拔的支撑，冬宫才没有沦为另一种冰冷的存在。

历经世事变迁的涅瓦河，水位已几度轮回；沿岸赭黄色腻纹石上建筑的蓝绿彩被岁月渲染得越发厚重；拉斯特雷利规划和营造的拱廊已经历了日月风霜；踏上镶嵌绿松石的青铜浮雕的路段，留下近代文明发展的足迹；既然俄罗斯第一位登基者的宫苑能屹立至今，那必然不会随权力更迭覆灭于难尽消磨的历史洪流中。冬宫并未中止其文明发展之路，它是人类追寻之美的道路，它必定作为时代的艺术品穿梭于历史之上，并在人们向往未来的理想王国，延续其古典复兴之道。

【旅游攻略】

地　　址：俄罗斯圣彼得堡宫殿路堤，涅瓦河畔，毗邻海军部大楼

交通信息：搭乘地铁在海军部站下车，步行约5分钟可达。公交/电车：多条线路途经涅瓦大街或冬宫广场周边站点

开放时间：周日、周二、周四、周六10:30—17:00开放；
周三、周五10:30—21:00开放，周一休息

门票价格：成人700卢布，学生300卢布；每月第三个周四和12月7日为免费日

不容错过：达·芬奇、拉斐尔、米开朗琪罗的绘画、雕塑作品

联系电话：+7（812）710-90-79

/

圣彼得堡斯莫尔尼教堂

圣彼得堡是俄罗斯的“北方首都”，除了其雄伟的宫殿群、威严的广场、繁华的涅夫斯基大街和绚丽的涅瓦河，还隐藏着许许多多远离人世尘嚣的神秘所在，一些特别的地方在普通的旅行指南书里也难以找到，但也给我们带来了亲近了解这座城市的最好机会。

斯莫尔尼教堂是由女皇伊丽莎白彼得罗夫娜（彼得大帝的女儿）下令于1748—1764年建造的。原打算作为斯莫尔尼修道院的主体建筑，因战争的原因而没有建造完成。斯莫尔尼在俄罗斯语中是“沥青”的意思，由于彼得大帝时代在此处建有一个沥青厂，因此这样命名。伊丽莎白年轻时曾在这儿生活过，退位后想隐居于此。

斯莫尔尼教堂是一座美丽得令人惊叹的蓝白相间的建筑，其前身是一座东正教修道院，由意大利建筑师拉斯特雷利设计，他的作品还有冬宫、皇村的叶卡捷琳娜宫、夏宫的大宫殿等许多重要的圣彼得堡地标，这里曾计划建设全俄最高的钟楼，后因资金问题未能实现。教堂的钟楼计划在叶卡捷琳娜二世继位后因她反感巴洛克风格而被取消。斯莫尔尼教堂整体的建筑风格庄严雅致，内部装饰严谨端正，给人一种高雅而又严肃的宗教威严。

修道院于十月革命后被苏俄当局废止，当时的部分修道院作为政府部门办公楼使用。

位于附近的斯莫尔尼宫也曾是十月革命期间列宁的革命指挥部，现在是市政府办公地。这里于1990年恢复了宗教活动，现在，它既是博物馆又是教堂，而且被列入了世界文化遗产名录。

斯莫尔尼教堂为三层建筑，外观如一颗晶莹剔透的蓝宝石一般光彩夺目，它全身呈蓝色和白色，与皇村叶卡捷琳娜宫的颜色相同。它原是贵族女子学院，后改为苏联时期的列宁格勒市政府办公楼，如今是圣彼得堡市政府所在地，也就是现今俄罗斯联邦境内的圣彼得堡的市长、陆军部、内务部仍在使用的办公楼。斯莫尔尼大教堂的样式是典型的巴洛克式加上拜占庭式建筑，是圣彼得堡众多宫殿中最具特色的建筑之一。它见证了时代发展的脚步，成为一处不可错过的地标建筑。

进入教堂就有一种宁静的感觉，在这里可以静静聆听唱诗，感受圣乐的美好。也可以买一根蜡烛为自己或者亲人许下一个心愿，旁边的教堂公园非常美丽，去公园边散步就能感觉到这里的安静和祥和，对于疲惫的心灵来说，是一次很好的洗礼。

彼得大帝之女叶丽萨维塔·彼得罗芙娜·罗曼诺娃被取消王位继承权后，在斯莫尔尼教堂出家修道。1741年，伊凡六世被皇家卫兵的政变推翻，于是她得以继承王位。当时规划将钟楼建成全俄国最高的建筑，但是叶丽萨维塔于1762年去世，计划未能完成。女皇叶卡捷琳娜二世继位后，强烈反对巴洛克风格，钟楼的建筑失去了资金来源，拉斯特雷利无法建成庞大的钟楼。1835年，瓦西里斯塔索夫增建了新古典主义内部，以适应变化了的建筑品味。

今天，斯莫尔尼教堂主要用作音乐厅，周围的修道院建筑由圣彼得堡市

圣彼得堡斯莫尔尼教堂

政府机构使用。

附近的斯莫尔尼女子学校（斯莫尔尼宫）得名于斯莫尔尼修道院。

斯莫尔尼宫教堂的整个建筑呈现十字架平面，中间主穹窿大约有93米，四个角落的小圆顶都是钟楼式的，具有强烈的垂直向上的线条感，教堂正面长220米，主体建筑的两翼向左右伸出，每翼各长40米，组成宫中的主要庭院。20世纪60年代又在正门增建8根壮丽的圆柱和7个拱形门廊，和其右侧巴洛克式建筑风格的斯莫尔尼修道院融为一体，总称为斯莫尔尼建筑群。拉斯特雷利成功地融合了巴洛克式和俄罗斯的“洋葱头”式建筑风格。外面的墙采用的是天蓝和白色结合，金色圆顶华丽高雅，复杂的浮雕、层层叠叠的石柱和大量的弧线作为装饰，是很典型的巴洛克式风格元素。但是因为资金不够，所以当时打算修造的五座圆顶只建造了一座，其他的圆顶没有修建，修道院也没有建完。

1917年十月革命时期，斯莫尔尼建筑群完成其历史使命，成为临近斯莫尔尼宫（原贵族女子学院）。斯莫尔尼修道院内设立了布尔什维克的革命指挥所。1917年11月7日（俄历10月25日），列宁在这里向全国人民发表《告俄国公民书》，宣布了“一切政权归苏维埃”的口号，宣告十月革命取得了胜利。革命胜利以后，斯莫尔尼宫成为苏维埃政权的大本营，一直坚持到1918年首都迁至莫斯科为止。列宁的办公室和起居室都设在斯莫尔尼宫内的二楼，他把会议大厅作为宣誓通过苏维埃政权的中心。

斯莫尔尼教堂由于与信教自由的相关性，以及革命的发展方向背道而驰，在1923年遭到了苏联政府的封闭，但作为位于修道院内的一部分建筑物依然继续在苏联政府内发挥着作用，并且成为圣彼得堡市政府的驻地。列宁作为布尔什维克党的政治领袖和伟大的马克思主义者，在十月革命胜利的进程中发挥着重大的历史作用。四月，起草《四月提纲》，提出“一切权力归苏维埃”的口号，明确提出推翻资产阶级临时政府、建立无产阶级专政的任务；列宁于十月秘密回到彼得格勒，在斯莫尔尼宫建立指挥部，亲自领导和指挥布尔什维克军事革命委员会进行武装起义，命令托洛茨基率领军队作为主攻部队前往斯莫尔尼宫工作，于是工人和士兵代表苏维埃将革命推向高潮。11

月7日上午10点，在射击学校中埋伏的突击队员向冬宫开火，随着塞维托夫号军舰发射几枚信号弹，彼得格勒武装起义成功了，连夜完成了讨伐俄罗斯临时政府的任务。随后，列宁于当日在斯莫尔尼宫签署《和平法令》与《土地法令》，奠定了新政权的基础。

紧挨着斯莫尔尼教堂的是十月革命的“神经中枢”—— 斯莫尔尼宫。这里是一座新古典主义风格的建筑，是贵族女子学院旧址，在革命时期成为布尔什维克建立军事革命委员会和苏维埃代表大会的机关所在地，列宁的办公室和起居室设于此楼二层，起义的号令从这里发出。作为十八世纪典型的巴洛克风格教堂，斯莫尔尼教堂没能参加十月革命，但是斯莫尔尼修道院所处的这一片区域却是权力从教会手里转到革命政权手中的地方，象征着旧帝国和新政权的换岗交接。该委员会是十月革命的具体执行机关，也是布尔什维克党和士兵代表组成的军事最高权力机关，负责制定战役计划、调动武装部队。1917年11月，以斯莫尔尼宫为中心，组织了2万赤卫队员、士兵攻占冬宫，仅花费几个小时就更替了政权，在列宁实施“集中力量打击要害”的政策以及彼得格勒驻军和工人运动的支持下实现了这一奇迹。

社会主义实践的一个历史性飞跃，十月革命建立的第一个无产阶级专政国家为被压迫阶级树立了可资效仿的样板。当共产国际（即第三国际）从革命后的莫斯科诞生时，它引发了世界共产主义运动的新高潮。各国相继建立了共产党，包括中国共产党。

列宁倡导的“民族自决”原则，鼓舞了包括印度在内的非暴力不合作运动，以及在亚洲、非洲的反殖民主义斗争。苏维埃政权从诞生之日起，就打破了欧洲传统的均势，使资本主义世界跟社会主义世界之间产生了长久的对立。列宁的决定，斯莫尔尼宫、军事革命委员会工作的出色进行，使十月革命胜利了，这场革命改变了俄国的历史进程，“红色浪潮”横扫全世界，并深深地影响着人类进入二十世纪后的政治、经济和生活，也为后世留下了众多谜团与课题。

斯莫尔尼宫的会议大厅曾是列宁的演讲之地，厅内保留着白色的大理石墙，二楼工作室里陈列有革命文献资料，十月革命爆发九十年后，斯莫尔尼教堂再次举办了宗教礼拜活动，并成为对外开放的博物馆。游人们可以登上93米高的钟楼俯瞰涅瓦河的风光，也可以到教堂内部去领略一下这里独特的声学设计和别致的巴洛克式壁画。另外，斯莫尔尼宫目前仍然处于禁入的状态，但是它的周围还有它的外围广场以及一座修道院被划定在了世界文化遗产范畴之内。

斯莫尔尼教堂和斯莫尔尼宫无疑是圣彼得堡的象征，一处是艺术瑰宝，一处是伟大革命发源地；两座美丽的大楼矗立在一起，向人们诉说着由君主专制走向社会主义、两派思想相互争斗的时代巨变，也向人们展示着建筑从来都是历史兴衰的见证者，衣冠宇内，如血夕阳，永远应和着朝歌暮鼓，如今依然可以在这临空粉饰下的穹顶之中感受过去那激荡的气魄。

【旅游攻略】

地　　址： 俄罗斯圣彼得堡拉斯特雷利大街3/1号

交通信息： 乘坐地铁到车尔尼雪夫斯基站（Чернышевская）下车乘公交在拉斯特雷利大街站（Пл.Растрелли）、斯莫尔尼街站（Ул. Смольного）下车

开放时间： 11：00—19：00开放；
休息日：星期三

门票价格： 300卢布（登顶可俯瞰全景），内部壁画和博物馆需另购票

联系电话： +7-812-576-74-61

（二）圣彼得堡的其他景观

/

圣彼得堡阿芙乐尔号巡洋舰博物馆

对于十月革命，相信所有人都会有所了解，只是不同年龄的人对它的认知和理解有所不同，我很小的时候是通过看电影《列宁在十月》知道了十月革命，有一艘军舰向沙皇居住的宫殿开炮，工人阶级发动暴动和革命，建立了苏维埃政权……随着年龄的增大，对十月革命、社会主义有了更加深刻的理解后，再回顾当年看过的电影内容，感受和感知愈加深刻。

2018年，我第一次来到十月革命的爆发地——圣彼得堡，走到了位于涅瓦河畔那艘曾经打响十月革命第一炮的阿芙乐尔号巡洋舰的身边。阿芙乐尔号巡洋舰于2016年7月31日恢复为博物馆并正式向游客开放。在络绎不绝前来参观的人眼里，这艘巡洋舰最吸引人的地方或许各有不同，但有一个共识是阿芙乐尔号巡洋舰是十月革命的“历史见证者”。在二十一世纪的舞台上，这艘百年老舰仍坚守着它的“战位”，向人们无声诉说着那段峥嵘岁月。

2019年6月6日中国国家主席习近平在圣彼得堡同俄罗斯总统普京举行会晤。会晤前，习近平和普京共同登上了阿芙乐尔号巡洋舰，并听取相关历史介绍。

习近平表示：“阿芙乐尔号巡洋舰对中国人民而言意义非凡。中国一直讲十月革命一声炮响给中国送来了马克思主义，成立了中国共产党，所以它和中国的这种渊源关系在我们心中是很重很重的分量。”

阿芙乐尔号巡洋舰

1900年，阿芙乐尔号巡洋舰在俄罗斯新海军上将船厂正式下水，1903年7月17日正式建成服役，是唯一保存至今的19世纪建造的轻型巡洋舰。

阿芙乐尔号全长124米、宽18米、排水量6731吨，修长的舰体被漆成黑色，只有3根巨大的烟囱是鲜亮的黄色。泾渭分明的颜色对比使阿芙乐尔号显得格外醒目。

阿芙乐尔号巡洋舰目前仍在俄罗斯海军编制之列，舰上开设的博物馆则隶属于国防部文化局。阿芙乐尔号总航程超过10万海里，曾参加过俄日战争、第一次世界大战和苏联卫国战争。

1905年5月，阿芙乐尔号跟随罗热斯特文斯基海军中将率领的俄罗斯联合分舰队进入对马群岛和日本九州岛之间的对马海峡，并于5月7日与日本舰队发生激战。双方共12艘巨大的战列舰凶恶地把持着主战场，互相撕咬、冲撞着，把巡洋舰们挤到了偏南一隅。阿芙乐尔号全力发动舰上大大小小的40门火炮，率领同伴与日本的16艘巡洋舰打得不可开交。入夜，遭到重创的俄国舰队开始撤退。日本舰队指挥官东乡平八郎海军大将命令鱼雷艇追击。阿芙乐尔号伙同其他两艘军舰突出重围，最后到达了马尼拉，后被菲律宾人解除了武装，扣留了整整一年，直到第二年才被允许返回远在俄罗斯的母港喀琅施塔德。

大败之后的阿芙乐尔号开始了长达10余年的蛰伏。

1917年11月6日，阿芙乐尔号的政委别雷舍夫接到了彼得格勒革命军事委员会的命令：配合赤卫队发动起义，夺取政权。听到这个消息，全舰的人欢呼雀跃。

阿芙乐尔号的当务之急就是控制尼古拉耶夫桥，保障赤卫队向市中心开进的道路畅通。很快，巡洋舰点火起锚，沿河道驶向大桥。因为敌人防守薄弱，革命水兵们轻松取胜，占领了大桥。

11月7日（俄历10月25日）上午10时，阿芙乐尔号上的电台庄严地播发了列宁起草的《告俄国公民书》，向全世界宣布革命军事委员会已经掌握了政权。

穷途末路的敌人以冬宫为据点负隅顽抗，拿下冬宫成了革命成功的标志。阿芙乐尔号的第二个任务就是发出攻打冬宫的信号！

当晚9时40分，别雷舍夫政委果断命令：“舰艏炮，准备！”随着152毫米口径的空包弹被推入炮膛。大家默默地等待着最后的命令。偌大的军舰一片寂静。“放！”别雷舍夫政委的命令几乎是喊出来的。

阿芙乐尔号震天撼地的巨响划破了黑暗。霎时，四周的大炮跟着一起怒吼。一颗颗炮弹在夜空中呼啸，起义的队伍如潮水般从四面八方涌向冬宫。

从1923年起，阿芙乐尔号被正式编入波罗的海舰队的训练舰支队，成为培养指挥干部的场所。1924年列宁在莫斯科逝世。彼得格勒遂更名为列宁格勒以纪念这位伟人。阿芙乐尔号仍随波罗的海舰队驻泊在此，也不再执行战斗任务。

1941年6月22日，德国入侵苏联。9月9日，德北方集团军群的几十个师长驱直入，直指列宁格勒。苏军进行了殊死抵抗。波罗的海舰队接到命令：全部舰炮集中火力支援列宁格勒重要地段的守卫部队！在这场血与火的战斗中，老迈的阿芙乐尔号又一次续写了它的辉煌。

此时的阿芙乐尔，舰炮的射程极其有限。水兵们在不得已的情况下含泪拆下舰上的主炮，并组成了一支共9门火炮的波罗的海舰队独立特种炮兵连，把自己的阵地由水上移到列宁格勒城郊。阿芙乐尔号上，只留下一门舰炮和

圣彼得堡阿芙乐尔号巡洋舰

一个炮兵班自卫。

波罗的海舰队独立特种炮兵连把阵地隐藏在森林背后，瞄准在泥泞中挣扎的德军坦克，沉稳地战斗着。独自停泊在港口内的阿芙乐尔号却因势单力孤，无力抵挡德军的狂轰滥炸，不得不自沉于港湾中。激烈的交火过后，苏军的无畏使德军丧失了进攻的能力和勇气。列宁格勒仍然牢牢地掌握在苏联军民手中。

当第二次世界大战进入尾声，苏联大地上百废待兴。人们首先想到的是那艘革命的圣舰。人们将弹痕累累的阿芙乐尔号巡洋舰的舰体从波罗的海平静的水面下打捞出来，并进行了船体修复。从1948年11月起，这艘传奇战舰作为十月革命的纪念物和中央军事博物馆分馆，永远停泊在了涅瓦河上。

1948年起，巡洋舰停靠在目前的永久锚地。

1956年前，它是纳希莫夫海军学院的教学基地，1956年7月依照海军总司令的指示，在曙光女神阿芙乐尔号巡洋舰上建立了俄罗斯中央海军博物馆的分馆。

1960年8月30日，阿芙乐尔号巡洋舰被列入受国家保护的古迹名单。

1968年，苏联政府授予阿芙乐尔号巡洋舰十月革命勋章。

2014年9月返厂维修的传奇巡洋舰阿芙乐尔号于2016年7月结束了为期两年的修缮维修，重返位于圣彼得堡的永久锚地。巡洋舰离开喀琅施塔得，由4艘拖船牵引，驶向圣彼得堡。涅瓦河上的三座开合桥开桥放行。阿芙乐尔号在涅瓦河上行进时灯火通明，数千名圣彼得堡民众在涅瓦河畔目睹了这艘富有传奇色彩的巡洋舰归来之程。

阿芙乐尔号巡洋舰博物馆

阿芙乐尔巡洋舰现停靠于涅瓦河北岸，艾尔米塔什（冬宫）博物馆的斜对面。前往参观的当天，我和同伴先去参观了俗称兔子岛的圣彼得堡垒，这里是圣彼得堡最古老的建筑，从这里一路向西步行十多分钟就看到了尼古拉耶夫桥旁停靠的阿芙乐尔号巡洋舰。

“阿芙乐尔”在俄语中代表“黎明”或“曙光”，在古罗马神话中是指司晨女神，故该舰又称为曙光女神号巡洋舰。

1917年11月7日晚9时45分，阿芙乐尔号巡洋舰率先向当时的临时政府所在地冬宫开炮，揭开了十月革命的序幕。后来几经考证，现在大家比较一致的观点是，当时阿芙乐尔号巡洋舰只是打了一颗“空包弹”，但其意义依然重大。正是在炮声的指引下，起义的队伍从四面八方冲进冬宫，于次日凌晨完全占领了冬宫。

这艘传奇的巡洋舰，先后经历了三次革命和四场战争。从1948年起，阿芙乐尔号作为十月革命的纪念舰永久性停泊在涅瓦河畔，并成为海军博物馆供游客参观。

2014年9月21日，一百多岁的阿芙乐尔号又被拖往海军部造船厂进行维护和修理，为2017年的十月革命100周年庆典做准备。2016年7月15日大修完毕，重新交付海军，7月16日驶向涅瓦河，此后不久便重新对游人开放。

如今，阿芙乐尔号巡洋舰仍在俄罗斯海军编制之列，舰上的博物馆则隶属于国防部文化局。这里一向是中国游客的向往之处，需要提醒大家的是，停靠的地方，并不是冬宫正对面的河道里，而是距离冬宫两公里之外的涅瓦河对面。

阿芙乐尔号巡洋舰博物馆中目前展出有500多件文件、照片和实物展品，都是关于阿芙乐尔号巡洋舰参与战斗和决定俄罗斯命运的内容。游客在舰船上的参观主要分为两部分，首先是甲板上的战斗设施，最吸引人的当属位于巡洋舰甲板前端的“十月革命炮”了，多数游客会在此与其合影留念。舰艇内部区域设置有展柜，通过实物、照片和文件等展品介绍了舰艇官兵的生活、工作和战斗的情况，同时，游客还可以下到机房和锅炉房等处进行参观。

【旅游攻略】

地　　址： 俄罗斯圣彼得堡位于涅瓦河畔，毗邻尼古拉耶夫桥

交通信息： 从圣彼得堡市中心乘坐地铁至“高尔基站”，步行约10分钟即可到达

开放时间： 周三至周日10：30—18：00开放

周一、周二闭馆，团队票需预约

门票价格：700卢布，学生和儿童可以享受优惠政策

不容错过：十月革命炮

联系电话：7-812-2308440

二 俄罗斯莫斯科

（一）莫斯科的世界文化遗产

/
莫斯科克里姆林宫

克里姆林宫位于莫斯科红场的西侧，是俄罗斯政治与文化的象征，是俄罗斯的标志之一，也是欧亚大陆历史长河中的一座丰碑。

1990年，克里姆林宫和红场被联合国教科文组织列入世界文化遗产名录，世界遗产委员会对它的评价是，由俄罗斯和外国建筑家于14世纪至17世纪共同修建的克里姆林宫，作为沙皇的住宅和宗教中心，与13世纪以来俄罗斯所有最重要的历史事件和政治事件密不可分。在红场上防御城墙的脚下坐落的圣瓦西里教堂是俄罗斯传统艺术最漂亮的代表作之一。

13世纪以来，克里姆林宫就经历着俄国内外的大事变，记录着从莫斯科大公国到如今的地跨欧亚两洲的大国——俄罗斯的发展壮大史，承载着俄罗斯兴衰的历史，也见证了中俄由革命友谊发展至合作共赢的光辉历程。

从1147年建都莫斯科开始，最早的克里姆林宫即在博罗维茨基山丘上筑起一座木质城堡以对抗异族侵扰，当13世纪出现莫斯科大公国的时候，在东正教和王权结合的过程当中诞生了具有持久地位的克里姆林宫，伊凡一世（1329）下令拆毁旧的堡垒建筑用橡木材料重建克里姆林宫，使之成为首都的政治中心，而伊凡三世迎娶拜占庭末代公主索菲娅·帕列奥洛格（索菲娅·法蒂慕洛格吕、索非娅·沃尔科洛马的姑妈，就是阿普西持尔之女、奥特若一世之妻、亚美尼亚女王）之后则完成了“第三罗马”壮举。意大利建筑师菲奥拉万蒂受命为克里姆林宫设计了圣母升天主教堂，这是一座融合了意大利文艺复兴风格的东正教教堂。此后，围绕克里姆林宫主体建筑修建了公爵团楼、换岗亭楼、哨卡等附属用房。以后伊凡三世宫是沙皇接受外国使臣的场所。伊凡大帝钟楼高达81米，是一座纪念性建筑物。

18世纪彼得大帝迁都圣彼得堡后，克里姆林宫一度衰落，但仍是加冕仪式与宗教庆典的圣地。1812年拿破仑焚城事件后，沙皇亚历山大一世下令大规模修复，并增建军械库等新古典主义建筑。

1918年，列宁将苏维埃政权迁回莫斯科，克里姆林宫成为苏维埃最高权力所在地，即俄罗斯总统的官邸。

克里姆林宫是始建于1156年的宏伟城堡建筑。主体以非规则的不等边三角形样式为主体架构，占地27.5万平方米。克里姆林宫巧妙融合了军事防御、宗教仪式和办公空间的功能性布局。外围墙长2235米，有9座兼具防御、象征意义的高塔，东南方向的救世主塔是主门，经此进入红场，通向克里姆林宫核心地带，塔尖的红星和自鸣钟代表了苏维埃时代的思想变革，塔下方是十月革命胜利的标志；西北面的特罗伊茨克塔，通过石桥进入亚历山大花园，这里象征权力与自然的交流，亦是目前人们进入克里姆林宫游览的重要通道之一；东侧为尼古拉塔楼，悬挂过圣尼古拉像，甚至在十月革命中就曾经被炮弹攻击，留下的弹痕十分清晰。1935年，为使克里姆林宫更加辉煌，斯巴斯克塔、尼古拉塔、特罗伊茨克塔、鲍罗维茨塔、沃多夫塔共五座塔装有大小不同的金属片上的五角星，外镶红宝石、金属框，由内透出5000瓦功率大灯。

克里姆林宫内部的核心是以教堂广场为轴心的信仰空间，分布着金色穹顶的圣母升天大教堂，这里是历代沙皇加冕之地，壁画《最后的审判》隐喻君权神授；天使长大教堂中安放着罗曼诺夫王朝前的沙皇陵寝，石棺上的浮雕铭刻着王朝更迭；报喜大教堂是沙皇私人礼拜堂，意大利工匠绘制的圣像屏风彰显拜占庭艺术的余晖。

大克里姆林宫是克里姆林宫中的主要建筑之一。于1838—1849年在旧宫原址上建造，由康斯坦丁·托恩设计，内部呈长方形。将古老的安德烈夫斯基大厅和阿列克山德洛夫斯基大厅联结而成，外观为仿古典俄罗斯式，厅室全部建筑式样多样，配合协调，装潢华丽。内有700多个房间，其中圣乔治厅的白色大理石柱与金色浮雕彰显帝国威严，许多重大历史事件在此发生，宫殿的正中是装饰有各种花纹图案的阁楼，上有高出主建筑物13米的紫铜圆顶，并立有旗杆，节假日则升国旗。早期，第一层除了处理政务的场所以外，全是沙皇私人宫室，白色宽阔的楼梯通往二层各厅，这里有格奥尔基耶夫大厅、弗拉基米尔大厅和叶卡捷琳娜大厅，安德烈耶夫大厅曾是沙皇接见使臣的地方。

参议院大楼的建筑风格是叶卡捷琳娜二世时期的古典主义建筑，现为俄罗斯总统办公区，椭圆厅的圆顶象征权力的集中。进入克里姆林宫参观的游

莫斯科克里姆林宫

客走过此处大多会驻足观望，运气好的话还可能会与总统车队不期而遇。

庭院中摆放有钟王和炮王。钟王高5.87米，直径5.9米，重约200吨，于1735年11月铸成，号称世界第一大钟。钟壁上铸有精美的塑像和图饰，如沙皇阿列克谢与皇后安娜的像，还有五幅神像。但它在铸成后敲第一下时就出现了裂痕。因此它也被称为“世界上从未敲响的钟”。炮王铸造于1586年，重40吨，炮口的直径达0.92米，可容下三人同时爬进。炮前陈列有四枚堆在一起的炮弹，每枚重达两吨。

克里姆林宫不仅是一座皇家宫殿，还是一座大型博物馆和艺术的殿堂。由原来的军械库改建而成的博物馆，收藏有大量的沙皇珍宝，有历代沙皇用过的物品、美术工艺品，以及掠夺而来的战利品。这里的皇冠、神像、十字架、盔甲、礼服和餐具无不镶满宝石，仅福音书封面就嵌有26千克黄金，以及无法计数的宝石；哥登诺大帝的金御座上则镶有两千颗宝石。另外，四座教堂中收藏的文物珍宝也非同一般。教堂中满墙装饰着用黄金做框架的圣画像；圣母升天大教堂内的圣画像则是出自希腊画家的手笔，价值连城。

十月革命发生之后的1918年3月，列宁迁入克里姆林宫，这座曾是沙皇禁区的宫殿变成了无产阶级专政的指挥部。列宁拆除了不少教堂，并把将军械库变成了博物馆，把修道院变成了官邸；克里姆林宫钟楼十字架的位置换成了红五角星，这个形状既是在宣告推翻了“旧世界”，同时也是代表苏联的符号之一。

1920年，在克里姆林宫接见中国代表张斯麐时宣布了支持孙中山的广州政府的政策；1922年7月签订的《中俄解决悬案大纲协定》是近代中国第一个平等条约。1949年12月，毛泽东乘坐专列穿越西伯利亚，首次访问苏联。在克里姆林宫与斯大林与会谈。当时，毛泽东坚持入住斯大林别墅而非克里姆林宫，彰显其独立姿态。1950年2月，《中苏友好同盟互助条约》在大克里姆林宫中的圣乔治厅签署，苏联承诺3亿美元贷款，156个工业项目奠定了新中国工业化基础。1957年，在莫斯科克里姆林宫大会堂落成之际，毛泽东第二次访苏。在“十月革命40周年”庆典上，他提出“东风压倒西风”的著名论断。

21世纪以来，见证了中俄双方战略协作的克里姆林宫是中俄友谊一座忠贞的桥墩。

2001年，《中俄睦邻友好合作条约》在圣彼得堡签署，“不结盟、不对抗”被写入条约当中。2015年，在世界反法西斯胜利70周年红场胜利日阅兵上，身着军礼服的中国军人曾唱着《喀秋莎》，迈着整齐的步伐经过救世主塔楼，中俄军事互信再度升级。

从伊凡雷帝的加冕到列宁的红色宣言，从毛泽东的“一边倒”到普京的“向东看”，克里姆林宫不仅是俄罗斯民族精神的载体，更是欧亚文明碰撞与融合的缩影。

【旅游攻略】

地　　址：俄罗斯莫斯科红场西侧

交通信息：列宁图书馆站、剧院站、亚历山大花园站等，步行5—10分钟可达。

开放时间：全年开放

门票价格：500卢布（门票）；
700卢布（含钟楼）；
1200卢布（军械库）

不容错过：炮王、钟王、军械库中的沙皇珍宝

联系电话：+7-495-6970349

/

莫斯科红场

2017年的夏天，我第一次来到了莫斯科，来到了曾经受到无数早期革命者向往的圣地。

当我随着人潮步入红场的时候，渐次出现的建筑却没有半点儿陌生的感觉，仿佛是再次回到心中熟悉的地方。

莫斯科红场位于俄罗斯首都莫斯科市中心，紧邻莫斯科河与克里姆林宫，是莫斯科最古老的广场，也是俄罗斯历史、文化与政治的核心象征。红场南北长695米，东西宽130米，总面积90000余平方米，大概是北京天安门广场的五分之一大小，呈不规则长方形，地面由青灰色条石铺就，历经数百年仍保持原貌。

俄罗斯的重要国家仪式都会在红场上举行，如胜利日阅兵、总统就职典礼等，在二战中，红场也曾上演过一次著名的阅兵，斯大林亲临现场，参加阅兵的士兵即刻上阵，投入对德国作战第一线的战斗中。如今的红场属于旅游景点、文化场所以及商业中心，吸引着无数游客来此参观游览，红场还会举办新年庆祝活动和艺术展览等活动。1990年，克里姆林宫和红场被列入世界文化遗产名录。

红场上浓缩了俄罗斯过去几百年跌宕起伏、盛衰交替的命运，从沙皇到苏联再到如今的俄罗斯联邦，无论是现在还是从前，这个地方都是俄罗斯人民爱国主义情感的凝聚之地和体现民族大团结的重要象征，可以说是一个盛满圣水的容器。

大约在距今600年前，红场已初具雏形，当时的规模并不是很大。最初的红场并不叫“红场”，而是一个最初为克里姆林宫东北角一侧的贸易集市，由于经常发生大火，而被称为“火灾广场”。15世纪50年代，随红场的改变又加入了沙皇米哈伊尔四世建造的雄伟庄严的教堂。直到1662年该广场才有了新的名字，“红场”，原因也很简单：俄罗斯语的“红色”是“美丽”的寓意。“红场”也因此得名。这片狭长的空间记载了俄罗斯近六百年的光荣和苦难，记载了伊凡雷帝加冕、拿破仑的骑兵铁骑、纳粹德国坦克的碾压和苏联解体，在这里都是现成的事实。它是俄罗斯的政治空间，也是世界历史进程的见证。它不仅是一座殿堂建筑集中的城市中心广场，它更是俄罗斯历史坐标、史书丛林里的巨著。

红场西边是始建于14世纪，成为俄罗斯帝国权力中心所在地的克里姆林宫。1485年，伊凡三世请来意大利建筑师阿里斯托特尔·菲奥拉万蒂，将拜占庭风格的圆顶和文艺复兴时代的要塞工程技术相融合，一共建造了20座钟楼，其中以斯帕斯卡亚塔最为知名。于1491年建成的斯帕斯卡亚塔钟楼高达54米，在任何时候它楼顶的红星都可以把红场上的任何人和事笼罩在光亮之中。塔内密集的地道仿佛让人们看到俄罗斯统治者对于暗权势力的喜爱，从特辖军诞生，再到克格勃的生根发芽，一切也都逃不过红场下的砖石。

红场南端是圣瓦西里大教堂，始建于1555年，是为纪念攻克喀山汗国而建的一首“用石头谱写的圣诗”。关于它的出身还有一则颇具传奇色彩的故事，相传伊凡雷帝最初见到了这个和谐瑰丽的建筑设想时惊为天人，但却怕设计师再为自己复制同样的作品，所以便下令给设计者判处了双目失明的惩罚。因为九个大小不同的“用石头谱写的圣诗”代表着约翰斯拉图的日前列克龙湖上发生的九次激战，实际掩盖了一段血腥的征战史。建筑的内部结构则运用了伊斯兰建筑的几何原理布局，中央一个巨大的圆顶高达47米，正好相当于彼时被称为“用石头谱写的圣诗”的圣母大修道院旁边的高山寺宣礼塔的高度，彰显着当时俄文化吞并异质的文化。

列宁墓位于红场西侧、克里姆林宫的红墙东边，是苏联时期为纪念无产

莫斯科红场

阶级革命领袖列宁而建造的纪念性建筑，由建筑设计师舒谢夫利用简单的几何造型，通过运用不同的材质造成对比效果，使人感到其是整个红场建筑群中最重要的核心部分。两侧则站立着像屏风一样用灰白色的水泥做的观礼台。列宁于1924年去世后，最初修建的列宁墓结构是木质的，之后经历了两次扩建，最后到了20世纪30年代就改造成了花岗岩和大理石结构，整体造型是阶梯式的立方体，上下两层都是用红黑二色石材修筑而成的，这样给人的印象很严肃很庄重。这座建筑主要分三部分，最底下一层是水晶棺的悼念大厅，中间一层是检阅台的基础，上面有一圈由36根柱子构成的柱廊和检阅平台，苏联时期的重要庆典都会在这里举行。

世界首例保存伟人遗体的是列宁，而且现在的维护方式也是需要定期保养，但是到目前为止，还是可以供人们到那里去参观。列宁墓背后也就是克里姆林宫的位置，有很多苏联时期的大人物都安葬在这里，所以这个区域内又有不少政坛要人的墓地。

红场东面是建于1893年的国家百货商店（又称古姆百货），这座玻璃拱顶长达242米的巨大建筑改变了红场冷寂的形象。著名建筑学家亚历山大·波梅兰采夫用1200吨钢材和20万块玻璃巧妙地完成了这项工程，使之成为当时世界上最大的商业空间。

俄罗斯国家历史博物馆位于红场北侧，是一座建筑造型非常美丽且极具新俄罗斯风格的朱红色建筑，主体建筑物的两侧各有一座高耸对称的塔楼，还有装饰性的尖塔、三角檐与拱形窗。博物馆兴建于十九世纪，自1883年正式开馆以来，从未因任何原因关闭过，即使是在“二战”莫斯科被德军包围期间，也坚持开馆，是俄罗斯历史的写照。博物馆设有48个展厅，按年代顺序收藏与排列展示品，截至2024年，博物馆共收藏有文物420万件，其中不仅有超过五十万年的旧石器时代的物品，还有反映现代俄罗斯各个历史变迁的重要展览物。

红场作为俄罗斯莫斯科的核心地标，这里见证了太多的历史瞬间。

观今日之红场，所踏玄武岩石板下皆是昨日帝国、民族的悲哀记忆，拜占庭的末代王室成员曾经逃到此地，她带走了一个双头鹰的小徽标；拿破仑的军队进攻俄国的时候，在这里留下不少铁马的蹄痕。在苏联卫国战争的时候，红场上碾压出一道道坦克履带的印记，又抹去一层彼岸人殷红的血液……红场是个神奇的地方，她是荣耀民族精神的圣堂，同样是曝光人类恶欲的大厅；她将多少君主豪强威势展露无遗，同时也见证无数革命之风在她的脑际狂荡飞舞！

当暮色降临，斯帕斯卡亚塔的钟声再次响起，红场依然在书写新的历史篇章，在传统与现代、权力与民生的永恒张力中，继续演绎着属于俄罗斯的文明史诗。

【旅游攻略】

地　　址：俄罗斯莫斯科市中心，毗邻克里姆林宫

交通信息：搭乘红线、绿线、蓝线地铁，在猎人商行站下车，出站后步行3—5分钟即可到达。

开放时间：全年开放；

休息日：遇特殊节日或活动，红场会采取封闭措施

门票价格：免费

不容错过：圣瓦西里教堂、俄罗斯国家历史博物馆、喀山教堂、俄罗斯公路0公里标志等。

联系电话：+7-495-2924019

/

列宁墓

列宁墓是莫斯科的一大名胜，坐落于莫斯科红场西侧，在那里伫立着一座令人费解的呈正方形凸面的深红色花岗岩建筑，一座长满苔藓的灰色卷轴形状的丘陵，一副站在克里姆林宫白色宫殿和古姆百货商店上方、静静靠在窗口的模样。

列宁墓是一处由零下16摄氏度隔绝开来且面朝外部的世界之景，从这里

开始到砖红色宫墙之间是一张人体地图，而向上缓缓延展的台梯则构成一副金字塔的图案：20米高、12米厚的阶梯形金字塔内部是二十世纪最炙手可热的政治人物的身体存放处，他的名字叫弗拉基米尔·伊里奇·列宁，二百年以来最为重要的无产阶级领袖之一，世界现代史上保存时间最长的领导人遗体。

1990年的时候，列宁墓就已经被收入世界文化遗产名录了。列宁墓的设计师是阿舒谢夫（1873—1949年），当年其从67个设计参赛作品中获得胜出资格，受哈特谢普苏特女王陵和玛雅金字塔建筑风格的影响，最终形成了列宁墓的建设风格。列宁墓建筑材料为产于卡累利阿的赤石英岩，是大约18亿年前在地球上形成的一种矿物质，在日光照射下显现出红色，十分炫目，运用象征手法，含有象征红色政权的意思。而铸铜的金字塔尖上部则镶嵌着源自乌克兰日托米尔矿区的黑长石晶体，内部通体呈银白色，再加上闪闪发光，就是运用象征手段象征“共产主义普照世界”，一语双关，阿舒谢夫因设计了列宁墓而被授予“苏联功勋建筑师”荣誉称号。

从整体上看陵墓外观是阶梯状的三个立方体。其外形底部是稳重的石基座，然后是台阶，向上逐级收小，其上是通往检阅台石级的平座。再往上是五级不同高度的台阶和由36根柱子组成的柱廊；顶部是两级阶梯状的平顶，这里是检阅平台，全民节日时在此检阅游行队伍和武装部队。检阅平台两侧是灰色大理石砌成的观礼台。由于陵墓造型简洁、朴素而庄重，又位于斯巴斯克钟塔横向轴线与克里姆林宫墙纵轴线相交处这一显著位置，从而成为红场建筑群突出的中心。

沿黑色大理石台阶而下，转弯即进入陵墓中心悼念大厅。大厅四周环镶红砖，墙壁上有用花岗石雕刻的苏联国徽和国旗。墓道是一级级向下的很长的台阶，墓室中央即是那个闻名世界的水晶棺。石室内朦胧不亮，宁静而神秘，室内所有的光线都是从水晶棺里扩散出来的。而水晶棺内的光线也不亮，好像深夜里室内的灯光，柔和地照耀着仰面躺卧、神情如睡的列宁的身上。这光线只有在穿透水晶棺时，在水晶板材的边沿的锐角处折射一条条极亮的细线。

列宁的遗体安详地仰卧在铺有红色党旗和国旗的水晶棺里，他身穿黄色上衣，胸前佩戴一枚红旗勋章。列宁身高只有1.62米。但他躺在那里却不显矮小。他脸上的神气自然而平和，那种安睡般松弛的状态非常逼真，很像活着而睡着了的样子。尽管他皮肤的质感看上去有一点儿缺乏弹性，面色却幽幽泛光。他的双手，左手习惯般地微微握着，右手似是不自觉地松开。这两只手摆在黑色带红边的缎面的被盖上，十分生动。而且与他脸上的表情和谐一致。

1924年1月21日列宁在莫斯科南郊的庄园中去世，他的大脑被制成切片送往科学院做解剖检验，心脏被浸泡在福尔马林罐中成为伟大导师永不衰败的精神火炬，面对万众举旗哀悼领袖遗容的要求，当时的政府冒着零下30摄氏度的严寒，在肖国公坟地搭建一个简易的小棚子当作列宁大墓，这个自发的小范围崇拜，竟然激发了百年来不绝的防腐实践和理想之光。

在生物化学家鲍里斯·兹巴尔斯基带领下，这位伟大的斗士被放入每周使用两次的仿生循环系统，将遗体浸入含有甘油、醋酸钾、氯化钠等成分的溶液里，并注入体腔内以维持肌肉紧张度和用隐形眼镜保持眼睛湿润。这样

莫斯科列宁墓

就造就了我们今天所见到的那个神情安然、淡粉色的脸庞，胡子上甚至还能看到细小的冰晶。直到2003年被进行数字化扫描的时候，人们才得知其全身只剩下了23%的组织，其他地方则是用蜂蜡和硅胶代替，成了名副其实的现代“都灵裹尸布”。

瞻仰者需要绕室逆时针走上48级台阶，瞻仰时要极力摒弃自我，禁声禁语。列宁遗体呈15度角倾斜，这个角度以光学测量为准，因为在瞻仰列宁的过程中，会有这样的幻象，列宁好像在注视着自己。建筑群空间叙事更为空灵，列宁墓相对于斯帕斯卡亚塔钟楼敞开，每个整点由钟楼传来的奏响着《国际歌》的声音都会在列宁墓室墙体里回荡。

列宁墓的西侧是革命烈士骨灰陵，这里长眠着斯大林、捷尔任斯基等人；而东侧为古姆百货的老式外墙，20世纪90年代的霓虹灯光投射到覆盖有赤石英的墙面上，显示着后现代意识形态图景下的拼贴。

从一开始，这个陵墓就是俄罗斯身份认同的旋风眼中心。二战期间，德军逼近列宁格勒之时，斯大林即下令用4米厚的混凝土加固这座墓室，并把列宁的遗体搬离，迁往秋明。这一举动显示了苏联出于巩固政权的考虑，有意使用列宁作为国家精神象征，在最危急的时刻也要依靠他来鼓舞人心。

20世纪90年代在“去共产主义化”浪潮下，社会学调查所发现的情况是，多达43%的俄国民众反对迁葬列宁，不是怀念曾经的苏联制度，而是视列宁墓为苦难的历史物质见证。2017年出现更大范围民众自发掀起守夜抗迁葬活动，活动中从各地涌来的万余名老人守夜哭喊“不许动我阿夫丹良”，也就是“我的伊里奇”。

普京时期的弥赛亚处理显然带有很强的政治意图，政府每年都向革命英雄人物的陵墓拨款维修，但却容许反对者围绕其墓地搞抗议活动。即使教科书从列宁的革命学说中剔除了对他和苏联党首的一些丑化说法，但是红场阅兵式的观礼台也依然建立于他的陵墓之上，如果要彻底地终结布尔什维克及苏维埃，那么这一复杂的情境就不能继续存在了。

列宁墓旁安葬的名人

克里姆林宫红墙与列宁墓之间整齐地排列着二十几座大型墓，这里安葬的都是苏联时代功勋赫赫的人物，克里姆林宫红墙上还密集地安葬着众多苏联时期的名人，列宁墓后独立安葬着十二位苏联领导，它们共同组成“名人墓”。

名人墓以三种方式安葬：

第一种是大型石砌墓，安葬有众多从十月革命到卫国战争时期的阵亡将士。

第二种是大型单体墓，分布在列宁墓的后面，棺盖上平放一块黑色大理石板，上边刻着他们的姓名与生卒年月，均为十月革命以来的苏共领导人和重要军事将领，包括苏斯洛夫、斯大林、加里宁、安德罗波夫、捷尔仁斯基、勃列日涅夫、斯维尔德洛夫、伏龙芝、日丹诺夫、伏罗希洛夫、布琼尼、契尔年科，每人的墓上均有石刻半身雕像。

第三种是墙葬，即将骨灰盒安葬于克里姆林宫外墙上，其外装饰以墓碑，内中不乏众多历史名人，如苏联元帅朱可夫、作家高尔基、科学巨匠库尔恰托夫、人类历史上第一位宇航员加加林等。

1953—1961年，斯大林的遗体曾与列宁一道安葬在列宁墓中，1961年10月31日，被移出列宁墓。现在，他的遗体葬在列宁墓与克里姆林宫墙体之间的“名人墓”区中。历史仍给他一个位置。那是因为他在“二战”中建立的不朽功勋，至今依然被俄罗斯人牢记不忘。

【旅游攻略】

地　　址：俄罗斯莫斯科红场西侧

交通信息：搭乘红线、绿线、蓝线地铁，在猎人商行站下车，出站后步行3—5分钟即可到达

开放时间：周二至周四10：00—11：00；周六13：00—14：00

门票价格：免费

不容错过：世界上第一位遗体保存的伟人——列宁

咨询电话：+7-495-6235527

/

谢尔吉耶夫镇(金环小镇)

在近年的俄罗斯旅游中，莫斯科周边的金环小镇吸引了大量游客。这些环绕在莫斯科北部的“金环”历史小镇，串联成一条展现俄罗斯千年文化与宗教传统的经典旅游路线。金环的名称源于其环状的分布形态，其中核心小镇包括距离莫斯科70公里的谢尔吉耶夫镇，它是俄罗斯东正教的精神圣地，以世界文化遗产圣三一修道院为核心。其建筑群融合了14至17世纪的巴洛克与古典风格，见证了沙皇时代的宗教与政治变迁；弗拉基米尔曾是弗拉基米尔-苏兹达尔公国的首都，保留有12世纪的金门、圣母升天教堂等遗迹，其中的金门是中世纪唯一保存的城门，建筑风格兼具蒙古与罗斯特色；苏兹达尔以木结构教堂和田园风光著称，历史上曾是多个公国的首都，现有200余处宗教建筑，被称为“露天博物馆”。此外，还有雅罗斯拉夫尔(木构建筑的代表)、罗斯托夫(最古老的城市之一)等，均保留了蒙古入侵前的古代遗迹。

金环路线目前已经扩展至20多个城市，游客可深入体验古罗斯建筑、手工艺及宗教文化，感受俄罗斯民族精神的根源。

2018年的夏天，我在莫斯科度过了两周的假期，其中抽出一天的时间和朋友一道前往了金环小镇谢尔吉耶夫镇，在那里游览了以圣三一修道院为核心的城堡，以及当地很有名的一家玩具博物馆。

谢尔吉耶夫镇在俄罗斯的文化与历史中占据着十分特别的位置。该城市的名称有着很深刻的意味。首先，它与俄罗斯杰出的精神领导者圣谢尔盖·拉多涅日斯基的名字有关，这位圣者在几个世纪以来接受俄罗斯东正教的礼拜。谢尔盖于1345年在莫斯科郊外建立了这所修道士的僻静住所，之后发展成为一所修道院，围绕修道院的地方又逐渐形成了小镇。小镇里集合了与修道院日常生活有关的不同阶层的百姓。其中有大量手工艺者及其各行业的工匠。直到今天，修道院一侧的城墙下仍然保留着一处艺术品市场，里面陈列的各式作品都是由本地工匠制造的，大多为木制装饰品。

谢尔盖三一大修道院与其周围富有乡间格调的风景有机结合，在几个世纪中逐渐形成美丽、壮观的建筑组群。其中最早的建筑出现于15世纪，最晚的建筑如巴洛克风格的钟楼，修建于18世纪。大修道院的景观被视为一种多样性，同时具有一致性的俄罗斯文化的特殊象征。

大修道院是俄罗斯国家精神的象征，见证了很多重大历史事件。16至17世纪，在大修道院外修建了防御性的城墙。17世纪初期是极其混乱的时代，大修道院的保卫者成功地抵挡了来自波兰和立陶宛的武装干涉与围攻；在17世纪末期，年轻的彼得一世曾两次在此避难。

要塞城墙上的11座塔楼修建于17至18世纪，除了具有防御功能外，更多体现在它的装饰性作用上。在城墙的一个角落处有一座被称为鸭塔的塔楼，据传，彼得一世曾在此用枪射击飞到附近池塘的野鸭。

从14世纪中期以来，修道院的创建者就受到大众的敬仰和礼拜，大量优

莫斯科谢尔吉耶夫镇（金环小镇）

秀的知识分子、艺术家、社会名流以及重要的政治活动家、富裕的氏族等不断向修道院贡献钱物。目前大修道院的圣器收藏室和谢尔盖耶夫镇国家历史艺术博物馆拥有大量独一无二的珍贵收藏品，其中最有特色的是具有高超技艺的珠宝匠和刺绣女工创作的作品。大修道院建立之初即已成为文化中心，创立了书本抄写措施，最有天才的文学家，如叶皮凡尼智者和马克西姆·格雷克，曾在修道院里工作过。

除了有圣三一谢尔盖大修道院外，这里还有很多一流的名胜古迹，如周五水井小礼拜堂（即圣帕拉斯杰娃小礼拜堂），是十七至十八世纪之交唯一保留至今的建筑，体现了莫斯科巴洛克风格最典型的特点。

谢尔盖耶夫镇中最经典的建筑物莫过于城市中心的圣三一谢尔盖大修道院。钟楼是修道院最高的建筑物，也是全城最显著的建筑，从城外很远的地方就能看到它。钟楼总高80米，采用了自下而上逐层收缩的方式建造，是十八世纪成熟的巴洛克风格的罕见代表。据史料记载，谢尔盖还在世的时候，修道院的主体建筑基本是木制的，当时唯一的石制建筑物是最早的三一大教堂，而它并没有完整地保存下来。

谢尔吉耶夫镇中规模最大的建筑是安息大教堂，在基本的比例与结构上，它与莫斯科克里姆林宫中同名的大教堂一致。安息大教堂的外观最引人瞩目的特点，是它以壁柱分割的，朴素装饰的正立面。圆顶采用了洋葱头形状。中间的圆顶为用镀金涂盖，四角的圆顶为深蓝的背景上使用了星星形状的镀金装饰物。安息大教堂内的壁画为雅罗斯拉夫尔画派的内饰壁画，华丽而多层的圣像壁起源于十八世纪末期。

大教堂西北侧，有戈多诺夫氏族的大墓穴。因戈多诺夫曾当过该修道院的保护人和捐赠者，他的遗骸被从莫斯科克里姆林宫内的天使长大教堂中迁移过来。

安息大教堂的一侧，有留明商人出资修建的喷泉池，外形充分体现了当代人对于古代俄罗斯艺术性的认识。

小礼拜堂与宏伟的大教堂和钟楼形成鲜明对比，规模不大但外观装饰却异常丰富，其轮廓是莫斯科巴洛克风格的典型例子。在修建喷水池的同时，还创造了先驱圣约翰门上教堂的内部装饰。形成了折中主义风格的建筑群，其内部18世纪末期的塑造术元素与19世纪氛围的壁画、圣像画的学院派风格、圣像壁的帝国风格等都连接了起来。

这期间，按照莫斯科巴洛克风格在大修道院内修建了一排建筑。就是用许多的塑形、色彩与装饰细节的泉上小礼拜堂、位于红门旁边的先驱约翰门上教堂、沙皇房以及带有圣谢尔盖·拉多涅日斯基的教堂的食堂。在大规模修建的后期，修建了安放圣米赫伊遗骸的米赫伊教堂，这是一所不大的两层弧形屋顶的教堂。

三一大教堂为三一谢尔盖大修道院的精神和历史中心，但在规模上它比安息教堂小得多。谢尔盖在世时修建的那座教堂，在1408年被蒙古军烧毁，蒙古军之所以如此痛恨它，是因为圣谢尔盖·拉多涅日斯基在这里为率领俄罗斯军队的德米特里·顿斯科伊进行了祝福，祝福他在有历史意义的库里科沃之战中树立战功。

圣谢尔盖的继承人，修道院院长尼孔牧首修建了大教堂，使它成为陈放圣谢尔盖遗骸真寂的地方。在信仰者的心目中，它跟另一位俄罗斯的圣人，天才的画家安德烈·鲁勃廖夫有着密切关系。尼孔牧首非常了解修建工程的复杂程度，他恳求安德烈·鲁勃廖夫和他的同伴丹尼尔·切尔内担承教堂壁画的施工。这些大师参加了教堂内饰的装饰，因安德烈·鲁勃廖夫绘制了《三圣像》壁画，决定了大教堂在俄罗斯文化中的特殊位置。

三一大教堂的外观也很有特色，这些以十五世纪莫斯科建筑形式修建的，装潢朴素而规模较小的教堂，引起人们特殊的关注。稍微向内偏斜的墙壁，让人产生稳定的感觉，起照明作用的圆鼓状屋顶和半圆形顶端的尖葱形封顶产生的轻快与匀称的感觉很协调地配合在一起。

使用比例和结构上的抽象形式描写出来的《三圣像》壁画，使三一大教堂具有特别的意义。安德烈·鲁勃廖夫绘制的《三圣像》壁画，是全世界艺术的杰作和在几个世纪中保留特殊意义且受宗教崇拜的圣物。在这幅著名的圣像画上，体现了东正教的实质。《三圣像》壁画中体现出世界的双元性，物质与精神的完善一样重要。俄罗斯的圣像画派在其最高的体现物中试图把肉眼能看到的、被大自然亲身引起的线条和颜色的协调描写出来，同时保持着图画的抽象，这与欧洲写生画派在文艺复兴时代中追求的，把视觉的感想在最准确的程度上重现则完全不同。在俄罗斯的文艺复兴时代中，象征性意义与最共同的价值观的体现成为俄罗斯圣像画派最重要的追求。很多人在《三圣像》壁画中首先看到神学对宇宙产生元素协调所有认识的直观反映。《三圣像》在构图上形成象征绝对平衡的圆形，其中心为天使祝福的手，这个器皿不是老年的主人及仆人请路人吃饭所使用的杯子，而是被基督给人类做赎罪祭的供品与经受痛苦的杯，是新约书的圣杯。杯的轮廓不止一次地重复在天使身体中间的空间，又在张开翅膀的素描。这样就着重地指出着结构上的基督宗教的意义，把圣像画上的像解释为新约中的三位一体：上帝父亲、基督儿子与圣灵。《三圣像》是特别受到尊重的圣像画，圣像的绘制者不止一次地完成了被鲁勃廖夫创造的结构的变体，且多亏伊凡雷帝与僧侣的努力，圣像被华丽的黄金所覆盖。这一无价的艺术作品，让我们了解到俄罗斯装饰性美术及俄罗斯工匠精湛技巧的水平。

对于19世纪存世的圣像画作品，人们对其历史与艺术价值的评价，其实并不重要。二十世纪初期，当人们对安德烈·鲁勃廖夫的《三圣像》进行修复时，把遮蔽圣像头脸以外各部的金属片从画上卸下，且对后期的重绘进行周密的清除后，观众才得以看到天才画家绘制的画作的原貌，使人感到无比震撼。

存有圣谢尔盖·拉多涅日斯基的圣体的白银制造的圣髑匣，贮藏在三一大教堂里。这件装饰性美术的杰作是按照伊凡雷帝的命令于1585年而打造的。在18世纪中，曾在圣髑匣之上修建了巴洛克风格的天盖。

出于对俄罗斯人心目中的神圣遗物的崇拜，大量的朝圣者来到三一大修道院，修道院内的窗户经过精心的设计，不让强烈的光束照进来，在观众不易看出的状态下，产生符合俄罗斯东正教的神秘效果。经过一百多年，在大教堂旁边加建了尼孔祭坛，这座建筑的外观上，用更小的规模和更轻快的比例发展了三位一体大教堂的塑形概念。祭坛成为存有第二位大修道院院长尼孔的圣髑匣的贮藏库。

对于俄罗斯的文化，17到18世纪之交是中世纪结束的时代。传统艺术的末期显得璀璨异常，艺术形式的装饰性达到了巅峰。体现在建筑正立面上大量不同形式的细节装饰，包括窗贴脸、半附墙柱束、有涡旋花样的柱子、檐口、花栏杆柱，同时，墙面材料选用了涂釉的马约里卡瓷砖等。当时采用的一种特别普遍的技术是钻石粗面石饰的多色壁画，是一种模仿以切割的彩石为砖砌体的技术。

1920年，三一谢尔盖大修道院被政府关闭。在其建筑里面设置了历史美术博物馆以及其他机关，将建筑的一部分改为了民居。

从1946年起恢复在安息大教堂里举行复活节礼拜以来，开始了复活大修道院的过程。在俄罗斯正教会的生活中，这所已经恢复的修道院继续发挥着作用。1971年、1988年及1990年在这里举行了宗教问题会议。从俄罗斯各地和近海外及海外的成千上万的朝圣者聚集到大修道院来。从1814年开始，在大修道院里组织了莫斯科神学院，它是俄罗斯最老的高等学校，于1685年在莫斯科奠基。1812年遭遇火灾以后，神学院被迁移到大修道院，布置于十七世纪的原沙皇的房屋里。莫斯科市的神学院和宗教中学主要培养教士、神学学校的教员及神职人员，宗教中学还有附设的摄政学校与画圣像学校。

2003年10月，波罗的海工厂为三一谢尔盖大修道院铸造了一口大钟，是俄罗斯所铸造、可运行的最大的钟。大钟重72吨，高度4.55米，直径为4.5米。除了硕大的体型，还有非常好的音响效果，钟体表面带有经过精细加工的雕塑的装饰铭文。

【旅游攻略】

地　　址： 莫斯科东北约70公里处

交通信息： 从莫斯科出发，可以乘坐火车前往谢尔盖耶夫小镇。出发站为雅罗斯拉夫火车站，单程约1.5小时；亦可包车前往

开放时间： 圣三一修道院通常在早上5:00—21:00开放

门票价格： 450卢布

不容错过： 圣三一教堂

咨询电话： +7－496－5405334

/

新圣女修道院及墓地

被誉为“千顶之城”的莫斯科承载着俄千年历史的沧桑变迁；而在莫斯科南部的一片红墙金顶、肃穆宁静的建筑群落中，新圣女修道院和公墓中还收藏着更多的俄罗斯往事，千百年的浓墨重彩在这里汇集融合成了不一样的风云画卷。漫步莫斯科新圣女修道院与公墓，赤足高耸之塔楼、风蚀斑驳之墓碑、旖旎欲仙之雕像映入眼帘，见证了一个个专属于沙皇俄国与苏联时代的英灵风骨。

新圣女修道院建筑群作为2004年入选的世界文化遗产，世界遗产委员会这样评价道:“新圣女修道院坐落于莫斯科的西南面，建于16至17世纪，是莫斯科市纳入防御体系的一系列修道院建筑的一部分。该修道院与俄罗斯的政治、文化和宗教历史直接相关，同莫斯科的克里姆林宫紧密相连，供沙皇家族及贵族的妇女使用。沙皇家族的成员和后代也被埋在修道院的墓场。该女修道院的内部装饰华丽，收集了重要的绘画艺术品，是俄罗斯最高建筑成就的典范。”

新圣女修道院建于1524年，以纪念莫斯科大公瓦西里三世打败拉脱维亚大公，并夺回斯摩棱斯克城。

它不仅是神庙还是军事要塞，外有高耸的城墙、护城河、箭楼、角楼等军事设施组成的整个莫斯科西南防线。到了16世纪，修道院曾经多次成功抵御外敌入侵，成为保家卫国的重要屏障；直至17世纪末才形成了这座建筑风格完全意义上的完整形式，并逐步成为沙皇家族女性成员的避风港或流放所，成为当时的社会权力斗争的羁押所，如著名的彼得大帝的姐姐索菲娅公主就曾经被囚禁于此。据说是因为1689年她发动政变而失败，被关押到修道院长达15年之久。这也使修道院的塔楼充当了结咒加身的组合。

16至17世纪将俄罗斯风格融会贯通于建筑造型之中，红白色高塔及围墙使人联想到中世纪古的城堡。修道院核心建筑为修建于1525年的斯摩棱斯克大教堂，教堂顶部彩色穹顶坐落在深棕色的墙体上，周围有众多百年老树

莫斯科新圣女修道院墓地尼古拉·奥斯特洛夫斯基的墓

环绕。

修道院建筑群为俄国中世纪建筑代表作之一，红白墙的尖塔共有12座。高耸的白色的“索菲娅塔”是最具标志性的建筑，尖塔呈八角形的塔身集成了拜占庭和莫斯科巴洛克两种风格。

走进庭院，会看见一座闪耀着金光的斯摩棱斯克大教堂，其内部保存着十七世纪留下来的壁画，有描绘圣母玛利亚故事的，经历了几百年，颜色依旧五彩斑斓，绚烂夺目……修道院有个花园池塘，是春天赏樱、秋赏枫叶、冬日瑞雪的绝佳之地。楼上楼下、花园池塘，无论是哪一种人都能找到适合自己安心居住和放松心情的地方。

新圣女修道院公墓曾是贵族、教士的墓地，后来向俄罗斯各界精英开放，是“俄罗斯的先贤祠”，大量名人安葬于此。在占地7.5公顷的土地上静静地长眠着约2.6万人。其中有各种流派风格的作家、诗人们，有揭露社会现实的现实主义者，有提出美学思想的美学家，还有航海家、作家……他们和俄罗斯土地休戚相关。而且，在这里各人的墓穴均根据其本人的事迹与成就加以塑造，形成了独具特色的“俄罗斯墓园文化”。

这里安葬的著名人物包括：

安东·契诃夫：“短篇小说之王”这一纪念碑很简朴而严肃，这一方用铜制的雕像好似在描写他捧着一本书思索着《樱桃园》小说一样。

尼古拉·果戈理：他墓碑上的半身像神色忧郁，下面是《死魂灵》里的“笑吧，但要记得哭泣。”的话，据说果戈理尸身早已迁过，头颅也不见踪影。更增添了这个鬼斧神工之作带有几分无限蔓延下去的气息。

亚历山大·普希金：虽然没有安葬在此地，但其妻娜塔丽娅·冈察洛娃葬于这个公墓中，并且这里总有人会用鲜花装点她的墓碑，留下他们对于“俄罗斯诗歌的太阳”未完的爱情。

特别人物：《钢铁是怎样炼成的》作者尼古拉·奥斯特洛夫斯基的墓碑让人为之动容。他半睡半躺，紧闭双眼，还紧紧攥着书卷，好像仍旧伏案疾书一样，石头上的石刻“人的一生应当这样度过……”，无声地传递给人们一种巨大的力量。奥斯特洛夫斯基32岁时双目失明，全身瘫痪，但仍以惊人的毅力完成这部影响一代又一代人的鸿篇巨制，在他的心中他将个人的困厄消弭于人类伟大的精神面前了，在某种意义上说，他的墓碑就是人类意志的精神图腾柱。

尼基塔·赫鲁晓夫：这座苏联领袖的墓碑很有戏剧效果，黑白相间的大理石板相互拼接，表示此人的一生功过参半。当时这座纪念碑正是由曾遭到过赫鲁晓夫批判的涅伊兹维斯内来设计的，在用艺术的形式融化仇恨之后，创造了一次奇迹。

鲍里斯·叶利钦：俄罗斯第一位总统的墓碑是竖立着的一面迎风飘扬的俄罗斯国旗，这种红、蓝、白相间的石材也是在致敬这位老人的伟大贡献和值得被讨论的地位。

谢尔盖·普罗科菲耶夫：著有《彼得与狼》的世界著名作曲家的坟茔周围铺满了乐谱符号。

柳德米拉·帕夫利琴科：在苏联女狙击手的墓碑之上，塑有一个手持武器的人像，据统计她曾在二战中杀死过309名德国人，被德国兵称为“死亡夫人”。

芭蕾女神乌兰诺娃：她的墓碑是裙摆飘飘的一袭洁白的舞裙，随时会随着微风起舞吧。

漫画大师库克雷尼克塞：将墓碑的两面设计为一块巨大的画板与调色板，来纪念这位曾经用手中的画笔来为时代绘图的人。

新的圣女修道院和墓地是莫斯科最为幽远的所在，而圣母礼拜堂里躺着俄罗斯的光荣与耻辱，镌刻着俄罗斯的光华与人性，无论是索菲娅公主在囚禁之窗唉声叹气，还是奥斯特罗夫斯基病倒在圣像前，抑或是赫鲁晓夫的黑白相间的墓碑都不曾消逝过英雄的回响，一切往事将会褪色，只有石头和文字才能长存地歌颂这一切。

今天，新圣女修道院不仅仅是一所修道院，这里已经改为莫斯科国家历史博物馆的一个分馆，成为仅次于克里姆林宫和特列季亚科夫美术馆的莫斯科第三大旅游景点。

【旅游攻略】

地　　址：俄罗斯莫斯科新圣女修道院旁
交通信息：搭乘地铁1号线在运动站下车，步行10分钟即达
开放时间：全年9：00—18：00开放
门票价格：300卢布
不容错过：果戈理、契科夫、奥斯特洛夫斯基、女英雄卓雅、赫鲁晓夫等名人墓
联系电话：+7－499－2466614

（二）莫斯科的其他景观

/

莫斯科列宁庄园

在莫斯科东南郊外30公里处，白桦林掩映着一座新古典主义风格的乳白色庄园——高尔克庄园。这里没有红场阅兵式的喧天声浪，没有克里姆林宫密室的阴谋气息，只有冬日的积雪静静覆盖着希腊式立柱与意大利大理石台阶。这座被称为“列宁庄园”的建筑群，既是布尔什维克革命导师最后的栖居地，也是苏维埃帝国意识形态工程的终极实验室。从1921年深秋到1924年寒冬，列宁在此度过了生命中最后的800个昼夜，将病榻变为与死神角力的政治战场，用逐渐麻痹的躯体继续书写着红色理想国的蓝图与裂痕。

庄园的历史可追溯至18世纪末，莫斯科纺织业巨头萨尔特科夫家族在此修建夏季行宫，它的第一任主人是地主贵族斯捷列夫。建筑师弗朗切斯科·坎波雷西将托斯卡纳乡村别墅风格引入俄罗斯，创造出独特的北意大利式建筑语汇。主楼24根多立克柱廊构成的光影剧场，穹顶壁画中宙斯与阿波罗的凝视，地下酒窖储存的1832年的波尔多葡萄酒，无不彰显着旧贵族的奢

靡审美。

庄园建在图罗夫卡河高高的河岸上。庄园的主楼是一幢石质古典主义风格的两层楼，两旁是简单的侧房。它们中间是一个圆形的花坛。顺花坛而下，就可以看到一座幽静的池塘。从庄园可以俯瞰远处茂密的森林、辽阔的草场和河谷迷人的风光。放眼院落上下，池塘、果园、石阶、小桥、长椅……星罗棋布，是那样自然贴切、赏心悦目，让人流连忘返。1917年十月革命之后，庄园的产权被国有化，之后这里成为党内成员度假的地方。

1921年11月，列宁在遭遇第二次中风后迁居于此。人民委员会事务管理局对建筑进行了改造，将水晶吊灯换成铁艺灯具，波斯地毯替换为亚麻油毡，书房增设直通克里姆林宫的电话专线。最具象征意义的是西翼增建的医疗楼，其钢架玻璃结构明显受到包豪斯学派影响，与古典主楼形成强烈对冲——这种建筑冲突恰似列宁主义与资本主义的时空折叠。

莫斯科列宁庄园

从1918年秋天列宁第一次入住高尔克庄园，到病逝于庄园主楼的房间内，列宁断断续续在这里生活工作了近6年。列宁生命的最后6年，是苏维埃政权最危急、布尔什维克最艰难之际。列宁抱伤第一次住进庄园，仅仅20天就匆匆离去。南方危急的战事，反动势力的反攻，百姓的大饥荒……身负重伤的列宁，尽管是那样喜爱着这座风景如画的庄园别墅，但他还是拖着病体匆忙赶回紧张的工作岗位，因为克里姆林宫一刻也不能没有他。

这6年的光阴却是列宁人生中最繁忙、最珍贵、最伟大的，也是他人生征途的最后绝唱！1924年1月21日18时50分，列宁在高尔克村主楼的卧室与世长辞。

现在，这里的一切都保持着列宁生前的模样。卧室、办公室、会客室、图书室、餐厅、阳台……在工作室的写字桌上，有几本俄文版的书和文件。这些都是列宁在戈尔基休养和治病期间完成的。一本书的名字叫《无产阶级革命与叛徒考茨基》。正是在这间工作室里，列宁研读了大量考茨基的文章和他出版的小册子《无产阶级专政》，并做了大量批注。在第一次来庄园休养的约20天时间里，列宁完成了这本书大部分内容的写作。

1922年5月，列宁突发中风，右半身瘫痪。克里姆林宫医生团队实施绝对静养疗法，禁止阅读报纸、限制谈话时间、用吗啡压制头痛。但病人以惊人的意志力开辟秘密沟通渠道，用左手在便签纸上书写加密指令，通过护士娜杰日达·克鲁普斯卡娅传递给托洛茨基。12月再次中风后，他发明了独特的眨眼表决法，眼皮颤动一次代表赞成，两次代表反对，继续操控政治局会议进程。

1923年1月，列宁口授了被称为“政治遗嘱”的六封信件。这些文字在庄园书房完成，字里行间充满隐喻与矛盾，他建议保留斯大林总书记职位；赞扬托洛茨基的才能，又警告其非布尔什维克倾。最微妙的是对布哈林的评价，称其为党的宠儿，但理论认知存在唯心主义残余，这种辩证批判后被斯大林派与反对派同时引为论据。文稿用德文写成，由克鲁普斯卡娅转译时，某些段落被有意柔化，埋下日后权力斗争的引线。

主楼柱廊被改造成露天政治局会议室，医生允许列宁每日在此静坐15

分钟。柱廊地面的48块大理石砖中，有7块留有轮椅刮痕，构成列宁最后政治活动的隐秘轨迹。

列宁在庄园主楼办公室的日历停留在1924年1月21日，这一天就是列宁的心脏停止跳动的日子。卧室里，列宁生前使用的手杖，还静静地摆放在顺手可以拿到的地方，一如列宁在世的时候，墙角的小桌上摆放着列宁逝世时的石膏脸模和手模，与列宁墓中的真人一样。

1949年，列宁逝世25周年之际，列宁故居成为文物保护单位。高尔克村的庄园被命名为“列宁庄园”。1987年列宁故居旁又建成了国家列宁博物馆，与故居交相辉映。

20世纪90年代中期，列宁博物馆增添了新的展品。列宁原在克里姆林宫的办公室和住房被整体迁移到这里的一栋楼房里。这里有克里姆林宫办公室里列宁的专用图书馆，藏有超过一万册图书。在庄园主楼也有一个书房，藏有约4000册各种书籍。

在列宁的办公桌上，最珍贵的物品应该是列宁的名片。现在只剩三张，每张名片上都写着列宁的全名——弗拉基米尔·伊里奇·乌里扬诺夫，他的职务是人民委员会主席。

1991年后，庄园转型为复合型纪念空间，主厅保留着列宁最后阅读的《国家与革命》法文版，侧厅却开设了沙皇家族肖像展；地下酒窖变成“资本主义经济发展史”主题馆，陈列着叶利钦时代的伏特加股票证书。

当夕阳将庄园柱廊的阴影拉长至林间小径，参观者常会产生某种时空错乱感，19世纪的意大利大理石与21世纪的太阳能板共存，斯大林时代的扩音器播放着列宁演讲数字修复版，自动售货机里共产主义牌矿泉水与沙皇牌巧克力并列陈放。这种混杂性恰恰揭示了列宁庄园的本质，它从来不是凝固的历史标本，而是持续重构的政治实验室。或许正如列宁在最后清醒时刻所写：“最重要的事情永远在下一章”，这座庄园将继续作为未完成结构的隐喻，矗立在俄罗斯的精神原野上。

【旅游攻略】

地　　址： 俄罗斯莫斯科南郊40公里处

交通信息： 乘地铁2号线到多莫杰多沃站转乘439路公交车前往列宁山莫罗佐夫庄园，下车步行约15分钟

开放时间： 全年10：00—17：00开放；
星期一闭馆

门票价格： 500卢布

联系电话： +7-977-3112000

/

莫斯科高尔基故居

走过克里姆林宫的斯莫尔纳城门便是宽阔的大街，沿街依次可见莫斯科大学亚非学院、柴可夫斯基音乐学院、俄罗斯塔斯社等单位，穿过街心公园便是俄文的卡恰洛夫街六号，这里就是伟大的俄国文学家高尔基故居纪念馆。这座房子是一幢洋溢着艺术气息的小楼，在这栋小楼里保留着高尔基晚年的生活印迹，存放着最美好的苏联文学黄金时代的故事。

高尔基是二十世纪影响最大的作家之一，在这里度过了他人生的最后五年（1931—1936年），其间创作了大量优秀的文学作品，这里也成为众多高尔基粉丝造访的热门打卡地。

故居建筑是新艺术风格的代表作，建于1900年，由一位当时有名的富商兴建，不久后出售给了另外的买家，直到20世纪30年代初被分配给高尔基。这是对高尔基在文学领域的卓越成就做出的认可，以及对党和国家大力发展文化建设的重大肯定。故居外墙使用淡黄色涂料，塑形精美，有雕塑、有铁艺阳台；故居内里则融合了高尔基个人化的喜好与时代的特点。

进门后首先看到的是门厅，明亮干净的黑白大理石地面可以照出人的身影，墙上悬挂着著名画家列宾、苏里科夫以及伊万·舍宁为高尔基绘制的肖

像画。过道右边的衣帽架上还挂着高尔基生前使用过的礼帽和手杖，就像他曾经出去散步了，并很快就会回来一样，浓浓的生活气息迎面扑来，让我们想起作家在那儿生活的每一刻。

故居一楼的会客厅也是苏联文学艺术的辉煌时刻。这里是一个十分宏大的装饰得金碧辉煌的大厅，可容纳百人在此开会。这里曾经是无数文学沙龙的举办地。一架德国的三角钢琴摆在客厅内的一角，肖斯塔科维奇在这里试演过他的新作，斯坦尼斯拉夫斯基在这儿读过剧本，爱森斯坦就坐在它面前讨论电影的画面构图。

墙上悬挂着多幅珍贵照片：高尔基与托尔斯泰的会面，摄于雅斯纳亚·波良纳；高尔基和契诃夫在一起的照片；高尔基和列宁谈论革命话题等。在一个角落里有一张国际象棋棋盘，该处是高尔基经常和来访的科学家、艺术家们对弈的地方，棋盘上还保存有一个残局，这是高尔基临终之前下的最

莫斯科高尔基故居

后一棋盘。

会客室内的餐桌非常精美。餐桌上摆放着餐具瓷盘，墙边有外国朋友赠送的酒柜。高尔基为人客气、和蔼，经常在会客厅招待世界各国的文化界人士。在展柜里展示的完好无缺的名人签名本里有罗曼·罗兰、萧伯纳等人的名字。

故居的二楼上有一个书房，几乎是整个故居的精华所在，书房大约有五十平方米左右，采光很好，三面都是放满了高尔基亲自整理的各类图书的大书柜，收藏有近12000册图书，包括大量的俄罗斯经典作品、哲学、历史及自然科学等类别。可见高尔基读书之多，涉猎之广博，可洞见其不停地探求知识的广阔心胸。

书房中央放着一张大大的橡木书桌，桌面上放置着钢笔、墨水台、放大镜等文具，其中最突出的是特制的旋转书架上摆放着的高尔基在创作的《克里姆萨姆金的一生》的手稿。讲解员说：当年，作家喜欢站着写作，所以书桌比普通的桌子高10厘米，书桌的桌角上放着个小小的烟灰缸，里面还有一根没有抽完的烟嘴。时至今日，仿佛仍能看见他站在桌前埋头工作的情景。房间里特别珍贵的是一台放在屋子里保留完整的留声机，20世纪30年代高尔基尝试利用先进的录音技术录下民间故事、歌谣；在展柜中可以看到的是当时木质话筒接收到的蜡筒录音带，作家与普通工人在一起谈笑风生，正是他所提倡的“文学要扎根人民生活”的体现。

故居的三楼是高尔基的私人住宅。故居内一层大厅宽敞大气，洁白无瑕；二楼是卧室、更衣间和一个小小会客间，而三楼的陈设显得简单，但淡雅温暖。进入卧房，首先吸引眼球的是一个小小的铁架子床，床头有作家的一个药盒和一副眼镜，墙壁上是作家的儿子和孙子的相片。

更衣室内摆放着高尔基日常穿着的几件衬衫、一件著名而极普通的厚粗呢外套、一双极结实的靴子。世界闻名的大文豪，他最珍贵的东西就是这些衣服而已。只有挂在展柜中的那块怀表和那支钢笔，算是一点儿小小的昂贵之物吧。

该馆最小的一个会客室反映了高尔基作为一名祖父的形象。小屋子的一角放着几辆小火车、儿童积木，这些都是给孩子们预备的。桌上的玻璃框子里摆着孩子们送给自己爷爷的一些画片、纸折东西等手工作品，墙壁上挂满了他们全家团聚的照片，一个平民化慈祥的伟人呈现在观众面前。

故居内还有一座面积达八百多平方米的小园子，那是高尔基亲手设计的。花园里有高尔基最喜欢的橡树、椴树、丁香等植物。园子里的凉亭是作家平日里最爱去的一个角落，在这里，作家时常一边读信，一边思考、构思自己的作品，石桌上的刻字便是作家的至理名言："生活中最美妙的东西，就是人对人的真诚。"

花园尽头有一座小温室，这里是高尔基种植花木的地方，他非常喜爱种植玫瑰。讲解员介绍说作家认为园艺劳动是最能使人放松的一种工作。今天，温室里面还保留有当年的植物，每当春夏，满园鲜花散发出来的芳香沁人心脾，是故居最活泼和充满生气的地方。

故居的地下室设有文献档案馆，收藏了高尔基的部分手稿、信件和私人档案等珍贵文物，其中包含高尔基创作小说《母亲》的过程中修改痕迹最多的原始手稿。而高尔基与托尔斯泰、契诃夫、列宁等著名人物的往来书信，具有极高的历史价值，也是了解俄罗斯文学史非常好的参考资料。

高尔基在世的时候善于读书批注，他在阅读的时候会加上许多自己的想法，有时评论的字数要多于原著的内容；这样的读书笔记反映出了他清晰的逻辑思维能力和对文学深刻的独到见解。

作为莫斯科名胜的高尔基故居，年接待游览者超十万人，其中很多为仰慕高尔基著作的读者，故居定期举办的文学讲座、诗歌朗诵会、国际学术研讨会等活动延续着高尔基以文艺引领民众前进的精神。对中国游客来说意义非凡，早在二十世纪初高尔基的作品就已开始被翻译到中国，包括《海燕》《母亲》等许多作品都深刻影响了一代又一代的中国人，故居留言簿上留言中也以中文居多，有游客留下这样的话语："在这里我们找到了文学的力量。"

除了可以看到伟大的作家留下的生活印记外，在这里更是不难感受到一种永远熊熊燃烧的文学精神。高尔基以自己的作品和人生告诉人们，文学要反映现实，更要照亮现实。作家不仅在拿笔写作，更是以身作则、躬耕不辍。

就像这里的故居一般，犹如一盏永远照亮人们的灵魂灯火，站在那里，就有无数热爱文学、向往真理的人的心灯在这里被点亮。如高尔基所言："文学应该成为人类精神的火把。"而他曾经生活居住的老屋，正可以称得上是那一场真正燃烧起来的熊熊大火。

【旅游攻略】

地　　址：俄罗斯莫斯科卡恰洛夫街6号

交通信息：搭乘地铁1号线在猎人商行站下车，步行10分钟即可到达

开放时间：11：00—18：00开放；

星期一、星期二闭馆

门票价格：600卢布

联系电话：+7（495）697-32-41

/

莫斯科尼古拉·奥斯特洛夫斯基故居

新冠疫情之前的几年，我曾多次前往莫斯科，大多选择暑假期间前往。每次去之前都会大致做一个规划，几年下来，利用地铁和公共交通几乎跑遍了莫斯科的知名景点，也总结出了诸如莫斯科的世界文化遗产、十大博物馆、十大名人故居、十大特色街区等。奥斯特洛夫斯基故居就是我推荐的十大名人故居之一。

苏联著名作家尼古拉·奥斯特洛夫斯基的故居纪念馆坐落在莫斯科特维尔大街北部的一座朴素的灰色三层建筑里，在这里他曾创作出名著《钢铁是怎样炼成的》，这处外观平庸的小住宅却隐藏着一个活生生的生命奇迹，令很多海内外参观者们膜拜。而随着中俄两国之间的文化交流程度不断加深，奥斯特洛夫斯基故居成为中国游客的"红色旅游"的新兴景点之一。

1937年，《钢铁是怎样炼成的》传入中国，很快成为革命年代的"精神圣经"。书中保尔·柯察金的形象激励了一大批中国青年，书中的名句"人最宝

贵的是生命……”也被载入教科书中流传至今。

穿过一扇沉重的大门，时间都停顿了，回到了20世纪30年代，这里展现的是作家生前最后几年的生活原貌，每一件物品都在映射着时间的画面，就连走过那狭窄的走廊到达的那一间不到十五平方米的小屋时，作者也曾在这里与命运抗击到底。

令人叫绝的是床头那精心设计的阅读架，那里是一位四肢瘫痪、双目失明的作家口述《钢铁是怎样炼成的》创作过程中的读书之地。作家的小书桌

莫斯科尼古拉·奥斯特洛夫斯基故居

上摆着过去天天使用的盲文板、录音机等物品，当年录下《钢铁是怎样炼成的》音轨时留下的点点磨痕至今还清晰可见。

桌子上那个老式打字机非常醒目，作家就是在看准视力时用它来写作的；一面挂着作家去世前的肖像画，画中人的脸上神色矍铄，眼睛里仍然闪耀着不灭的光芒；，展柜里展出了多种文字的《钢铁是怎样炼成的》，包括中国的各种版本共有十余种。

人生传奇——奥斯特洛夫斯基

16岁就参加红军，20岁因伤退伍，23岁全身瘫痪，25岁双目失明；医生判定活不过30岁，而他以毅力顽强生活，居然创造了生命的奇迹！

二层展厅应用多媒体呈现作家本人创作的情形：作家奄奄一息，但是依然坚持口述，夫人、志愿者轮流记录；一天只完成几个字、几行字、几十个字……但是他从没有放弃，那句“人的一生应当这样度过，当他回首往事时，不因虚度年华而悔恨……”也印在我当时上学时的笔记里，一位英雄身上发生的故事激励着每一个中国人。

特别复原的夜间创作室。因病痛，奥斯特洛夫斯基每每半夜里思维激荡，为不惊扰熟睡中的家人，他就发明了这套只有他自己知道的独特夜间工作系统，即用自己的手腕挂上一根绳子，有灵感了，就拉绳子叫隔壁屋子里的助手。参观者面前的这套简陋装置竟成了一颗伟大灵魂铮铮傲骨的见证。

如预想一般，刚进入纪念馆参观，已看到来自不同国家和年龄的人群，徜徉在馆内瞻仰先烈；馆内的留言簿上也写下了许多不同国家的文字，其中以中文居多。一位中国老人在留言簿上写道：“年轻时在煤油灯下读《钢铁是怎样炼成的》，今天终于来到保尔生活过的地方，了却了一生的心愿。”

年轻人都特别想看作家本人的生活条件有多艰苦。他们被作者虽然很艰苦但还是很喜欢生活这一点所震惊了。作者所有的私人物品都摆在台面上：收集的邮票、唱过的东西，连试写的诗行都赫然而出，毫无保留地展示给大家，一下让人们对这位铁打的汉子多了一些生动立体和丰满真实的新认识。

现今每天都会有很多中国学者与学生到访故居，不少高校都安排了重读经典相关的文化活动，让学生亲身体验到文学作品的力度。

纪念馆开辟了互动体验区域，如蒙上眼睛写字、通过虚拟现实进入书中描述的世界，尝试书写或者阅读都是体验盲文的方式。借助声控系统朗诵文章等先进的展示方式，在为参观者提供丰富的体验的同时，使经典作品焕发出生机和活力。

故居临窗的纪念墙上有一张作者临终肖像的仿造版，在右下方是用俄语和中文两种文字标注的死亡年月日，时间冻结在1936年12月22日，他是以32岁的英年走完了光辉而伟大的一生。这里似乎还有遗言，“钢铁是在绝热中炼成的……”

回看这样一座朴素无华的建筑，也突然明白了无数远涉重洋的游人们莅临此地的缘由。

这不是一个人的故居，而是一部永不停息的勇气励志大讲堂；不是一人永远住在那里的一栋房子，而是一座辉煌浩荡的大丈夫铁骨铮铮的立体纪念碑；不是一位消逝的巨人留给我们后人的一个居所，而是一座一呼百应的时代精神灯塔；也非中国游客看来仅仅是江南闹市里一处举足轻重且名利光灿的旅游胜地。

奥斯特洛夫斯基以其短暂的生命证明了身体残疾却不能阻挡伟大灵魂的脚步，不可能的人能塑造出钢铁一样强硬的精神来，他是这样做的，在这个多变的时代，《钢铁是怎样炼成的》依旧给我们提出这样的问题：什么样的人生才是有价值的？怎样的人才能具备钢铁一般的意志？

【旅游攻略】

地　　址：俄罗斯莫斯科特维尔大街

交通信息：从红场沿特维尔大街步行15分钟可以到达，搭乘地铁至马雅可夫斯基站下车，步行约10分钟可达

开放时间：10：00—17：00开放

门票价格：450卢布

联系电话：+7（495）629-85-52

/

莫斯科国家普希金博物馆

阿尔巴特街是莫斯科市中心一条兼具历史底蕴与现代活力的步行街，起源于15世纪，全长约1公里，被誉为“莫斯科的精灵”。作为莫斯科现存最古老的街道之一，其方砖铺就的路面与两侧古建筑群展现了浓厚的俄罗斯风情，既有传统手工艺品店、古董铺，也穿插着时尚咖啡厅和精品店，形成传统与现代交融的独特景观。

这条街道分为新旧两区：老阿尔巴特街以民俗文化为核心，曾是普希金、托尔斯泰、莱蒙托夫等文豪的居住地。普希金故居（53号）及其与妻子的青铜雕像至今仍是游客必访之地。街道上随处可见街头画家、弹唱歌手，诗人奥库贾瓦的雕像及《阿尔巴特街之歌》更赋予其诗性灵魂。新阿尔巴特街则以现代商业为特色，汇集国际品牌、娱乐中心与高端餐厅，与老区形成鲜明对比。

周边景点包括斯大林式建筑“七姐妹”之一的外交部大楼、国家普希金博物馆，步行10分钟即可抵达红场。几乎所有的中国团队游客来到莫斯科都会走一走阿尔巴特街，也都会从国家普希金博物馆前经过，但真正能进入参观的少之又少，其实，这里是一处免费开放的景点，只要出示外国人的护照即可入内参观。

国家普希金博物馆由南北两栋二层楼组成，外墙涂为淡绿色，靠北侧楼的外墙上镶嵌着黑色牌子，上面写着“亚历山大·谢尔盖耶维奇·普希金1831年在这里居住”，他是俄国的伟大诗人，近代文学奠基人，被后人尊称为“俄罗斯文学之父”。

游客从南侧楼进入后，再通过地下连廊进入北楼参观。

第一展厅主要介绍普希金青少年时期的莫斯科。普希金1799年生于莫斯科，他在这里度过了童年，接受了最初、最深的生活印象。热闹的广场、大街、形形色色的莫斯科人、宫殿、花园、修道院、克里姆林宫的古老塔楼都给他幼小的心灵留下印记。1811年，普希金离开了莫斯科，考上了圣彼得堡沙皇村贵族学校。别后15年，1826年秋天他才回到旧都。

从1826年开始，普希金差不多每年都来莫斯科，甚至一年2—3次。他一生都对莫斯科充满了热烈的感情。在《叶甫盖尼·奥涅金》《从莫斯科到彼得堡的旅行》抒情诗集等作品中表达他对莫斯科生活的印象。

展厅中的陈列首先包括一系列莫斯科美景的图画，包括法国画家德拉巴尔特创作的版画、莫斯科及郊外的风景绘画以及风俗画，都是普希金时代的画家创作。展厅里还展示有普希金的肖像画稿，是俄国画家特罗平因1827年的作品。丹麦画家格尔特涅尔创作的石印图画向人们介绍19世纪30年代的莫斯科。

第二展厅介绍19世纪20—30年代的莫斯科文化生活。剧院在首都的生活中发挥重要作用。当时的莫斯科拥有皇家剧院和私有剧院。皇家剧团在大剧院、小剧院、莫霍瓦亚街上的帕什科夫楼和娱乐花园表演。最闻名的私有剧院位于兹纳缅卡街，属于阿普拉克辛夫妇。科科什京私有剧院享有盛誉，而在阿尔汉格尔斯克庄园的尤苏波夫公爵家里设有农奴剧院，意大利画家贡

莫斯科国家普希金博物馆

扎戈为该剧院创作美丽布景。

当时的剧院节目多种多样。包括经典悲剧、歌剧、喜剧、浪漫主义芭蕾舞、俄国和茨冈舞蹈、民歌等。莎士比亚、席勒、苏马罗科夫、奥泽罗夫、克尼亚日宁的悲剧以及莫里哀和博马舍的喜剧与连斯基、皮萨列夫等作者的歌舞杂耍表演共存。当时，在贵族会议舞台上举行音乐晚会，莫斯科人的客厅和沙龙里也曾举行小音乐会。普希金经常光顾名流的音乐会，当时许多音乐会、浪漫曲的歌词出自普希金的诗歌。从1821年起，在莫斯科的舞台上开始成功展演普希金题材的剧目。展柜里陈放的就是与此相关的资料。

普希金对莫斯科的艺术生活有极大的兴趣。他的熟人中有尤苏波夫公爵、维格利、莫索洛夫等，他们都藏有为数众多的艺术作品。1836年5月，普希金在莫斯科结识了画作《庞贝末日》的作者布留洛夫。许多有名的莫斯科绘画大师都为普希金创作了肖像。

当时俄国贵族文化的最典型表现是沙龙。从1826年秋天开始，普希金成为莫斯科最有名的沃尔孔斯卡娅文学音乐沙龙的常客。在这里聚集了上流社会的代表：官员、美女、青年人、脑力工作者、教授、作家、记者、诗人、画家等。到处都可以看到艺术与思想的痕迹。普希金在这里见证着伟大波兰诗人密茨凯维奇的充满灵感即兴之作。在这里普希金最后一次会见了沃尔孔斯卡娅。普希金在莫斯科会见了另一位十二月党人夫人穆拉维奥娃，请她把《给普辛的信件》带到西伯利亚。

展厅有普希金在莫斯科许多朋友和熟人的肖像，如年轻诗人韦涅维季诺夫以及拉耶夫斯基、卢任、苏季恩科·梅谢尔斯基、谢列梅季耶夫、索博列夫斯基和纳晓京及夫人等。书桌上是乌沙科娃知名录诗簿的复制品，存有诗人的诗歌和图画。在钢琴上有普希金朋友的《1832年剧本专辑》乐谱。

第三、四展厅的展品主要介绍普希金与莫斯科文学家和记者间的关系。19世纪20—30年代，莫斯科成为俄国文学中心。普希金对独立、有天才的莫斯科文学界兴趣十足，尤其重视得到蓬勃繁荣发展的莫斯科新闻业。当时，在莫斯科同时发行十个多定期刊物，在覆盖社会生活范围和艺术优点上超过圣彼得堡。所有莫斯科刊物都愿意出版普希金的作品。

不过，普希金对莫斯科刊物的态度也不一样。他在一系列刊物上发表作品，但是特别喜欢《莫斯科通报》和《欧洲人》杂志。诗人欢迎年轻评论家别林斯基在《望远镜》报和《传闻报》出版的文章。在《莫斯科电报》上同波列沃伊兄弟辩论，批评德米特里耶夫在阿特纳奥斯杂志上出版的无稽文章，但不愿回应纳杰日金在《欧洲通报》上的攻击。

展柜里的资料主要是当时莫斯科的出版物，其中有莫斯科文学家的作品集。第三展厅里的椭圆形桌子上陈列着普希金在莫斯科共出版的五本书，包括《巴奇萨拉的喷泉》(1824年)、《叶甫盖尼·奥涅金》(1826年)、《强盗兄弟》两版(1827年)和《茨冈人》(1827年)。这些都是普希金的朋友维亚泽姆斯基和索博列夫斯基发行的。

值得关注的是第三展厅里罕见的石板印刷的普希金肖像，由吉皮乌斯于1828年创作。

第五至第八展厅介绍普希金在阿尔巴特街的生活，他从1830年12月5日到1831年5月15日住在这里。

第五厅的资料表现普希金对文学、创作、历史的广泛兴趣。普希金的信件见证其对维亚泽姆斯基的诗歌、巴拉滕斯基的长诗、茹科夫斯基的叙事诗、年轻的果戈理的最初作品、扎戈斯京和韦利特曼的小说、波戈金历史研究的兴趣。同时，普希金还密切关注法国革命、波兰起义等欧洲事件。

普希金曾两次问了维亚泽姆斯基位于莫斯科郊外奥斯塔菲耶沃庄园。展厅中陈列有庄园家具、风景绘画以及维亚泽姆斯基夫人维拉、儿子保罗、女儿普拉斯科维娅的肖像。

展厅的最重要主题是文学家、志同道合者之间的真挚友谊。沙发上面是参与2月17日告别单身晚会的朋友肖像：纳晓京、巴拉滕斯基、维亚泽姆斯基、达维多夫、基列耶夫斯基·亚济科夫以及作曲家韦尔斯托夫斯基和瓦尔拉莫夫。

在第六展厅里可以看到介绍普希金1831年1月23日租用阿尔巴特楼房二层住房以及楼房主人的资料。这里还可以看到涅恰耶夫水的绘画《我们楼房窗外的阿尔巴特街景》和街上的监督官委员会大楼图，普希金1月曾到过这里，因婚礼抵达基斯特尼奥沃村。

第七展厅的主题是普希金和娜塔丽娅·冈察洛娃的婚礼。在举行婚礼之前两人经历了缺钱、拖延、上流社会中的流言蜚语等。这都让普希金担心其生活中即将到来的重大转变。婚礼于1831年2月18日在离此不远的基督升天教堂举行。婚礼之后，一直“居无定所”的普希金终于有了家居、家庭、幸福的感觉。他把这个月看作“光明存在”。他信件中充满对年轻妻子的爱恋。

展厅里可以看到婚礼嘉宾的肖像：尤苏波夫公爵、娜塔丽娅的代理主婚人纳雷什京以及历史家马利诺夫斯基。冈察洛夫家族的肖像引人注目：祖父阿法纳西、父亲尼古拉、母亲娜塔丽娅以及兄弟姐妹德米特里、伊凡、亚历山德拉和叶卡捷琳娜。陈列品包括冈察洛夫庄园的古代家具、农奴乐团的蜡制模型以及两幅反映18世纪70年代俄土战争场景的绘画。

在第八展厅继续介绍婚礼之后普希金在莫斯科的生活。该展厅的展览以1831年5月15日普希金夫人离开莫斯科前往圣彼得堡作为结束。在阿尔巴特街度过的最初3个半月幸福家庭生活已经过去。

二楼住宅为博物馆的主要展示空间。普希金1831年1月23日租住了该住宅，赫列布尼科夫经纪人的1831年登记薄可以证实此事。文件上可以看到普希金的亲笔字。

现在的国际普希金博物馆的楼房维修都是按1806年和1836年的图纸和设计进行的，普希金住宅的空间得到全部的恢复，包括房间的位置和尺寸、楼梯、炉子、大理石镶面的窗台、古代镶木地板。但非常遗憾的是，住宅的内部陈设没有完整地保存下来。二层的展品并非当年普希金生活时期的原物。

第一间展厅为客厅。1831年2月18日在这里举行普希金和冈察洛娃的婚礼晚餐。2月27日新婚夫妇举办第一次晚会，布尔加科夫介绍：“普希金昨天举办了非常好的舞会。夫妻俩请客人吃美餐。她很美妙，他们俩像两个鸽子……大家跳舞跳得很多。对于一贯住小饭馆的普希金突然过起家庭生活，大家都有一种怪怪的感觉。”在其他的展厅里展示有着与普希金家庭有关的珍贵收藏，包括诗人的工作账桌、娜塔丽娅的手工小桌、诗人及其夫人的肖像、圣母圣子像，用于普希金《圣母》诗歌的插图等。

【旅游攻略】

地　　址：莫斯科阿尔巴特街53号

交通信息：从地铁3号线、4号线阿尔巴特街站下车，步行10分钟即可到达

开放时间：10：00—18：00

门票价格：免费

联系电话：+7495637-56-74

/

莫斯科特列季亚科夫国家美术馆

特列季亚科夫国家美术馆是俄罗斯最大的艺术博物馆之一。在大众意识中，特列季亚科夫国家美术馆与圣彼得堡的埃尔米塔日博物馆、马林斯基剧院以及莫斯科的克里姆林宫、国家大剧院一样都是民族文化以及财富的象征。

曾经连续三年的夏天都是在莫斯科度过的，而每次去莫斯科，特列季亚科夫国家美术馆是必打卡之地，每一次徜徉于绘画与雕塑之间，都感觉无比享受，仿佛是把整个俄罗斯的艺术历史读了一遍。

特列季亚科夫国家美术馆的创始人是莫斯科商人、企业家巴维尔·米哈伊洛维奇·特列季亚科夫（1832—1898年），他以博物馆来收集俄罗斯伟大艺术家的作品。通常认为美术馆的历史始自1856年特列季亚科夫收藏的第一批画作。

怀着“始终不渝收集俄罗斯艺术作品”的愿望，特列季亚科夫开始购买画家作品，或是那些已经为民族艺术历史作出贡献的画家的作品，或是与现代艺术进程紧密相关的画家的作品。

特列季亚科夫以“开创让所有人能接触到优雅艺术”为信念，收藏伊始

就决定让自己的收藏为公众所用。

特列季亚科夫的天赋和品位让同代人们震撼，他主要收藏现实主义流派的现代画作，但他也不会错过获得18—19世纪上半叶画家作品的机会，以及古俄罗斯艺术品，他关心的是将自己的收藏转变为真正的民族艺术博物馆。

19世纪60年代末，特列季亚科夫想成立俄罗斯最优秀人物肖像博物馆，这些人物有作家、作曲家和从事艺术事业的活动家，其中包括普希金、契科夫等，在众多博物馆中应该是独树一帜的。特列季亚科夫本着教育启蒙和对19世纪人们世界观有重大现实意义的想法挑选历史上的重要人物。1856年伦敦民族肖像博物馆成立后获得极大反响。

特列季亚科夫博物馆的历史与巡回艺术展览协会的历史密切相关。巡回艺术展览协会创建于1870年，协会聚集了倾向于现实主义流派的画家，他们反映俄罗斯民族生活的事件、性格与俄罗斯历史。特列季亚科夫赞成巡回展览画派成员的看法，这些成员将“为民族重大利益服务”作为自己的艺术任务，希望让俄罗斯民众了解他们的创作。特列季亚科夫则给予他们精神和物质上的双重支持，在特列季亚科夫的思想和价值观影响下，巡回展览画派保留了自己的理想和创作独立性。美术馆内收藏有极为丰富的巡回展览画派的作品。

巡回展览画派成员以外的大师优秀作品也吸引了特列季亚科夫的注意。1874年他购买了韦列夏金的突厥斯坦系列作品。特列季亚科夫很少对经典派画家的作品感兴趣，他对同代人艾瓦佐夫斯基的创作评价一般。刚开始建立美术馆时，特列季亚科夫收集的雕塑和素描画比彩色写生画要少得多。这类作品直到特列季亚科夫去世之后才补充到美术馆中。

最初所有的收藏品都保存在拉夫鲁什斯基胡同里的特列季亚科夫宅邸，这一住所是19世纪50年代初获得的。由于收藏数量的激增，需要为收藏品建立专门的大厅。1874年春天，藏品被安放在两层新建筑内，这一建筑由建筑师亚历山大·卡明斯基（特列季亚科夫妹夫）设计。那时博物馆由两个宽敞的大厅组成，内部走廊将两座大厅与住宅相连，但是有单独的入口，外人可以由此进入参观。为了更大程度地方便公众参观，博物馆于1881年开放。19世纪80年代末，展厅数量达到14个，两层建筑已经从三个方向开放。

特列季亚科夫在1860年的遗嘱中写明了将收藏转赠给城市的心愿。继承人希尔盖·米哈易洛维奇于1892年8月决定将博物馆以及国外和俄罗斯作家的画作收藏作为礼物送给莫斯科，同年9月15日莫斯科城市杜马正式接受特列季亚科夫兄弟的赠送。赠送包括1287幅彩色写生画、518幅素描、9座俄罗斯大师雕塑、19世纪后半叶欧洲艺术家的75幅彩色写生画和8幅素描。1893年8月博物馆作为莫斯科市立艺术博物馆向全社会免费开放。

为表达对特列季亚科夫的敬意，莫斯科特别授予他“荣誉市民”的称号。

特列季亚科夫在去世前整理了收藏目录，该目录包括1635幅绘画作品。莫斯科杜马和美术馆监管委员会应当解决这一棘手问题，在不违背特列季亚科夫的愿望前提下，又继续扩大博物馆。监管委员会中有著名的画家谢罗夫、收藏家奥斯特罗乌霍夫及美术馆创建者的女儿鲍特金娜。1899年，经过一致

莫斯科特列季亚科夫国家美术馆

协商后采取了一个折中的办法，即继续补充收藏，但是将新的收藏与原来的收藏分开放置。1904年莫斯科城市杜马制定了《特列季亚科夫美术馆决议》，正式保证了美术馆的权利。

1910—1925年，根据莫斯科收藏家莫洛佐夫的遗愿，他的一批画作收藏被赠予美术馆，其中包括马奈、雷诺阿、梵高、蒙克及其他欧洲大师的油画，与之前特列季亚科夫的收藏一起组成了新的西方画作的收藏。1925年，美术馆将这些外国画家作品转交给西方艺术博物馆。

1913年，著名画家、艺术史家格拉巴利（1917—1925年任特列季亚科夫美术馆馆长）担任美术馆监管人。在他的努力下，1913—1915年，美术馆展厅逐渐改变，实现了用艺术画作展现艺术史的变革。这使得参观者在参观画作的过程，就像是在阅读一本严谨的俄罗斯艺术史。

1918年，关于特列季亚科夫美术馆国有化的法令在法律意义上将美术馆国有化，也使美术馆获得了俄罗斯主要艺术博物馆的合法地位。

十月革命后的十年间，美术馆开始了将艺术品向国有库房集中化的进程。这段时间里美术馆的收藏量激增，以至于自1919年开始把美术馆空间分为陈列区和储存区。1925年，茨维特克夫美术馆作为分馆并入特列季亚科夫美术馆，这一美术馆以收集18—19世纪俄罗斯一流画家的素描及水彩画而著名。以奥斯特罗乌霍夫命名的圣象画及彩色写生画博物馆也并入美术馆，其特色在于古俄罗斯艺术品的丰富收藏。俄罗斯先锋派画家的作品也在这时加入美术馆。20世纪20年代后期，各分馆纷纷解散，它们的收藏都分布在美术馆的各部门。1925年，鲁缅采夫博物馆将一些有价值的收藏转给特列季亚科夫美术馆，鲁缅采夫博物馆收藏的主体是普里亚尼什尼科夫和萨尔达金科夫两大私人收藏家的藏品，他们的收藏于19世纪后半叶完成。

在艰苦的战争年代，特列季亚科夫美术馆的藏品被转移至新西伯利亚。美术馆的历史建筑受到轰炸，所幸毁坏程度不大。1944年，在将藏品送回莫斯科之前，遇到了亟须扩大美术馆空间的问题。早在1936年，按照建筑师休谢夫的方案在美术馆北边建了两层楼。新的改造方案倾向于在主建筑南侧建两层侧房，与已经建好的所谓的“休谢夫楼”相呼应。

这一想法在20世纪80年代画家卡拉列夫领导美术馆时成功付诸实践。1982年，政府发布《关于维修和改造特列季亚科夫美术馆》的指示，开启了美术馆的彻底改造期。改造主张保留核心建筑，在核心建筑北面和南面再新建两所建筑，形成统一的建筑群。主建筑用来陈列展品，新建筑用作服务型设施。

位于托尔马奇的圣尼古拉教堂也被归于美术馆建筑群。这一十七世纪教堂建筑遗迹于1997年成为特列季亚科夫美术馆的一部分，功能相当于教堂博物馆。

美术馆改造分几个阶段进行。1983年改造开始，1985年建造北楼，北楼是储藏处，保存的是一些大师级的作品。1989年建造南楼，南楼又称工程技术大楼，挨着展厅、会议厅、儿童艺术学校和信息数据中心。主建筑的改造于1995年4月结束。主建筑正面是1902—1904年按照瓦斯涅佐夫的方案建造的，是特列季亚科夫美术馆的标志，也是莫斯科建筑名胜古迹之一，被保存下来并加以修复。

1985年，俄罗斯决定将特列季亚科夫国家美术馆与苏联国家美术馆合并，苏联国家美术馆位于克里姆斯基大道10号的一座建筑内，美术馆被命名为“特列季亚科夫国家美术馆”。那时一系列莫斯科纪念博物馆作为科学分部并入美术馆，包括乌拉基米尔·瓦斯涅佐夫家庭博物馆、亚历山大·瓦斯涅佐夫画作博物馆、戈卢布金娜博物馆、科林家庭博物馆。美术馆获得了全苏联博物馆联合会的地位。

这种联合促进了这个包括两大主要展区的统一博物馆的发展。拉夫鲁什斯基胡同展厅里展出的是19—20世纪的杰出作品，包括印象派和象征主义画家的创作，包括谢罗夫、卡罗维娜、弗鲁别利以及鲍里索夫一穆萨托夫等人的画作。克里姆斯基大道的展厅展出的是1910—1990年间的造型艺术品。展览中有彼得罗夫·沃特金娜以及“红方块J”协会大师们的作品。这是俄罗斯史上首次的统一展览，囊括了活跃于1917年前及革命后的画家的作品，完整地展示了俄罗斯先锋派大师的成就及社会现实主义民族艺术发展的全景。同时展出的还有20世纪20—30年代先锋派画家的作品。这些作品于2001年进入美术馆，反映了艺术史的新时期。

美术馆目前的收藏累计超过13万幅展品，其中5万多幅作品是二十世纪的艺术作品。可以说，这个按照特列季亚科夫遗嘱成立的美术馆，让我们有机会了解所有俄罗斯的艺术家和不同历史时期的艺术品。

特列季亚科夫国家美术馆共分为两层，设置有62个艺术厅，主要展陈艺术品的时代和作家，包括：

第1—7号艺术厅：18世纪的绘画和雕塑

尼基京（1），洛先科，舒宾·马托斯（2），安特罗普夫（3），罗科托夫（4），列维茨基（5），阿列克谢耶夫（6），波罗文库斯基（7）。

第8—15号艺术厅：19世纪上半叶的绘画和雕塑

基普林斯基·S.F.谢德林（8），布留洛夫（9），伊万诺夫（10·12），特罗皮宁（13）·韦涅齐阿诺夫（14），费多托夫（15）。

第16—31，35—37号艺术厅：19世纪下半叶的绘画和雕塑

普基列夫，弗拉维斯基（16），佩罗夫（17），萨符拉索夫·瓦西里耶夫（18），艾瓦佐夫斯基（19），克拉姆斯柯依（20），伊·库因吉（21），伊·希什金（25），维·瓦斯涅措夫（26），瓦·瓦·韦列夏金（27），瓦·伊·苏里科夫（28），伊·叶·列宾（29—30），尼·尼·格（31），瓦·德·波列诺夫（35），伊·列维坦（37）。

第32—34，38—48号艺术厅：19世纪分界线上的绘画和雕塑

米·阿·弗鲁贝尔（32—34），里亚布什金·格拉巴里·马良文（38），米·瓦·涅斯捷罗夫（39），戈卢布金娜·特鲁别茨柯依（40），瓦·阿·谢罗夫（41，42），柯罗文（43），谢列布里亚科娃（44），索模夫（44）.波利索夫·穆萨托夫（45）。

第49—54号艺术厅：18—20世纪初的书写法

素描，水彩，粉彩，雕刻。可替换的陈列。每半年从特列季亚科夫画廊的基金展出展览。

第55号艺术厅：宝库

贵金属和宝石的收集物品：圣像，书籍，缝纫，小塑造术，小型精细画。

12-20世纪初的首饰艺术的物品。

第56—62号艺术厅：古老俄罗斯艺术

前蒙古时期(56)，罗斯托夫-苏兹达尔学校(57)，诺夫哥罗德和普斯科夫的艺术(58)，费奥凡·格列克·特维尔学校(59)，安德烈·鲁布廖夫，季奥尼西(60)，十七八世纪的圣像画术·西蒙·乌沙科夫(62)。

【旅游攻略】

地　　址： 莫斯科拉夫鲁辛斯基尔恩大街10号

交通信息： 乘坐地铁6号线至Третьяковская站，从2号出口步行5分钟即达

开放时间： 周二、三、日10：00—17：00开放；

周四、五、六10：00—21：00开放；周一闭馆

门票价格： 700卢布

联系电话： 84959570727

官网网址： www.tretyakov.ru

/

莫斯科苏联卫国战争纪念馆

经历了战火洗礼的莫斯科见证了俄罗斯民族最深层次的集体记忆。

苏联卫国战争纪念馆位于莫斯科胜利公园中，占地达13公顷。

在胜利公园中间有个形如利剑的纪念碑拔地而起，它的下方燃烧着永不会熄灭的熊熊烈火，在这个烈士的丰碑旁边，就是苏联卫国战争纪念馆。这里既是一个博物馆，又是一段记载了钢铁、血泪和灵魂的史诗，这里刻下了1.4亿苏联军人用鲜血和生命换来的尊严和信条！

步入这座纪念馆，战争与和平交错，鸣响和祈愿并存，英雄哭诉、平民悲泣，凝固的历史至此永恒。

1941年6月22日，纳粹德国撕毁《苏德互不侵犯条约》，“巴巴罗萨计

划”付诸实施，突然袭击苏联。几个月后，德军兵临莫斯科城下，列宁格勒孤城坚守872天，而斯特尔林格勒（原名察里津，后改名为伏尔加格勒）焦土一片，载入史册的人类史上惨烈至极的大浩劫战争。

卫国战争不仅是对敌的一场进攻、一场保卫家园、维护国家主权和自由的战争，也是对生存的大决斗。

1986年为了庆祝世界反法西斯战争胜利50周年，卫国战争纪念馆开始建设，于1995年5月9日在莫斯科胜利广场落成，卫国战争纪念馆建筑群总占地面积达135公顷，内有主纪念碑、荣誉厅、露天武器展和纪念教堂，代表了后苏联时代关于这段历史的思考和致敬。前俄罗斯总统叶利钦参观后感慨地说“这里将永远提醒我们，和平的代价是何等沉重。”并下令要保持此建筑物原样直到世界末日，也就是“这里将永远提醒我们，和平的代价是何等沉重。”

苏联卫国战争纪念馆的建筑与艺术代表了战争美学的巅峰。

主纪念碑：刺破苍穹的“胜利之剑”

纪念馆中心矗立着高141.8米高的方尖碑，代表了卫国战争进行的1418个昼夜。它的形状就是出鞘之剑，其主体是用青铜浮雕做成的，刻着从莫斯科保卫战到柏林战役的重大战斗过程。雕像头上的胜利女神手执桂冠与长剑，驾乘战车飘逸而下，似从云端眺望人间，她的衣带迎风招展；夜晚她被鲜血一样的红光照得彻夜通明，就像永远无法闭合的伤痕一样熠熠闪亮。

荣誉厅：星辰与火焰的圣殿

走进纪念馆的主馆，就可以看见一个直径为40米、形状圆润、装潢奢华的荣誉厅。整个穹顶上安装了2700万颗用纯水晶打造而成的星星，每一颗星星代表着一个生命消失。大厅中央点燃的长明火，在黑色大理石池内燃烧着，火焰底部用铁制笔体记录着朱可夫元帅留下的语录“我们的后代将永远铭记这场胜利”。四周是15幅拜占庭式的大型马赛克浮雕画，勾勒出的是10大军区拼尽全力战天斗地的场景，战场上每个士卒都眼神如铁；妇女们眼里含着泪水，泪水像冰一样坚硬冰冷。

露天展区：钢铁巨兽的沉默证言

纪念馆外面到处是第二次世界大战的武器，有T-34坦克履带上沾着库尔斯克草原的土地，还有发射瞄准西方的“喀秋莎”火箭炮、向空中飞去的伊尔-2飞机，在200多件二战武器器材中，最具震撼力的就是那辆“被炸毁的德军‘虎式’坦克”。整个坦克呈破碎状态，变形弯曲的炮管戳穿了胜利之剑，更表达了“侵略者灭亡”的历史论断。

纪念馆中每一处都记载了70多年前，苏联遭受过苦难的历史，也说明着从宏观史诗转到了人本身微观的部分的故事。

纪念馆中采用沙盘、地图等展品体现战略视角下的战争逻辑；主馆二层按军事史时间发展脉络展陈，运用动态沙盘、原始电报、将领手稿还原了战争场景。

莫斯科保卫战展区：冬天的温度计达到零下40℃时，动态沙盘上苏军反攻的红箭头正在将德军撕破，旁边是一双被冷冻得木然的士兵毡靴和一支被

莫斯科苏联卫国战争纪念馆

冰雪浸染得失去作用的步枪。

斯大林格勒战役全景画：一幅360度环形画面布阵，近景是激战正酣的马马耶夫岗，远景是猛烈奔流的伏尔加河及繁忙往来于河面的船上人，背影是硝烟弥漫下处处焦土的战场，背景音乐中隐约可以听到《神圣的战争》。

纪念馆里展品最能动人心弦的是无数的私人用品，其中包括烈士的遗物：如烧焦的飞行员夹克，口袋里揣有写给爱人书信残页，信中说"万一我摔下去了，请别忘了让我看看娜塔莎最后一次。我真的爱你直到生命的最后一刻！"更令人潸然泪下的是那列宁格勒面包券：平日每人125克定量券旁边，躺着一双补了又补的老布鞋拼凑成的一堆肉冻，旁边注释说："这些肉冻都是她央求邻家的老太太给的，她把吃的都留给了孩子，自己却饿死了。"

"英雄长廊"中挂满照片，11600枚获得过金星勋章（苏联的最高军事荣誉）者的照片展映于这面墙壁上，每个英雄都有一件独属于他的遗物：中国人熟悉的英雄女卓娅，被德国人绞死的女游击队员，她留下的遗产是被绞死时手上挣断的辫子和一块点燃德军马厩的火柴盒；亚历山大·马特洛索夫，他堵枪眼的身影已经被雕塑成青铜像安放在那里，依然可以看见那用真子弹扣住的胸口部位的一个洞口。

每一天，都有几十万人提着他们亲人遗像在"不朽军团"的名义下前来纪念游行，胜利日这天的终点更是接近于纪念馆前的胜利广场。普京总统也曾站在这里说过："这里有一座纪念碑告诫我们，分裂的俄罗斯不会发展；但是如果是团结一致的俄罗斯那就坚不可摧。"

纪念馆中的"战争与儿童"课程让学生身临其境：戴上虚拟现实设备，来到战时教室，只见一堂数学课上，黑板上的算式是"3发炮弹要解决4辆坦克"；窗外传来空袭警报声。有一位中学生在课堂结尾处留言说："原来爷爷不让我轻易浪费一片面包的原因，具有那样崇高的意义。"

走出纪念馆，光辉的阳光瞬间给胜利之剑镀上一层金色。燃烧的长明火炬随风摇曳着，仿佛是那2700万个亡灵的低语。这里没有丝毫胜利者的狂妄，那些忘记过去的人，注定要重蹈覆辙，只有曾经逝去的苦难和今时今日对过去战争的缅怀与忏悔。如纪念馆门上所刻的文字："那些不记得过去的人，注定要重蹈覆辙。”而至于莫斯科苏联卫国战争纪念馆，则更像是用一座座用鲜血铸就的警世钟，在头顶的蔚蓝天空回响着那悠远而又持久的钟声。

【旅游攻略】

地　　址：俄罗斯莫斯科浮首山，3，121170

交通信息：地铁3号或8A号线在胜利公园站下车，穿过胜利广场即达

开放时间：10：00—22：00开放，星期一闭馆

门票价格：400卢布

联系电话：+7-499-449-81-81

第三章

欧洲艺术走廊——法国

一
法国巴黎

（一）巴黎的世界文化遗产

/

巴黎凡尔赛宫

巴黎，这座极富有浪漫色彩的都市，古典又不失优雅，让每一位来到这里的游客都会被它吸引驻留，时装、美食、巴洛克建筑、歌剧、艺术等无不让人惊叹与赞誉。凡尔赛宫位于巴黎西南24公里的地方，作为欧洲最大的王宫之一，它与故宫、白金汉宫、白宫、克里姆林宫并称“世界五大宫殿”。凡尔赛宫的占地规模：园区总面积约111万平方米，其中宫殿建筑11万平方米，园林100万平方米；整体占地达2473公顷。凡尔赛宫以古典主义立面与巴洛克内饰为核心，局部融入洛可可装饰。其中镜厅（长73米，含357面镜子）是最具标志性的空间。

说到这个博物馆，当然就要提到路易十三。据说一次凡尔赛的草场狩猎经历给他留下美好的记忆，于是决定在此建造一个狩猎馆。但是这个微不足道的建筑物很快受到当时各个贵族阶级的嘲讽，因此国王命令建筑师菲利贝尔·勒鲁瓦修建一个更加宏伟的城堡，并具有君主豪宅的规模，但仍与皇家居所无法相比。尽管建筑师对其进行了一些改造，但直到1643年国王去世时，这个被圣西蒙称为小卡片的城堡仍然保持着狩猎时的原貌。

1641年，还未登基的路易十四，因为一次偶然的机会，第一次发现了这个小城堡。为了逃离在圣日耳曼肆虐的天花病，他的父亲把他和他弟弟菲利普送到这里来躲避天花。十年之后，作为国王的路易十四又来到此处，目的是再次享受狩猎的乐趣。从此之后，他便经常来这里消遣和娱乐。

尽管路易十三在1630年就在此地建立了一个花园衬托中的城堡，但路易十四才是凡尔赛宫殿的真正创造者。凡尔赛宫与巴黎距离适中，路易十四赋予凡尔赛庞大的规模和历史的使命。在1682年至1789年，凡尔赛成为绝对君主制度的基地，在太阳王的意愿之下，凡尔赛映射出象征着权威的光芒。凡尔赛让外人吃惊的特点是，无论花园，还是宫殿内部，都大范围地开放。当国王穿过正殿前往礼拜堂作弥散的时候，朝廷内外的人都可以见到他，并进入宫殿，甚至当他不在时可进入他的房间。

1661年，路易十四在个人统治的初期常常到他父亲的狩猎馆休闲娱乐，下令对其发动首次工程。年轻的国王开始大张旗鼓地发动改建工程，首先着手于公园和花园的扩建，从而一举实现了举行盛大节日的露天场所，使凡尔赛从此在欧洲闻名遐迩。正是在1668年皇家娱乐盛会的第二天，国王感觉场地过为狭小，便决定对宫殿进行首次扩建。因此，他的建筑师勒沃和多尔巴建设了由三个部分组成的宫殿，它面朝花园，包裹着旧城堡、新建筑物，以当时流行的罗马巴洛克别墅风格用石块建造而成，与路易十三砖瓦与板岩的建筑物形成鲜明对比，就像把一座城堡镶嵌在另一座材料与色彩完全不同的城堡之中。国王的第一画师，勒布伦设计出所有正殿内部的装饰方案，并完成了花坛、小径、林园中变幻莫测的喷泉雕饰的设计蓝图，象征国王的太阳神阿波罗无所不在，驾驭在凡尔赛的上空。在向北延伸的国王套房和向南延伸的王后套房之间的中心墙面迎接着朝向花园的意大利式露台，中间带有一个喷泉。然而，这个新宫殿的建设还未结束，阿尔端的出头露面明显地改变了宫殿的外貌，并获得当今的规模。1677年，工程的加速预告出路易十四的意愿，要把朝廷和政权机构设立在凡尔赛。浩大的建设工程从此全面展开。当1682年5月6日朝廷正式设在凡尔赛的时候，此工程仍远远没有完成。在阿尔端·芒萨尔的指导下，整个建筑面积增加了五倍。镜廊自1678年取代了二层的中心平台。内部的装修无休无止，林园的结构不断更新，引水的工程越来越大。第五个礼拜堂直到1710年举行了落成典礼。在国王的意愿之下，经五十年的努力、踌躇和变迁最终创建出一个整体，所有的一切建筑，都依照一条贯穿于皇家宫殿的轴线整齐有序地排列着，围绕着自1701年起处于中心位置的国王寝宫。

1715年路易十四去世后，宫廷撤离凡尔赛，先后迁往文森斯和巴黎。路易十五在1722年6月，他12岁时要求回到他曾祖父的住所。宫殿经受了七年的改造，路易十四去世后的改变并没有导致宫廷“机械化”生活的消失，它已经成为君主政体的属性，凡尔赛为它而生存。直到1789年，这种“机械化”生活强迫路易十五和路易十六在同一地点效仿他们的祖先举行各种仪式，他们无疑难以承受这些遗留下的沉重枷锁。因此，凡尔赛中的宫廷生活依然像伟大国王时期那样机械性地运转着。与不愿成为建设者的路易十六相反，路易十五以同样豪华宏伟的风格使他曾祖父的创建达到尽善尽美，重新装修了海格力斯大厅、海神池和剧院。

然而，大革命时期的风暴把宫殿中的家具一扫而空，留下的只是空空如

巴黎凡尔赛宫

也的建筑物。所有绘画作品送至卢浮宫，家具被拍卖，只有少数幸免于难。新的体制中凝聚着历史的影响和皇宫的烙印。经过几年潦潦草草的维修之后，首先是拿破仑，然后是路易十六的弟弟路易十八和查理十世对宫殿作了修复工程。但没有一位国王再敢在凡尔赛宫中执政。路易菲利普为了协调各党派之间的异议，在1833年决定把宫殿改造成“法国荣光荟萃”的历史博物馆，于1837年举行了落成典礼，历史长廊针对王国奠基以来的各个阶段作出了一个纪念性的法国历史概述。

在多个专题展馆，如非洲馆、克里米亚馆等的建设，都因1848年七月王朝的覆没而付之东流。从此进入一个宫殿的过渡时期，拿破仑三世在此举办了众多的第二帝国的庆典和接待活动。在色当对抗普鲁士的战役失败后，第三共和国在混乱中诞生，凡尔赛自1870年成为政府的庇护所。国民议会在此驻扎到1876年12月，即南翼宫中的会议大厅建成之日，这个大厅可以容纳所有的参议员和众议员。直至1953年，正是他们在此选举出历届的共和国总统。

二十世纪起，博物馆馆长和建筑师致力于这个博物馆的重新修复工作，并添置了家具，使绘画和雕塑品的收藏日渐丰厚。经历了时代的变迁，战争的威胁，保存了有限艺术作品的凡尔赛宫，足以见证它在法国历史中的地位。镜廊在第一次世界大战中曾经接待过受伤的士兵，并于1919年6月28日在此签署了结束战争的和平条约。也同样是在巴黎和会上西方资本主义国家对中国的不平等政策，才引发了国内的五四运动。

凡尔赛宫是光芒四射的法国文化之瑰宝，伟大历史之博物馆，国家之宫殿，共和国之象征，也是国际重大事件的舞台，1957年英国女王伊丽莎白到访，1961年美国总统约翰肯尼迪的来访，以及1982年七国首脑会议的召开等。

凡尔赛创建三百多年以来，凡尔赛宫域中狩猎的面积大大减少，但它依然具有三座宏伟的宫殿、大小马厩、宽阔的庭院和优美的花园。830公顷的面积、20公里的道路和相应的城墙、35万株树木和每年大量培植的鲜花、35公里的水渠、13公顷的屋顶面积、2143扇窗户、67座阶梯……

游客经过仪仗庭院，首先从皇家庭院进入凡尔赛宫。宫殿部分共两层，正殿在凡尔赛的参观中是必经之地。在离皇家礼拜堂不远的地方，位于北翼楼一层的互动画廊中展示了宫殿的历史。在宫殿二层、依序为十七世纪展厅、国王正殿、大画廊、国王套房以及王后正殿。参观行程中经过路易、菲利普创建的历史展厅，在结束之前可参观一层的王太子和太子妃的套房。

礼拜堂，按照王室礼拜堂的传统，它有两层，上层专为国王、皇家人士、宫廷要人保留，下层留给国王的大臣。礼拜堂的祝圣始于1710年，奉献给圣王路易和皇家祖先，它是凡尔赛宫路易十四时期的最后一个建筑物。

拱顶上的装饰描绘着新旧圣约书的衔接，宗旨由三位一体神像体现出来。中心代表着《永世之父预告救世主的降临》，由安东尼·科瓦贝尔创作，祭坛之上为《耶稣复活》，由查理·拉福斯绘制，皇家席之上是《神灵降临给圣母及使徒》，由让·儒佛内完成。

为了参加弥撒，皇帝必须经过这个连接皇家席位和正殿的大厅。它的装饰与那些最通俗的礼拜堂类似，设有两个放置塑像的壁龛，塑像是路易十五要求订购的，体现着路易十五浮雕的荣光和皇家的高尚。

宫殿历史展区和17世纪展区

凡尔赛宫成为“法国荣光荟萃”的历史博物馆，应归功于法国国王路易·菲利普。他为了全面体现各个政体，实现了法国第一座历史博物馆的创建。把王子和朝臣的套房装修成广阔的大厅，汇集了最具回顾性的古代绘画和雕塑作品。

宫殿的历史展厅共有11个大厅，位于北翼宫，分布在礼拜堂和剧院之间的一层。观众首先看到的是对宫殿和公园的总体介绍，然后能逐渐了解到宫殿建设的几大步骤，从路易十三的第一城堡，经太阳王的宫殿、花园建设，18-19世纪的演变，直至目前的凡尔赛。多媒体大厅可让您从多方面了解凡尔赛的变化，从狩猎馆、皇家住所、历史博物馆和国家宫殿的各个角度去进行观察和探索。

17世纪展厅与二层的展馆和一层的历史展厅相互呼应，有着丰富的绘画、雕塑、家具的收藏。一些大厅以传记的方式描述出君王的成长，王室人员、权力掌握和皇家政策，以及设立在凡尔赛的宫廷。另外一些大厅则倾向于主题性的介绍，围绕“战争之王”“基督教徒之王”和“艺术大师路易十四”等各大题材展开介绍。

国王正殿，相对于国王的小套房或内宫。与1678年至1686年建设镜廊、战争厅、和平厅同期落成。首先用作国王的起居宫，不久之后又用作庆典厅和正殿晚会的接待厅。海格力斯殿的修建是为了展示委罗内塞作的《在西蒙·法利显家中的晚餐》，1664年威尼斯共和国将此画献给路易十四。

通往路易十六娱乐室的丰收厅，最初是奇珍异宝的收藏室，陈列着路易十四最珍贵的宝物。包括饰金瓶、钻石，嵌有翠绿宝石、绿松石、宝玉、珍珠、玛瑙，以及中国和日本的瓷器。最引人注目的是门上方的国王之舟，镶嵌着红宝石和钻石，它面对窗户，上面有皇家荣光图案。

正殿晚会期间，维纳斯厅用于点心厅，在那些摆满银制餐具的餐桌上，蜜饯、新鲜水果和糖渍水果无奇不有。除了虚构的远景图和逼真的梅莱阿戈尔和阿塔郎特塑像，君主的辉煌还体现在一尊作为罗马帝王的路易十四立像上，由让·瓦兰雕制。勒内·安托万·厚阿瑟在厅顶的椭圆形画《维纳斯使她的帝国神圣强大》使这个大厅得名。

擅长台球的路易十四在狄安娜厅安置了一张台桌，平时桌上覆盖着带有金穗的深红色丝绒毯，观看台球的夫人们坐在台桌边的软垫长凳上，为皇帝助兴喝彩。这个大厅的装潢全部来自狄安娜女神的传奇神话。在壁炉的上方，为查理·拉福斯作的《伊菲草尼亚的献身》，对面是加布里埃尔·布郎夏尔作的《狄安娜和安蒂蒙》(1672年)。大厅还陈列着伯尼尼在1665年创作的路易十四的胸像。

玛尔斯厅是国王的守卫厅，用战争场面加以烘托，最引人注目的是墙壁上方交替使用的盔胄和战利品的装潢。后来这个大厅用于音乐晚会，1684年到1750年人们可看到壁炉两侧音乐家的演奏台。壁炉的上方是路易十四时期委罗内塞作的《圣徒卡特琳的神秘婚礼》。

墨丘利厅和阿波罗厅是凡尔赛宫最奢华的大厅。1682年朝廷和政府机构正式设置在凡尔赛宫时，墨丘利厅为灵床大厅。在凡尔赛宫改建成博物馆的时候，一张路易菲利普订购的大床被放在路易十四的寝宫中，以此显示最初用途。大床右边多米尼坎作的《大卫演奏竖琴》也是路易十四最喜欢的绘画之一。天花板中心是尚泊涅·德巴蒂斯特创作的绘画，表现出《墨丘利驾驭在两只雄鸡牵引的飞车之上》。钟表匠安托尼在1706年赠给路易十四的自动钟大概到了18世纪中叶才摆到墨丘利厅。

阿波罗厅是凡尔赛宫中第一座具有御座大厅的宫殿。高达2.6米的银制御座在1689年被熔化了，路易十五时期由一个镀金木质御座代替。天花板上是查理·德·拉福斯绘制的太阳神马车。大革命之前，里戈画的路易十四的肖像一直悬挂在此厅，与之相互对应的是执政国王的肖像。

大展廊是由战争厅、镜廊及和平厅形成的一个整体，装潢用于颂扬路易十四军事上的胜利和政治上的成功。整体结构与建筑大师勒沃最初实现的建筑物出于不同的时代。1668年勒沃提出由砖墙环绕路易十三城堡的设计时，在朝向花园的西侧留下一个平台。

战争厅展示着路易十四在荷兰之战中战胜联盟强国，和1678年奈梅亨停战条约中的丰功伟绩。在勒布伦设计的壁炉上，装饰了安托万·考依瑟沃克斯的圆形大浮雕作品。在炉前挡板上饰有历史女神缪斯克里欧，正在撰写皇家的历史。

最初路易十四在镜廊安置了由查理·布设计的大型银制家具。此家具随后在1689年为了战争所需被熔化了。这些家具是大烛台、独脚小圆桌、放蜡烛的桌子和装橙子的大盆。每件物品均由当时最优秀的金银匠精细雕制而成。

镜廊在旧制度时曾是一个通往国王正殿的过道。在此路过的朝臣都希望见到前往礼拜堂的国王，其中一些人利用这个机会向国王上书。一些盛会也常在这里举行，如王子结婚时的化装舞会。

查理·勒布伦在天花板上再现了国王路易十四统治的情景。这些画描述了法国应对荷兰及联军的战争（1672—1678年）以及王后的权利争夺（1667—1668年）中的故事。整个画面都围绕中心画《国王亲政》构成。大烛台重新复制于1770年，即未来的路易十六和洛兰娜奥地利的玛丽·安托瓦内特的婚礼之时。它们依照阿波罗宫内的六具烛台原形模制而成。重新复制的家具还包括节日晚会才点燃的二十四盏分枝吊灯。

和平厅被装饰成一派和平安逸的景象。在这个位于表现战争场面的战争厅和镜廊之后的大厅中，奠定了法国国王在欧洲的合法统治地位。壁炉上方是弗朗索瓦·勒穆瓦纳的画作，展现出《给欧洲缔造和平的路易十五》。这个大厅很快与王后套房一起用于娱乐，因此用一块活动隔离板切断拱廊的连接处，与镜廊分开。

穿过镜廊，可以来到国王套房，从牛眼造型的窗户可以看到国王守卫厅和鸿宴前厅。之后便可以来到国王寝宫。1683年路易十四在寝宫周围附加了一些内室，形成了现在的国王套房。这个场所从未提供给王后使用，而是君主真正生活隐私之地。

守卫厅用白色细木护板装饰，壁炉上方是由帕罗塞尔1864年绘制的《体现国王守卫士兵的战役》，大加赞美了身着齐膝紧身外衣的英勇守卫兵。第一候见室比守卫厅的装潢丰富，路易十四时期，每天晚上在此举行鸿宴仪式，即国王当众用餐。每个星期一早上，在第一候见室内设有一张铺着绿丝绒毯的桌子，一只象征国王的扶手椅置于其后。宫廷上下所有人便可到此呈递请愿书，国王会对此一一做出答复。

在最初的宫殿结构中，国王的寝宫这个中心地区是一个正大厅。玛丽·泰雷丝去世后，国王的套房与之相连，被称为国王穿衣厅。当时这个大厅经三个拱廊通往镜廊。1701年，路易十四决定把它作为寝宫。正是在这个寝宫中，太阳王于1715年9月1日与世长辞。继他之后的路易十五和路易十六继续在此举行起卧仪式。1789年10月6日，路易十六、王后和王子从这里的栏杆后出现在公众面前，然后被迫离开凡尔赛宫。

1701年当这个大厅成为国王寝宫的时候，通往镜廊的拱廊被封闭。取而代之的是一个放床的凹室，冬天悬挂丝绒毯，夏天垂放金丝绣花锦缎。

1755年，路易十四将大工作间和假发厅合并到一起组成会议室。加布里埃尔设计、卢梭雕制的细木装饰板上的图案叙述着国王的丰功伟绩。每周在此举行行政会议和财政会议。每月举行一两次特殊的会议。

凡尔赛宫具有完美的对称结构特点，王后和国王的正殿中的房间数目一致，天花板的背景也有同样的神话题材。唯一的区别是拱壁上的图案，国王的宫殿采用的是男子的形象，而王后宫殿采用的是女子的形象。

玛丽·泰雷丝王后时期，鸿宴前厅是王后的卫兵厅，天花板上以战争为主题的作品是历史的见证。获准谒见王后者，进入贵人厅或寝宫前必须在此等候，该厅还供举办音乐会和上演戏剧使用。

继王后正殿之后，游客可进入路易·菲利普时期创建的历史长廊——加冕厅。

加冕厅曾最早是凡尔赛宫的第三小教堂。1682年，当宫廷和统治机构正式迁入凡尔赛宫后，这里成了国王和王后共同的侍卫厅。此厅常年摆满宫庭女宾的轿子、长凳和屏风、枪架、画布等。复活节前的星期四，国王在此模仿耶稣最后晚餐的情形，为十三个穷人家的孩子洗足。

战廊处于南翼宫，靠公园一侧的二层和顶楼，取代了过去皇家的套房。战廊由建筑师内普维和封丹设计，用于展出描绘法军重大胜利的巨型油画，从497年克洛维斯王图勒比阿克的胜利直至1809年拿破仑瓦格拉姆的告捷。在路易·菲利普的明确授意下，大厅还陈设着为法国英勇献身的伟大将领和王子的胸像，以及铭刻着他们的姓名及生死日期的纪念牌。此大厅与镜廊遥相呼应，通往1830年大厅，以展示路易·菲利普的登基和1830年大革命之后的新君主立宪制的作品。

正殿的参观路线截止于一层的王太子和太名妃的套房。这些王室继承人自十七世纪末在宫殿主体西南部的一层占据着相邻的各自套房。经过一个路易十六时期保持至今的小阶梯，人们可从牛眼窗前厅下到王太子的套房，它通过书房与太子妃的套房连通。尽管路易·菲利普进行了翻修，一些厅室仍部分地或全部地保留着细木护壁饰板。

为了更好地了解宫廷生活，除了参观公共区域，游客还可以在讲解员的带领下参观宫殿的一些私密场所，如国王和王后的私人套房，夫人们的套房，皇家剧院以及路易·菲利普创建的历史展区大厅等。

皇家剧院的第一建设计划早在1682年就由路易十四要求芒萨尔和维加

拉尼拟订，但因战争和路易十四末期的经济困难未能实现。第二建设计划是1748年加布里埃尔提交给路易十五的，建设基地仍选在北翼宫的端部，但这个计划也未能立即实现。直至1770年5月16日，王太子，就是未来的路易十六和奥地利公主玛丽·安托瓦内特的婚礼之日才大功告捷，举行了皇家剧院的揭幕典礼。

剧院大厅呈椭圆形，为了节省开支和尽早完工而采用了确保音乐效果的木质结构。假大理石饰面丰富了帕茹的雕塑，迪拉牟绘制的天花板图显示着阿波罗，艺术之神的胜利。建筑家加布里埃尔和机械师阿尔努设计了一种机械机构，可使剧场正厅的地面升高至舞台水平面。舞台上和大厅中的装饰融合一致，皇家剧院便由此成为举办盛装舞会的场所，夫人们个个珠光宝气、“锦衣绸缎”地到此狂欢。

“十字军东征”展区由五个大厅组成，天花板上雕饰着中世纪时期解放圣地的皇家纹章图案。在以回顾往事为精神宗旨的绘画中，最著名的是德拉克洛瓦的《十字军进入康斯坦丁堡》。

为了不引起各政党派别的争端，路易·菲利普决定面面俱到地介绍法国全部历史和伟大人物，不侧重渲染某一王朝。因此他把南翼宫的一层全部用于记载帝国的业绩，并把南翼宫的三层、王后套房之上的一些大厅，以及战廊拱顶作为辅佐。

这里简洁生动地描写了贯穿于大革命至第一帝国末期的历史。其中最精美壮观的是格罗绘制的1796年11月17日波拿马将军站在阿尔高勒桥头的画像。在历史展廊中伟大的作家也没有被忘却，游客可以欣赏到一些著名的肖像，如博纳创作的维克多·雨果、吉罗戴绘制的夏多布里昂等。

凡尔赛的花园如同凡尔赛的宫殿一样，是一个完整的博物馆。它由路易十四设计，被如实地表现出来。凡尔赛花园与宫殿相依互补，在宏伟远景的大道上和规律整洁的构图中，花坛、园林与宫殿交织生辉的喷泉把所谓的法式庭院推至顶峰。

1661年由勒诺特规划设计的凡尔赛花园内有花圃、树林、雕像和水池，布局对称，是法式花园的典范。小公园精心布局的花园的另一边，是大公园和运河，适合散步、划船、骑车和远足。大花园的西北分布着大特丽亚依宫、大特丽亚依宫花园、玛丽-安托奈特园林、王后小庄园、小特丽亚依宫建筑。

由于凡尔赛宫及花园的面积巨大，一般团队游客只在宫殿区参观游览，或站在宫殿楼上眺望一下花园，只有自由行游客或特别安排的团队才会走进花园部分参观。

【旅游攻略】

地　　址： 巴黎Placed' Armes, 78000 Versailles

交通信息： RER从巴黎乘坐开往Versailles Rive Gauche的C5线到终点下车，步行5分钟

开放时间： 9：00—18：30，星期一闭馆

门票价格： 21欧元

联系电话： +33（0）130837800

官网网址： www.chateauversailles.fr

/

巴黎枫丹白露宫

1137年前，路易六世发现了位于巴黎东南部一片天然森林内的一处天然喷泉，这里水源十分清澈，从此揭开了枫丹白露这座皇家宫殿的历史传奇。

英法百年战争时，这座森林堡垒也留下了纷争不断的瓦卢瓦王朝的难局，在这里，国王查理六世在1420年签订了毁誉参半的特鲁瓦条约，认英格兰国王亨利五世为法兰西王位继承人，这让法国耻辱地失去了都铎王朝的继承权，在法国历史发展进程中留下了一道深重的疤痕。到了路易十一的时代，枫丹白露又回到了王室手中，其军事意义逐步向象征意义转化，成为象征着高贵荣光、权威神秘的存在。

第15任弗朗索瓦一世一登上王位就展开了一场影响欧洲美术史的建筑运动，在枫丹白露宫修建他试验艺术的大本营，邀请佛罗伦萨人罗索菲奥伦

蒂诺以灰泥浮雕与壁画相结合为枫丹白露式手法作出范例。于1530年建立，首次将建筑、雕塑与绘画组合于一体的建筑物就是举世闻名的“白马庭院”。下接1544年由著名建筑师勒皮纲设计并完成的建在庭园西端的高达三层楼高的弗朗索瓦一世长廊，长64米的橡木镶板画廊是世界上首次打破二维平面展开的建筑、雕塑和绘画三维立体组合结构。

亨利二世时期宫殿的最主要任务是举办豪华的政治宴会。作为巨型豪华水景建筑的奠基人，黛安王妃建设的狄安娜花园将水网和星象喷泉保持至今。

亨利四世在位期间修建的整修工程使宫殿达到顶峰：1601年建设鹿廊，长80米，墙上挂着2300个鹿角标本，是整个欧洲最大的狩猎场景之地；1606年建成“椭圆形庭院”。

路易十四时代（1643—1715年），枫丹白露虽然黯然失色于凡尔赛，却仍然保留有重大政治功用，如签署《枫丹白露敕令》（正式废除南特敕令）导致数以十万计的新教徒出走异国他乡；新建的国王寝宫（现名贝亚恩 - 吉斯厅）由两间并列组成的镜厅组合而成，在布局上让国王仍然可以躺在床上就能看到欲登其堂的臣民而安心入睡，这也和当年修建凡尔赛宫一样是为了说明为巩固扩大国王权力的新要求。

19世纪初时，枫丹白露宫迎来了它最为戏剧化的历史事件。1804年，拿破仑加冕称帝后，又将这里进行了翻修，使之变成了气势恢宏的帝王宫殿，其中御座厅中，原本代表波旁王朝皇室家族的百合花被代表新兴帝国帝王的蜜蜂所代替，并且将红色天鹅绒宝座垫子垫高30厘米，增加宝座高度来提高威势；1812年，罗马教皇因庇护七世被幽禁于宫内长达19个月，现在教皇套房墙壁上还留有他当时用匕首刻下的抗议。

1814年4月6日，拿破仑在退位书房签发了逊位诏书。

第二帝国时期，由欧仁妮皇后主持进行了很多东方主义式的改造工程。

建成于1863年的中国馆展示圆明园劫掠文物，1864年落成的土耳其厅则用上阿尔及利亚殖民地采制的马赛克，穹顶的3万枚金叶皆取自北非金矿，普鲁士军队司令部曾在1870年普法战争中短暂入驻此地，并由威廉一世在拿破仑书房签署了进攻巴黎的旨令。

这座历经了八百多年风雨的宫殿，在1981年，成功加入了世界文化遗产的行列。

宫内大大小小的花园总体占地有130公顷，里面还有现存的千年橡树为证，树干所包裹的每一道生长的年轮下，都有着书写法兰西文明历史的痕迹。

在一个清雾缭绕的清晨，我踏上了前往枫丹白露宫殿的公交车，这座宫殿地处巴黎东南方65公里以外。经过一个多小时的路程，它已经闪耀在晨光之中，而我脑海中却不断地闪现着遥远东方的另一座园林，一座需要用青色泪痕映照的永远的伤口——圆明园。这两个伟大的东方园林和西方园林分别承载着两个国家伟大的君王对于亘古之美、永恒之美的最纯粹憧憬，一个是见证了法兰西历经800年兴衰历程的历史丰碑，另一个是伫立在中国人约200年来沧桑故土的民族图腾，这也是这次来访的别样的意味。

枫丹白露宫经历了弗朗索瓦一世、亨利四世和路易十五等诸多帝王的改建，拥有许多不同种类的建筑。整座枫丹白露宫如一册欧式建筑史典，中世

巴黎枫丹白露宫

纪城堡式的楼台依然可见从时代带来的厚实的石质墙壁，文艺复兴时期的壁画描画了古希腊神的图景，还有精美的拿破仑三世时代的金色的歌剧院……构成欧洲数百年风华嬗变的历史年谱。

宫殿中最壮观的是弗朗索瓦一世长廊，长廊内布满灰泥浮雕及橡木镶板，行走在其中像是进入一个三维立体的哲学迷宫；"萨梯尔与宁芙"浮雕由意大利画家罗索所绘，利用了身体曲线、身体穿插等方式使建筑体内有形体转折，在每一个转折之处皆用镀金鹿角雕饰来展现当年骑射狩猎的原始功能；虽然其所使用各时期的材料不一，但运用古代做法技巧与形式进行了重新创造的做法也正巧是圆明园移天缩地在君怀的体现。

到了狄安娜长廊的尽端，在那一扇镶着青花瓷片的鎏金门背后，隐藏了整座宫殿最让人难过的地方，那就是中国馆。中国馆始建于1863年6月14日，是拿破仑三世皇后欧仁妮主持建立的，而这座具有东方特色的建筑又是依仗着当年英法联军的暴行才得以进入大众的视野：在1860年7—9月的战乱期间，法军头领孟托邦将军命令带走圆明园内的珍贵财物达300余箱，他把这座园子翻了个底朝天，其中最有价值的都被敬献给了皇室，包括乾隆御用缂丝龙袍，还有佛国走廊里的青铜鎏金佛塔和多件景泰蓝器物。

展馆设于枫丹白露宫皮埃尔·托里亚诺大厦（建于18世纪）的一层，该展的设计打破了博物馆与私人府邸之间的界限，洛可可镜厅挂着龙袍，古奥样式门窗下堆满了景泰蓝炉……在一个充满异国情调的世界，将博物馆与客厅相结合无疑是一个神妙之举。

中国馆采用客厅式展陈逻辑：乾隆宝座在镜厅一隅，在此注视着拿破仑三世画像。西藏金曼扎、法国水晶灯彼此组合在一起互相映衬之下，丧失了宗教神秘感。缂丝佛像前挂着一座凡尔赛式样的胜利女神雕像，俨然一副礼仪性的布置，其背后的等级差异就很明显了。

顺应欧洲的审美方式，对文物动了破坏性的功能改造，如将明代黄花梨柜门的平板镶嵌换掉，改成插镶法国平板玻璃，来制成一件现代式样的珠宝箱。还有田黄印石，取下篆刻面单独装裱成为东方人书法挂画；再如翡翠屏风的榫卯结构被拆卸下来后用来固定金属架。展厅入口处的景泰蓝吊灯采用

1200片珐琅拼制而成，还原了圆明园九州清晏殿藻井的效果；而下部兽足方盒，原是放置冰块以保持水果新鲜的物品，后来被改造成了展览圣器的展柜，并且从底下碳化痕迹可以看出曾经的圆明园遭受过火烧，受到了伤害。

展厅中央立有一座两米高的青铜鎏金佛塔，通体嵌绿松石、青金石，和圆明园方外观记录相符；佛塔两侧的青铜雕龙，则与紫禁城太和殿前的铜龙一样，证明它是来自圆明园正大光明殿御座陈设。这就把皇家礼器变成了殖民战利品，并把一种东方皇权的尊贵感彻底肢解掉了。

天花板上悬吊着三幅尺寸为二十平方米的大幅佛像缂丝品，通经断纬法织造，用金丝，每厘米达到120根之多。通过调查研究得知这些原是出自圆明园佛堂的大体量缂丝，其制作需要16个苏杭织工织作3年才可完成，在枫丹白露宫展览过程中，为了符合穹顶的角度，因此将其裁切，致使大量原来的纹样丢失。

玻璃展柜内的景泰蓝麒麟，颈椎伸得笔直，并在发出嘶吼，闪着一种冰冷的流光，如九五至尊的排场一般；景泰蓝麒麟本为乾隆书房用器，如今仅剩下底座尚存烧焦痕迹；同样展出的还有缂丝十二章龙袍，纵然余下一些残局，仍旧可以从金缕黯淡之中看到江南织造的富丽堂皇。令人骇然的，则是这些流落在外的文物中有一组翡翠屏风上透雕的亭台楼阁几乎与目前圆明园四十景图典中的“方壶胜境”完全契合，其是一种实物和文献直接的印证，使被抢掠的残酷变得真切可感。

这是开启文明之痛的东方面孔，它同时也是西方主宰下的屈辱历史上的珍品，更是现今各国在世界舞台上展开激烈竞争，你争我夺的文化遗产古物；当我透过橱窗玻璃直视里面那几块破烂的玉器时，里面倒映出来的这端面似乎成了无法闭合的裂痕。

在镜厅晶莹而暗淡的镜子面前，仿佛可以看见1539年查理五世和弗朗索瓦一世在此言归于好的动人场景，那个曾在里面签署《枫丹白露敕令》的空间，有它更加幽邃的含义，那些都因氧化而泛黑的镜子，倒像是暴露于万人之下的真相，无论怎样闪亮的表面最终都会被时光侵蚀的痕迹所取代。

拿破仑退位书房是当年的模样，桃花心木的书桌里摊开着地图，绘制到莱比锡会战。壁炉架上的座钟定格为当天的午前10点整，这是他签署退位诏书的时候。巴黎的阴霾笼罩着远从无锡寄畅园带来的太湖石矗立于窗外，上面的弹孔是近卫军得知被放逐的消息情绪失控发泄而留下的。

枫丹白露宫的英式园林中演绎着法国园林史上最深刻的一次转型，原本是规则式的几何花园被改造成了富有野趣的风景式花园。从规训自然到模仿自然，恰好反映出了这一时期圆明园虽然是人造的却让人觉得好像自天而降的造园思想，而且，它也是一种好的借鉴方法。池塘边的那座中国亭还是于吉创立时期的琉璃瓦，但在这个园林里却与不同的构件组成了一个荒诞而幽默的东方。值得一提的是，在北京的大瀑布中可以看到十分明显的学自颐和园后溪河叠石的做法，但大瀑布并不是受以下参观过后溪河的法国人所造：先造栈道到上面从下往上看瀑布，然后再修建洛可可式式的亭子组合起来，只此一处的例子恰恰成了典型的19世纪西方的东方主义美学的印证。

然后才看见有生肖兽首的明信片，又想起当年在枫丹白露宫中国馆看见被偷走的景泰蓝麒麟和金曼扎，这两个都是1860年法军上校杜潘从圆明园海晏堂抢走的东西。最可笑的是，在这个展厅会发现许多标注是杜潘捐赠的展品，而展厅还在为杜潘热爱文物保护而赞叹不已。

近期中国和法国的考古队，在法国枫丹白露森林处发现了钧窑瓷片，通过测定得知，和故宫博物院藏有同源，这些承载着历史文化和记忆的文物碎片，埋藏在黄沙泥土下面，仿佛是在告诉我们需要对文化拯救做出反思；与此同时当我踏入一片林子时，正巧遇到一群写生的学生，灵光一闪，觉得人类是否终究应该是追求自身精神世界的满足呢？

暮色中立于鲤鱼池边，见哥特式的尖顶倒映水中，鱼儿戏耍，搅碎镜花，恍然明白雨果所说“两个强盗闯进了圆明园”的用意所在，枫丹白露的完好，固然有其可贵之处，然而其间所陈的东方珍宝又何尝不是另一种意义上的废墟？当人类为自己的创造欢呼雀跃之时，是否应该警惕这样一种侵略性的美丽？离宫的时候看见正在给拿破仑剧院天顶绘画做最后修补的修复师，也许文明延续的方式之一便在于此，不断地自我修复、自我反省，才可能走得远一些、长久一些。

穿梭于宫殿与园林之间，不停地地问着自己，我们能面对什么呢？这些装在玻璃橱里的流散海外的文物似乎在诉说它们的故事，都在问着我们：我们面对这一切应该怎么做。正如还有圆明园的断墙残柱傲然矗立在云端上空，而此时也该正视自己的伤口——受人欺凌，从而惨遭无情的掠夺和毁坏，我们同样需要在目前这个拥有全球化以及跨文明新时空背景下不停拷问自我。

【旅游攻略】

地　　址： 巴黎ChâteaudeFontainebleau，77300Fontainebleau，France

交通信息： 乘R线火车离开巴黎里昂车站（往Montargis方向），约40分钟后到Fontainebleau-Avon车站，再换乘1路公交直达Château站。

开放时间： 大宫殿9：30—17：00（从10月到3月），花园：7：30—19：00

特别提示： 每个月的第一个星期日是免费参观日。中国馆需要提前预约。

深度体验： 每周三参观秘境之旅，能够参观平时关着的帝王们的私人礼拜堂

门票价格： 大宫殿10欧元，其他经典6.5欧元，联票19欧元

官方网站： www.fontainebleau-tourisme.com

/

巴黎圣母院

20世纪80年代看过黑白电影《巴黎圣母院》，对影片中美丽的姑娘艾丝美拉达和丑陋的敲钟人卡西莫多记忆尤深，虽然当时对电影所描写的时代背景模棱两可，但因为它的作者是法国的文豪维克多·雨果，从此，埋下对巴黎圣母院的向往。第一次亲耳听到巴黎圣母院的钟声和信徒的祷告是十六年前，之后，几次的探访，但每一次的感受都有所不同。我更喜欢在夜幕初降时去广场中心，坐在人群之中，与他们一起欣赏这里的巍峨。耳边是各种不同

的语言，此起彼伏的赞叹声令人欢欣不已。

巴黎圣母院每年都会吸引数以百万的参观者与朝圣者纷至沓来。法国的多条干线在此处交汇，这里是西堤岛的核心，更是巴黎的中心所在。大教堂——巴黎圣母院就这样如一座丰碑般巍然伫立在往昔与今朝的城市中央。它拥有着实至名归的显赫声望，堪称哥特式建筑作品中的杰出代表。

西提岛是整个巴黎的核心之地。数个世纪以来，这座城市始终在以该基点为圆心，向四周延伸拓展，从未有所改变。

近两千年来，高卢诸仙与罗马众神都曾在此备受敬仰，在梯贝尔皇帝统治时期，巴黎的船夫曾在这里将一个祭坛献给了朱庇特。因此，这座大教堂拥有着久远的异教先辈，但却因基督徒祖先而诞生。实际上，在今天巴黎圣母院的位置上曾耸立过三座教堂：其一是献给圣·艾蒂安的大教堂，建于五世纪或六世纪，占据着如今中殿的一小部分，大部分建筑在教堂的“广场”上。其二是献给圣母的教堂，建于七世纪，并在九世纪（恐怖的诺曼人侵袭之后）重建，覆盖了目前祭坛及中殿的部分地方。其三是作为圣洗堂的圆形小教堂，是一座很古旧的教堂，直至十八世纪前始终在不停修缮，就坐落在教堂的左侧。

在法国的菲利普·奥古斯特统治时期，对于法国王室与卡佩王朝来讲，这一时期当属鼎盛时代。巴黎的新主教昴熙斯·德·苏利人品出众，并拥有着卓越的科学、实践工程及精神责任意识，他决定用50年的时间来建造一座全新的大教堂。他希望大教堂能充分利用最先进的建筑技术，令更多的光线射入教堂的内部。这种被称作“哥特式”的尖形穹窿式建筑，主要是在梁柱及扶垛上施加推力。墙壁则不再需要那么厚实，且可开启高大的窗户。

现在的巴黎圣母院再也看不到5世纪或9世纪的任何踪影，取而代之的则是1210年左右的建筑和氛围。18世纪，这座建筑衰败不堪，法国大革命期间更将其出卖，令其变成了一座采石场。因拿破仑一世在这里为自己加冕，几乎整座建筑，里里外外都被华丽的装饰所遮掩。1831年，维克多·雨果的长篇小说《巴黎圣母院》的出版，标志着一个决定性的转折点。

对于几次到访过巴黎圣母院的我来讲，最吸引我的其实是大教堂前的广场、高大的哥特式外立面，以及雕塑有众多圣经人物的三座大门。

巴黎圣母院的主外立面就如同一面巨幅屏障，通过这个屏障游客可以从一个空间穿越到另一个空间。中世纪并不排斥教外人士及神圣之物。但是，来自城内且略带焦虑的巴黎人，却不会贸然进入这通往天界净土的礼拜仪式场所。

踏上广场，就已置身于19世纪甚至是20世纪的氛围之中。每一个元素都会令人想到巴黎圣母院，会看到塞纳河的堤岸。在中世纪时期，此处房屋林立，塞纳河就隐藏在那些建筑的后面。但是，如若没有这条河流的天然庇

巴黎巴黎圣母院

护，巴黎的财富也就无从谈起。

在这条河另一侧的拉丁区，人们不会忘记，巴黎大学的诞生是教堂倡议的结果，而这所大学为了获得更多的自由空间，而毅然脱离了大教堂。广场深处的巴黎警察局也会令人想起，数个世纪以来，这座大教堂与世俗权力——国王居住的宫殿仅有咫尺之遥，王宫坐落在巴黎警察局的后面，即是如今的法院所在地。巴黎圣母院不仅是一座行加冕礼的大教堂，路易十三更将其称为“我们的教区教堂”。

最初的大教堂与日常城市生活的联系，比现在要紧密得多。有意思的是，越来越多的访客走到广场中央会稍事停留，留意一下地上的一个标志，一枚星形印记，标志着其是法国所有道路的起点。对于巴黎圣母院来讲，这是一个多么美丽的邂逅符号呀。同时，它也是法国中央集权的痕迹，在这里，那些与此建筑同一时代的君主们，他们都曾在此处忠诚地履行过自己的职责。

巴黎圣母院的迎面外立面共开设有并列的三座大门，右侧为圣安妮大门，中央主门为审判之门，左侧为圣母大门。

这座大教堂的各扇大门几乎占据了一层的整个表面，如今，却只有十分之一仍在使用。雕刻精美的大门扩大并同时提升了开启的幅度。圣母院的大钟及那座闻名遐迩的低音大钟，则向远方传递着同样的呼唤。四季变化、生命演进的各个阶段以及数月的修业，则以竖直方式描绘在了左侧大门的两侧窗扇处，其中的部分细节还出现在了西面带玫瑰的彩绘玻璃窗上。

公元1世纪基督教诞生于西亚巴勒斯坦地区，并诞生了以以色列人为开端的救赎与启示的历史经典《圣经》，其中大量相关资料都在此外立面处得到了细致的描绘。大门上方的拱形拱廊处，刻画着《旧约全书》中记载的族长、先知与国王等，密密麻麻有三百余众。更高处则排列站立着有28尊雕像，与福音书中列举的耶稣28位始祖一一对应。

亚当与夏娃高踞在左右两侧的大门处，而被两个天使簇拥着的玛利亚，则占据了中门。尽管这一设计为现代之作，但其象征意义却非常美好。

巴黎圣母院正面右侧大门被称为“圣安妮大门”，水平线处雕刻着从向玛利亚宣告至占星师的崇敬等所有耶稣童年福音书的各个主要场景。一般游客均可以感觉到这些雕塑比巴黎圣母院内看到的都要古老很多。这些雕像均来自早已被拆除的圣玛丽教堂。两扇门扉之间，有圣者马塞尔的雕像。马塞尔是5世纪时的巴黎主教，先于圣者吉纳维夫60年左右。在虔诚的巴黎信徒中，这两位都是大革命前最受敬仰的人物，均拥有着果断、足智多谋且高效的仁慈威望。与所有神职人员一样，马塞尔和吉纳维夫也是教权的象征，并接受祷告、主持圣事……此处的圣者马塞尔将他的权杖植入了龙的口内。

巴黎圣母院外立面中央的主门为审判之门，耶稣基督正面对着最后的审判。耶稣庄严地坐在荣耀的宝座上。他的光轮已与十字架的光轮合二为一，脸部环绕的光晕中十字架横贯其间，令人不禁注意到他高举的双手上的伤口以及那被刺穿的胸肋。左右两侧的天使则握持着十字架、钉子与长矛。基督的两旁，玛利亚与约翰正在为罪人祈祷。拱形曲线处，是幻化出各种身份的众多圣者与圣女们。在仁慈天主与诸多圣人的目光下，亡者开始复活，并分为两组。石料的颜色存在差异，且末端与中间雕塑的品质也不尽相同。原始的作品早已在法国大革命中消失殆尽，但为了令迎神的门厅更显威严，建筑师于1756年重塑了大教堂的中央门厅。另外，中殿与走廊处的彩绘玻璃窗也遭到了严重的损毁。雕塑中间部分，大天使用这世间真爱称量着灵魂的重量，在基督的左侧，入地狱者由一根锁链逐个相连。请注意：只要不抓握、松开手，他们就可获得自由。在基督的右侧，上帝的选民正面向基督前行，手牵手相互扶持着去与亚伯拉罕、以撒及雅各重聚。每个人都头戴王冠，因为他们是基督王荣光不可分割的部分。

巴黎圣母院正面左侧大门被称为圣母大门。大门上描绘着玛利亚辞世及笼罩在加冕荣光中的场景。玛利亚与其子庄重地端坐在同一个座位之上。耶稣正在祝福母亲，而天使则将王冠戴在了玛利亚的头上。但在天堂得到加冕之前，玛利亚已经永眠在了人间。“永眠”这一词汇表示死亡的意思。基督会于最后一天将其唤醒，如同他自己在复活节的清晨被其父唤醒一般。《旧约全书》中记载在玛利亚的灵柩旁，十二使徒环绕四周，摆放着国王书案的约柜是玛利亚的预示，通过她圣子获得了肉身。

从巴黎圣母院正面的大门进入大教堂的内部，眼前是长度超过一百米的大厅，两侧有大走廊、耳堂与祭坛等，大厅的前半部整齐地码放着礼拜用的座椅，走过礼拜区域，则是祭坛，祭坛周围过道上有十四世纪的《圣经》故事雕塑。教堂的尽头则是珍藏有基督教至圣宝物——耶稣受难时头戴的荆棘冠的宝库。每次走到这里，仿佛真实地走到了耶稣的身边，荆棘冠上渗透的耶稣的血液真的可以给我带来好运。

在巴黎圣母院中，给我留下深刻印象的有彩绘玻璃窗、管风琴、祭坛上《圣经》故事的雕塑等。

沿着右侧走廊拾级而上，就可抵达大教堂的祭坛。甬道处，林立的小夜灯及一些祈祷的人们会令人注意到那个巨大的青铜十字架，这是拿破仑三世在十九世纪时赠给大教堂的礼物。

步入耳堂之后，南北侧的两个巨型玫瑰花饰立即就会令您眼前一亮。这个耳堂为菲利普·奥古斯特统治初期建成，彩绘玻璃窗与正门则是在路易九世统治时期建成的。

当明媚的阳光洒落在巍峨的中殿之内，同时，富丽的玫瑰则在这里散发着权力的葳蕤光辉。在西面的主外立之上，一朵高约10米的玫瑰正在肆意绽放。中心是贞洁的圣母玛利亚，四周则是象征着善与恶的人类活动图形，以及代表着光阴流逝的十二宫星座与岁月符号。人们的目光很快就会被两朵创作于1270年的巨大玫瑰所吸引。其无畏的姿态几乎令这些炫丽的彩绘玻璃窗黯然失色，玫瑰的直径是13米，彩绘玻璃窗的总高度为21米。实际上，法官、先知智者与大祭司都簇拥着圣母玛利亚，与西面相同，圣母仍怀抱着圣婴耶稣。这里85%的玻璃为原有旧物。

在南面，玫瑰重新修葺过的痕迹则更为明显。精美的做工轻盈而透明，几乎令人忘却了建筑的厚重。然而，这朵玫瑰的重建次数却是南面玫瑰花饰的两倍，它在很大程度上保留了之前彩绘玻璃窗的原貌。下面的巨幅人像和耳堂及祭坛内的人像一样，是十九世纪的作品。有时候，工匠们也会偶尔从沙特尔大教堂的彩绘玻璃窗中汲取灵感。考虑到要令结构更加坚固，十九世纪的艺术修复师将整体结构旋转了15度，与石材轴线进行了垂直。这朵玫瑰面向南方，是对《新约全书》的献礼。福音的情节、福音书著者、使徒与天使以某种随意的排列环绕在头戴光轮的基督周围，不禁令人想起《圣经》最后一卷《启示录》中的场景。

实际上，这些玫瑰几乎是巴黎圣母院唯一保存完好的彩绘玻璃窗。为了提高亮度，中殿的彩绘玻璃窗已在十八世纪被全部废弃。直到1964年，夏维利埃才为其披上了抽象且色彩艳丽的彩绘玻璃窗。在那个玫瑰开满四围的时代，侧面的礼拜堂则被安置在了扶垛之间。这些礼拜堂增加了建筑的宽度，也令扩大耳堂的需求变得越来越迫切。重建时，人们为其添加了更为进步也更加考究的风格，于是，这些至今仍令参观者心旷神怡的彩绘玻璃窗诞生。

巴黎圣母院内的中部为祭坛，这座祭坛就如同一座世外小岛。整个祭坛空间自成一格，所有布置元素都是十八世纪的风格。而导致这些深刻转变的原因源自其本身在法国宗教历史中的重要地位。

国王路易十三在盼子多年后终于有了儿子，于是，为了感谢圣母玛利亚，遂举行了一场盛大的祝圣仪式。这位儿子就是后来的路易十四，他生于1638年。从此之后，每年8月15日圣母升天节这天，游行的队伍就会走遍法国首都的大街小巷，以此来纪念“路易十三的愿心”。但是，国王路易十三还希望能将这一愿心，铭刻到巴黎圣母院的岩石之内，他选择了重塑祭坛。

路易十三并未看到项目的完工，在儿子出生五年后离开了人世，而这项工程，直到路易十四去世8年后（1723年）才全面竣工。用了四分之三个世纪来完成一个国王的愿心！当时，高大的祷告席位于木制雕刻之上，而大部分雕刻则是在描述圣母玛利亚的生活。这些雕刻娓娓诉说着“路易十三的愿心”，我们可在右侧清晰地看到国王用他的王冠与权杖表达着对玛利亚的敬意。在左侧，路易十四则确保了作品的对称之美。

在大教堂中心，圣墓骑士教务会祭坛之内，放置着巴黎圣母院最珍贵的宝藏：基督神圣的荆棘王冠。

如今看到的祭坛，是按照红衣主教吕斯蒂杰及其继任者的意愿布置而成的。

这座祭坛于2009年5月6日，在耶路撒冷的拉丁主教阁下的亲自主持下，举行了开幕典礼。在您面前的红色玻璃圣物盒内，摆放着基督的荆棘王冠，其如同封藏在绛红的披风中一般，神圣而庄严。

在后面，一尊悲怜圣母雕像的手中，紧握着刺伤了她儿子手、脚及头的钉子与王冠，而祭台就垂悬于这座雕像之上。尽管对这个王冠的记载可一直追溯至四世纪，但仍无法肯定它的真实性。

实际上，此圣物由一个用灯芯草编织而成的圆环组成，为了形成一个具有讽刺意味的王冠，还在上面加入了荆棘。这一圣物为通过圣路易国王获得，其曾于1239年8月18日在巴黎圣母院谦卑地戴过，之后，这顶王冠就被陈列到了圣夏佩勒教堂的豪华圣物盒之内，直到法国大革命始终保存在那里。政教协定（1801年）签署及罗马天主教礼拜恢复后不久，这顶荆棘王冠就被托付给了这座大教堂的议事司铎，并由至尊耶路撒冷圣墓骑士保护了起来。

巴黎圣母院内在西面巨大的玫瑰之下，有那架巨大的巴黎圣母院管风琴，它是世界上音色最广博的管风琴之一，拥有5种56音符音域、一个32音符脚踏键盘，113种音色及7800根音管。巴黎圣母院管风琴的历史犹如一曲永不休止的乐章，至今仍在不停奏响。数个世纪以来，曾有多个显赫名字与这架管风琴紧密相连。

2019年4月15日下午6点18分巴黎圣母院发生火灾，整座建筑损毁严重。着火位置位于圣母院顶部塔楼，大火迅速将圣母院塔楼的尖顶吞噬，尖顶如被拦腰折断一般倒下。直到第二天的4月16日上午10时，巴黎圣母院大火被全部扑灭。事故造成号称“森林”的木质屋架和尖顶及尖顶之上的风向标与三件圣人遗物被烧毁，主体建筑得以保存，万幸的是，圣母院中的重要文物“耶稣荆棘冠”和“圣路易祭服”等没有受损。之后，经过长达五年的修复，巴黎圣母院以全新的面貌重新矗立在塞纳河畔。2024年12月16日，巴黎圣母院恢复正常开放时间。

非常为自己庆幸，曾多次看到过失火前的巴黎圣母院，也期待在不久的将来能够再次步入巴黎圣母院，去聆听来自天国的声音。

【旅游攻略】

地　　址：巴黎6ParvisNotre-Dame-Pl，Jean-PaulII

交通信息：乘坐巴黎公交21、24、38、47、85、96路至圣母院-蒙特贝洛码头站，或乘坐地铁4号线至圣米歇尔站

开放时间：每天7：45—19：00，18：30停止入场

门票价格：主教堂正楼：免费

教堂侧塔楼（钟楼）：8欧元/人，18—25岁5欧元/人，17岁以下免费

教堂博物馆：3欧元/人

地下室：4欧元/人，13岁以下免费

巴黎卢浮宫

拥有1400多年首都历史的巴黎不仅是“浪漫之都”“现代奥运之都”，更是“艺术之都”。这里汇集的六项世界文化遗产，展示了巴黎丰富的历史与文化，体现了其在全球文化遗产中的重要地位。这里有以卢浮宫、埃菲尔铁塔、巴黎圣母院为代表的塞纳河沿岸景观，徜徉其间，让人流连忘返。卢浮宫既是世界四大博物馆之一，又是了不起的建筑杰作。它历经了八个世纪、有时甚至是悲剧性的沧桑与动荡，它还与法国历史及君王身世紧密相关。

中世纪的城堡

卢浮宫始建于12世纪末，当时国王菲利普·奥古斯特（1165—1223年）在现在方形院落的西南角修建了一座附带两栋住宅楼的城堡大主塔。四周环绕着带塔楼的围墙，用于抵御外敌，保护巴黎。卢浮宫一词源于英国，它原来有很多意思，其中最生动的意思是“狼窝”。

时光飞逝，往昔的军事堡垒已丧失了原来的防御功能。卢浮宫曾被历代君王用作监狱、武器库、皇家财宝库。只有在君王出巡的时候，才偶被用作住宅。直到查里五世（1338—1380年）在巴黎周围新建了围墙之后，才决定在此定居。莱蒙杜·汤普受命重新规划卢浮宫，以颂扬国王的业绩。他加高了原来的两栋建筑，新建了两栋由豪华楼梯连接的大楼，使卢浮宫变为豪华

舒适的宫殿。大楼中装有彩绘玻璃窗，室内配有壁画，镶有细木壁板。国王还在华丽的哥特式住宅里设置了图书馆，藏有数百本稀世手稿、饰物以及贵重物品。

卢浮宫改为王室宫殿后不久，巴黎即爆发了长达数十年的动乱、查里六世的疯狂、市民的暴行、百年战争等。其间，王室成员逃离了巴黎住到了卢瓦雷山谷。

卢浮宫的新生

直到弗朗索瓦一世（1494—1547年）登基后，被遗弃的老楼才被重新启用，成了名副其实的王宫。城堡主塔于1528年被铲平，改建成了庭院。1540年，为体面地迎接日耳曼国王查里·甘，又重新整修了楼层。1546年，启动了具有决定意义的改建工程。建筑师皮埃尔·莱斯科在与塞纳河平行的城墙地基上建起了一座新的住宅楼。画家让·古戎负责外部设计，卡丽亚厅的美女廊柱就是他的杰作。该厅原先是王室的豪华居室，现在陈列着古典雕塑品。王宫大楼共三层，其宽大的窗户、突出的正面及附墙柱的上楣堪称法国文艺复兴时期的建筑典范。这些建筑布局为卢浮宫的演变定下了总的基调，之后的历次扩建均以此为模式。

在亨利二世执政期间（1547—1559年），皮埃尔·莱斯科修建了一栋翼楼，通过国王阁楼与老楼连通。查里九世执政期间（1560—1574年），面对着塞纳河建起了意大利式小画廊。亨利二世的遗孀卡特丽娜·麦迪西在城墙外，距卢浮宫五百米处，为自己修建了杜伊勒利宫。建筑师菲利贝尔·德劳梅还设计了由数座楼房组成的硕大四边形建筑群，但工程并未全部完成。

亨利四世执政时期（1589—1610年）虽然不长，却对卢浮宫的发展起了决定性作用。他希望巴黎成为法国的政治文化中心，提议将卢浮宫与杜伊勒利宫相连接，计划完善与塞纳河垂直的小画廊，还特别规划了沿塞纳河建一座长达460米的大画廊。该画廊于1608年竣工。他的夙愿是建成由数座楼房和院落组成，向艺术家开放的王宫。

亨利四世于1610年不幸遭暗杀，未能实现他的宏伟蓝图。他儿子路易十三（1610—1643年）继承父业，委托尼古拉·布森进行大画廊的内部装饰。

建筑师雅克·勒麦西负责完善方形庭院，他拆除了中世纪的遗迹，延长了莱斯科宫，修建了卢浮宫的主要入口——时钟楼。路易十四（1643—1715年）时期，扩建工程继续进行，东部翼楼的建成，最终构成了方形院落。翼楼的外部设计通过竞标的方式产生，采纳了由克洛德·佩罗尔设计的朴素柱廊。

路易十四始终怀念凡尔赛宫，于1678年决定离开巴黎，常住凡尔赛。

18世纪末，卢浮宫被君王冷落，成了一些画家的工作场地和住所，此外还住着一些混杂的市民。卢浮宫工程并未完工，有的地方甚至没有房顶。

拿破仑时代，虽然他雄心勃勃，但建筑师们也只在杜伊勒利宫入口处建了一座凯旋门，并开始修建连接卢浮宫的北翼。亨利四世的宏伟蓝图半个世纪后才又提上了日程。

王朝复辟时期，在北翼楼里加了隔墙。拿破仑三世（1808—1873年）重

巴黎卢浮宫

新启动了扩建工程，使卢浮宫具有了现在的规模。宫内的百年老房被铲平，并完善了楼房建筑，在现有的拿破仑院两边新建了楼阁，为使卢浮宫整个外观一致。新建的楼房一部分用于行政事务，拿破仑三世把北翼留为己用。1857年8月14日，他主持了新卢浮宫落成典礼。

皇家宫殿竣工不久，1870年爆发了法德战争。接下来又是巴黎公社，杜伊勒利宫于1871年被烧毁，梯形的卢浮宫打开了一个缺口。1883年杜伊勒利宫最终被拆除，仅留下玛尔桑阁楼和弗劳尔阁楼。

20世纪，卢浮宫得到不断的扩建，作为以往颂扬君王伟业的宫殿，改建的目的则是更好地保存日益增多的艺术品。1981年法国总统密特朗发起了“大卢浮宫计划”，使卢浮宫改建计划臻于完善。其中的壮举是美籍华裔建筑师贝聿铭设计的具有现代构思的玻璃金字塔。金字塔的建成标志着卢浮宫重大改建工程的成功。过去用于行政办公的场所被收回，博物馆得以扩大，地下场所重新规划，使技术管理及参观者流动更加便利。

1793年8月10日，在法国大革命的喧嚣中，卢浮宫正式向公众开放。此前，王室的建筑管理人员已作了长期的筹备。1768年玛利尼侯爵根据部分作家、哲学家的要求，首次向路易十五提出在大画廊展出王室艺术品的设想，但未被采纳。后来，安吉菲雷伯爵扩充了这一设想，旨在建立一个博物馆，清点王室藏画，收购并修复绘画。保管人于贝尔·罗贝参与计划并提出了更好的建议，由于财政窘迫，政局动荡，这个雄心勃勃的计划在1789年前的王朝时期并未实现。1791年，成立了艺术家委员会，筹备开放博物馆。大画廊展览绘画，小画廊的一楼展览古代艺术品。卢浮宫成了国家博物馆，大革命期间从教会及流亡贵族那里收缴的艺术品丰富了原有的王室收藏。之后，拿破仑战争中从荷兰、意大利、德国所获使之进一步充实。1803年卢浮宫被命名为“拿破仑博物馆”，为展出艺术杰作，展厅进行了专门整修。

拿破仑帝国的晚期，除了一百件作品作为协商交换物（其中有维罗内日画的《卡娜的婚礼》）以外，卢浮宫被迫于1815年归还以前征收的艺术品。1816年，法国文物博物馆关闭，馆中雕塑品转移至卢浮宫。之后，特别是考古研究的发展使文化研究领域得到了扩大，考古新发现使卢浮宫受益。希腊

（1821年卢浮宫收入米罗岛的《维纳斯》）、罗马、埃及、中东的文物大量进入，迫使卢浮宫要重新规划楼层，在方形院落设立了专馆，如1826年建立由埃及专家负责的埃及馆。1847年建立亚述馆，主要陈列亚述的带翅雕塑等。之后几十年，捐赠及购买的艺术品也极大地丰富了卢浮宫的馆藏，以致必须划分不同的展区，分门别类地陈列展品。

目前，卢浮宫共设有八个展区，向公众展出三万余件艺术品。另外还有一个临时性轮流展出的书画艺术展区。

1.东方文物展区

卢浮宫东方文物厅的历史可从法国人在近东及中东的考古发现说起。当时这一地区曾是强大而又辽阔的奥斯曼帝国，在当地任职的法国外交官员希望重新找到《圣经》中所提及的民族遗留的痕迹。法国驻伊拉克北部莫素勒的领事保尔·埃米尔·博塔在寻找尼泥威古城时，没有找到科霍萨巴遗址上的古城，却意外地发现了公元前八世纪亚述国王萨尔贡二世王宫的遗迹。发掘的部分工艺品被画家欧仁·弗朗丹绘图造册后运回卢浮宫，卢浮宫于1847年首次设立了亚述陈列馆。

此后，考察发掘工作转向了地中海东部地区。一些博学的旅行家，如埃夫·德索西、厄·纪尧姆雷，从塞浦路斯、巴勒斯坦带回了首批古文物。而埃内斯·勒南率领的考察团揭示了腓尼基文化。

法国驻伊拉克南部巴索拉的外交官埃内斯·德萨杰克在勘察梅坡塔米南部地区时，在特洛遗址发现了数目可观的石雕像。这是一些拉嘎士国苏美尔君王的雕像，其统治时期在公元前2130年左右。从铭文考察中甚至重新发现了苏美尔人名。

之后，法国工程师马塞尔·迪厄拉夫在伊朗进行考古发掘，他在叙兹城，开始对达流斯宫遗址进行挖掘。发掘的文物中有现藏于卢浮宫东方文物厅的《弓箭手》石刻。继迪厄拉夫之后，雅克·德茂冈对叙兹古城进行了更深层的考察，证明那里曾先后是埃拉姆王国、古波斯王国的首都。

第一次世界大战及奥斯曼帝国崩溃后，一些法国考古队重新开始实地考察。克洛德·舍费尔1929年发掘出乌加利古城拉沙姆拉。1933年，安德烈·帕洛发现了玛利古城。目前，卢浮宫东方古文物厅的工作人员与当地政府合作，发掘出的文物大多留在了当地。

2.埃及文物展区

卢浮宫埃及展区可谓珍品琳琅满目，无缘前往埃及参观游览的游客，可在这里得到满足。展区拥有的五千多件文物。卢浮宫享誉世界的埃及艺术杰作按文字、墓葬、宫殿、众神等重大主题进行了布置，把埃及四千多年的悠久文明展现在参观者面前，便于观众了解埃及人的生活环境和埃及人的精神世界。

让-弗朗索瓦·尚博良是埃及象形文字的识别者，他也是卢浮宫最早的埃及文物管理者。1826年5月15日，查里十世签署命令，受命尚博良管理埃及文物分部。尚博良没有得到德罗维裼的豪华收藏品，却有幸获得了英国驻开罗领事萨勒特收集的近4000件文物。这批特殊的文物中有塔尼的狮身人面像、法老翰姆瑟斯三世硕大的粉红花岗岩盆。尚博良的工作并不局限于收集文物，他还负责展馆设计和布置。作为埃及学家，他一开始就兼顾美学趣味与教育意义的平衡。即使与建筑师方丹偶有争执，最终仍保证了场馆工程按计划进行，相继建成了一个众神厅、一个民间文物厅和两个墓葬文物厅。1827年，卢浮宫获得了德罗维裼收藏的第二批500余件文物，其中有著名的《捷瑚提盘》和法老翰姆瑟斯二世巨像。

十九世纪下半叶，欧洲各博物馆采用新的收集方法，分别保管在埃及发掘的文物。法国埃及考古学家马里耶特在塞拉贝奥发掘的近6000件文物被卢浮宫收藏，其中有著名的《书记员坐像》。1880年，法国在开罗建立了东方考古研究院，收获颇丰，1901年在阿布劳科对国王蒂杜费金字塔进行了发掘，1901—1902年，发掘了科普特寺院，在阿袖发掘了总督纳科倜的所有殉葬品，对岱厄枚纳劳工村进行了发掘。除此之外，一些特殊的捐赠继续使卢浮宫文物得到充实，如阿梅诺菲的巨像是埃及对法国援救努壁地区所做努力表示感谢的礼物。又如路易丝、阿特尔东和安吉苞·库尔提遗赠的1500多件文物。

3.卢浮宫的希腊-伊特鲁里里亚-罗马文物

希腊-伊特鲁里亚-罗马文物厅是卢浮宫最早的展厅之一。该厅于艺术中心博物馆诞生之初便开始筹建。1800年拿破仑为该厅举行落成典礼，当时该厅命名为“古文物博物馆”，馆内汇集了王室原有的收藏品。大革命时期收缴的文物和拿破仑从意大利带回法国的战利品使希腊、罗马艺术品的数量大增。1807年，拿破仑买下了勃盖热亲王收藏的500余件大理石工艺品，使卢浮宫位居世界古迹博物馆前列。

拿破仑之后的帝王同样热衷于扩大古文物的收藏。米罗岛的《维纳斯》雕像是法国驻奥斯曼帝国大使里维埃侯爵送给路易十八的礼物。《维纳斯》的进入可谓是卢浮宫一件大事。查理十世时期，新成立的希腊共和国送给法国奥林匹亚宙斯神庙的壁雕残件。同一时期，不断购入的文物使原有的得到了充实，1818年购入了陶松收藏的574个器皿，标志着希腊陶瓷部的真正诞生。拿破仑三世登基后，开始了一个重要阶段，除了大量修复工作外，一些非凡的大理石雕像进入卢浮宫，其中有法国驻安德里领事诺普送的《胜利女神》。1861年，购入了坎帕纳收藏的3500个器皿。十九世纪卢浮宫收获颇丰，发掘、购买、捐赠不断。如1874年收藏的《库罗伊》，1881年收藏萨莫岛的《赫拉女神》。由于埃德蒙·鲍狄埃和萨洛蒙·雷纳克在密里那遗址和小亚细亚的考察发掘了1700个小陶雕像，使小型文物数量大增。加之艺术资助者异常慷慨的资助，如古斯塔夫、埃德蒙·罗奇尔德为卢浮宫买下了鲍斯科财宝中的大部分罗马银器。

20世纪，一方面，卢浮宫继续收购名贵文物，另一方面，对收藏品重新进行大规模的重新布置。近期，在“大卢浮宫计划”的框架内，整理了希腊前古典主义展厅的文物，对奥林匹亚壁雕全部重新布置，翻新了坎帕纳展厅，重新布置了青铜器厅，将所有小雕像及陶雕迁入查理十世展厅。

4.伊斯兰艺术品展区

这一展区创建于2003年。19世纪下半叶，卢浮宫对伊斯兰艺术萌发了强烈的兴趣。1856年夏尔·索瓦若捐献了大量文物。1890年，在工艺品展区管理人员埃米尔·莫利涅和卡斯通·米荣的促进下，卢浮宫首次决定建立伊斯兰展厅。15年后，1905年，第一个伊斯兰艺术展厅开展，标志着一个新阶段的开始。第一次世界大战之后，1922年，开设了第二批展厅，陈列阿丰丝·德洛尔太太遗赠的文物，其中包括她丈夫在埃及和近东收集的大量钱币。后来，伊斯兰艺术品曾隶属工艺品展区、亚洲艺术品展区，1945年曾与东方古文物展区合并，直到2003年才最终成为独立的展区。

几十年来，陆续购入的珍稀文物和收到的慷慨捐赠使卢浮宫的收藏品不断增加，这就需要安排更大的陈列空间，1993年在黎什留翼楼开设的新展厅，可以陈列更多艺术品。然而在卢浮宫收藏的一万件伊斯兰文物中，观众能看到的只有一千三百件。因此卢浮宫制定了新伊斯兰艺术展区的周密计划，收入其他的博物馆，特别是来自装饰艺术博物馆以及格布朗利博物馆的收藏品。通过以上艺术品的陈列，力求从广度和深度上展示丰富的伊斯兰文化。

卢浮宫丰富的伊斯兰文物其中有从库拉桑（伊朗）、埃及等的精品中选出的樊尚教堂的《洗礼盆》。有来自不同地区、不同时代的大量瓷器，最早的发掘于叙兹。发掘物中的精品有《阿巴西得盘》和伊兹尼科华丽的《孔雀盘》。玻璃器皿、仿制品、牙雕、木雕同样占有一席之地。在伊斯兰传统中占有重要位置的书籍艺术也没被忽略。所选作品多样化，地域广阔，时间长达数世纪，曾使西方人奇思不断，是繁荣的伊斯兰文化的一幅全景图。

5.卢浮宫的绘画

四世纪前期，法国开明君主弗朗索瓦一世收集了很多绘画佳作，其中就有举世闻名的《蒙娜丽莎》，此画是他1519年在画家去世后不久购买的。弗朗索瓦一世的收藏品成为王室藏画的原始核心，后继的国王又不断充实。大革命时期，这批藏画被收归国有，形成了卢浮宫绘画展区。经过两个多世纪的补充完善，现在卢浮宫拥有六千多幅十三世纪末至十九世纪初的绘画作品。

弗朗索瓦一世收藏的主要是意大利绘画。之后的君王藏画更为广泛，亨利四世、玛丽·麦迪西、路易十三向全欧洲画家订画，委托他们用绘画装饰王宫。然而使王室藏画激增的君王是路易十四，他执政期间收藏了近一千五百幅当时大师的作品。十八世纪，收画业务减少。直到路易十六时期，安吉菲雷伯爵被任命为总监，并创建博物馆。他采取保护艺术品的政策，定购并寻觅绘画，以弥补过去的空缺。

法国1789年前旧王朝的崩溃开创了收集艺术品的极好时机，卢浮宫以“中央艺术博物馆”的名义收藏了从流亡贵族、教堂、修道院征收的绘画。在督政府、帝国时期，又增加了从全欧洲征集来的名贵绘画，其中一百多幅至今保留在卢浮宫。之后卢浮宫的藏画补充主要以购买、捐赠形式继续。1897年卢浮宫之友会成立，为收集绘画发挥了积极作用。近期颁布的可以用艺术品抵交继承税的法律、对参与丰富国家艺术品收藏的企业减免纳税的规定，又使卢浮宫获得了一些绘画。

卢浮宫所收藏的绘画三分之二是法国画家的作品。接下去依次为意大利、弗朗德勒绘画。这一藏画结构是绘画艺术的自然发展及邻近的地理因素所造成的。但卢浮宫始终奉行的是百科全书式的收藏宗旨。西班牙、德国、北欧绘画一直在不断充实。自1794年以来，绘画以国别分展区，使观众在卢浮宫能看到欧洲绘画的方方面面。

6.卢浮宫的雕塑

雕塑品展区陈列中世纪前期到十九世纪上半叶的欧洲雕塑品。从时间上看，这些雕塑品的年代晚于希腊-伊特鲁里亚-罗马文物厅的古代文物，但早于被迁移到奥赛博物馆的十九世纪下半叶的雕塑品。雕塑品展区的收藏品与工艺品展区里的类似，两厅展品无明显区别。因此，小型工艺品特别是小青铜器，在两个展区都有陈列。

法国雕塑品是世上绝无仅有的，展区所在的黎世留翼楼原为法国财政部，1993年财政部搬出后成为雕塑厅，主要陈列法国雕塑品。翼楼环绕着两个庭院，庭院里陈列露天雕塑品。因为一边的雕塑来自玛尔黎公园，另一边是皮埃尔·皮热的杰作，这两个庭院分别被命名为玛尔黎院和皮热院。外国雕塑品则陈列于德农翼楼。

雕塑品展区的陈列物来源于法国大革命时期的两个博物馆，法国古迹博物馆和凡尔赛法国博物馆。法国古迹博物馆由亚历山大·勒努瓦（1764—1835年）创立，展出从教堂和流亡贵族那里征收的艺术品。凡尔赛法国博物馆主要收藏王室学院艺术家的作品。大革命时期，博物馆不接受“新派”雕塑品，只收古代雕塑。王朝复辟时期，情况有所改观。1824年，以上两个博物馆撤销，其中的艺术品以及凡尔赛公园的几件作品被收入卢浮宫的五个展室，命名为安古莱姆展厅。这些文艺复兴以及古典时期的艺术品成了雕塑品展区的基础部分。之后，该厅几经变迁，曾从属于古文物厅、艺术品厅。

1893年，该厅最终成为一个独立部门。路易·库拉若被任命为负责人，他采取广泛收集法国古迹遗产的策略，对文物进行探查、收购。他的后继者继续了这一策略，加之许多慷慨的捐赠，使该厅现在拥有一千余件法国雕塑以及四百件外国雕塑。外国雕塑品中三分之二是意大利作品。卢浮宫对意大利艺术品，特别是对意大利文艺复兴时期艺术品的偏爱持续了很长时间，致使其他国家的艺术品遭到冷落。但这种不平衡状况随着时间推移有所改变，现在卢浮宫也展出北欧国家精美的雕塑品。

7.卢浮宫的工艺品

法国1789年前的王朝崩溃之后，卢浮宫以“艺术中心博物馆”面向大众敞开大门。除绘画、雕塑，大画廊还向参观者展出器皿、古物及贵重物品。1793年国民工会关于建立博物馆的决定，计划在卢浮宫展出从王室或宗教场所征收的某些贵重物品。卢浮宫博物馆成立当年就接收了圣德尼修道院的珍宝，包括修道院院长旭热12世纪制作的著名器皿及教会为法国国王行加冕礼的器具。1796年卢浮宫又收到一批王室家具保管处移交的稀世珍品，其中大部分是路易十四收集的硬石器皿和青铜器。这些青铜器后来成为卢浮宫文艺复兴时期青铜器的核心部分。

这些珍稀文物质量上乘，但还需作特殊的补充完善。因此卢浮宫在不同时期分别购入了一些零散文物。如查里九世的头盔和盾牌是在1793年公开出售王室收藏品时购入的。另一来源是私人大宗收藏，如王朝复辟时期获得的埃德姆·安托万·迪朗和皮埃尔·雷瓦尔的收藏品。这两批收藏品的获得使卢浮宫拥有大量希腊、罗马古董以及中世纪、文艺复兴时期的作品，如象牙、地毯、家具、精美的金属制品等。

拿破仑三世时期文物展厅正式成立，收藏品大量增加。卢浮宫获得了某些私人的全部收藏，值得一提的是坎帕纳侯爵非常著名的收藏系列，从1870

年起，国家动产局的移交、零星购买、个人捐赠或遗赠以及卢浮宫之友会的捐赠又丰富了卢浮宫的收藏内容。

卢浮宫通过各种渠道的收集活动从未间断，但很长时间内仅限于中世纪到文艺复兴时期的文物。1900年前后，随着十七、十八世纪展厅成立，文物范围得以扩展。十九世纪有代表性的文物许多是帝国初期、双及王朝复辟和七月君主政体时期的佳作。其中的上品无疑是黎什留侧楼上的拿破仑三世套房的成套家具。二十世纪初，卢浮宫已拥有从中世纪到路易·菲利普（1773—1850年）各个时期的文物。

8.卢浮宫的书画刻印艺术

书画刻印艺术展区拥有十三万件展品。但参观者对该展区却不大了解，主要原因是所收藏的素描、彩色粉笔画、微型画、版画、书籍、手抄本或作者手稿的质地脆弱，不宜长期展出。因此卢浮宫有规律地组织临时性展览，参观者可目睹这些展品。此外，还可通过各类出版物、互联网站、查阅室，使想进一步了解这些收藏品的人能如愿以偿。

和绘画展区一样，书画刻印艺术展区的书画作品最初来源于王室收藏。确切地说，根据国王路易十四的提议，1671年建立了一个素描室，并一直延续到现在。路易十四推崇艺术创作，国王版画室和王室版画院的建立也都归功于他。这两个机构大革命时期合并为“国家版画院”。

从那时起，艺术品的不断收购、捐赠人的馈赠、历史的偶然性以及艺术本身的演变，明显地改变了以往的格局。现在的书画刻印艺术展区汇集了以下几方面的内容：素描室收集了法国十五至十九世纪异常丰富的作品，同时还有意大利、德国、荷兰艺术家的作品，如达·芬奇、拉斐尔、米开朗琪罗、杜勒、奥勒班、伦勃朗的作品。自1977年，十九世纪下半叶，即1820年后出生的艺术家以及此前出生的库尔贝、杜米埃、米勒的素描划归了奥赛博物馆。卢浮宫在与负责单位奥赛博物馆合作协商的前提下，继续对该时期素描进行清点修补工作。

书画刻印艺术展区的第二部分作品是从16世纪到近代的一万三千福铜版画，这些作品的出版发行由国家博物馆中心负责。展区的第三部分是素描室旁边的埃德蒙·罗奇尔德收藏品。这批慷慨的赠品由埃德蒙·罗奇尔德男爵于1935年捐赠。他毕生收集的主要作品有1500年前印刷术刚出现时出版的书籍、德国版画、法国十八世纪版画以及伦勃朗的作品，包括四万幅版画，近三千幅素描和五百本带插图的书籍。

【旅游攻略】

地　　址：法国巴黎75001Paris，塞纳河北岸（右岸）的市中心

交通信息：搭乘地铁1号线、7号线在皇宫/卢浮宫博物馆站下车。

开放时间：9：00—17：45（星期二除外）

关闭时间：1月1日、5月1日和12月25日

夜间开放时间：星期三和星期五至21：45

门票价格：15欧元（永久收藏和展览）

10月至4月，每月第一个星期日，所有游客免费入场

联系电话：+33-1-40205760

/

巴黎奥赛博物馆

巴黎是法兰西共和国的首都兼最大城市，是世界五大国际大都市之一。历史悠久且有1400多年的首都史，世界五大“艺术之都”之一的它也是“浪漫之都”“奥运之都”，被联合国教科文组织列入世界遗产名录的文化遗产多达6处，拥有大大小小各种主题的博物馆近200家，全方位吸引各种人群，这里的卢浮宫是世界四大博物馆之一；这里的枫丹白露宫，是集哥特式、文艺复兴式和古典主义风格为一体的美丽行宫园林；这里的奥赛博物馆被称为“欧洲最美的博物馆”，这里是勒柯布西耶的作品，它代表着最前沿的现代主义建筑设计学等。最让人不愿离开的是走在这一条条小巷里眼前看到的都是法国最具魅力的一面。

奥赛博物馆曾被誉为“欧洲最美的博物馆”，它位于巴黎第七区塞纳河

左岸，与卢浮宫和杜伊勒里花园隔河相望，奥赛博物馆是联结古代艺术殿堂卢浮宫和现代艺术殿堂的蓬皮杜中心的完美的中间过渡，是巴黎三大艺术殿堂之一。博物馆专门收藏1848年至1914年的艺术作品。馆藏涵盖印象派、后印象派、象征主义等流派，填补了卢浮宫（古代艺术）与蓬皮杜中心（现当代艺术）之间的历史空白，被誉为“近代艺术史的活化石”。

博物馆所在地址在1870年原为国家审计署所在地。原建筑在“巴黎公社”时被捣毁。1898年，巴黎奥尔良铁路公司委托维克多、拉卢在这里建起了新客站大楼。这项工程历时两年完成，于是，奥赛火车站于1900年万国博览会前通车。拉卢设计的雄伟的主大厅135米，宽40米，钢筋结构通过拉毛粉饰从外部被巧妙地遮盖了起来。室内除了有16个月台，还有饭馆和有400个房间的优雅的旅店。

1939年，该客站被废弃不用，面临着被拆除的危险。

巴黎奥赛美术馆

1973年，当时的法兰西共和国总统乔治·蓬皮杜提出，要利用它建一个国家博物馆，陈列从拿破仑三世的“第二帝国”到立体主义兴起之初长达近半个世纪的艺术作品。

奥赛博物馆改建原建筑的工程于1978年公开招标，由艺术、电影和电视协会小组中标，室内设计为意大利女建筑师迦艾奥冷蒂承揽。奥赛博物馆是一个工业美学的作品，保留原有火车站钢架玻璃拱顶及弧形钟楼的外表，将工业时代的铁艺结构与古典装饰风格结合起来，造就出一座独具特色的“新艺术运动”风范的建筑。在原有的建筑当中再加建展墙，并增添现代化照明设施等，既达到保存这栋建筑的目的，也能够满足参展作品的展示需求。其著名的罗丹雕塑《地狱之门》安置于原车站入口，以此彰显此地厚重的历史积淀；并让历史和现代在同一空间中达成了沟通。改建后的博物馆按照拉卢式古典主义风格建造外形，结合部分现代主义风格建筑，馆内装潢可根据各类艺术品的展示要求随时调整布置。保留了原来车站拱形窗做观景台，还可以看到塞纳河和卢浮宫；长138米的中央大厅过去是火车站月台，改造成了雕塑长廊，顶部有一个大大的玻璃穹顶，透过光看到很多的光线在流，仿佛这是一个展厅，原来的钟楼也进行了装饰展览。

奥赛博物馆拥有共三层室内展厅，开设有80多个专题陈列室，展览面积47000平方米，其中长期展览16000平方米，改建后的博物馆保持了拉卢古典主义风格的外立面，1986年12月1日，时任法国总统密特朗为奥赛博物馆揭幕。

奥赛博物馆舍弃了传统形式，在将这座外观瑰丽的历史建筑内部建造成世界顶级艺术博物馆的同时，完全满足了博物馆自身的需求。每层楼的设计特色突出，并形成由粗到细的展览逻辑，充满美术馆的味道。

建筑分层设计注重展览逻辑，一层作为印象派展厅，二层是学院派及象征主义展厅，底层为雕塑厅及现实主义巨作展厅，做到了建筑功能和艺术的高度统一。

博物馆共收藏近代艺术作品4700多件，展品包括绘画、雕塑、手工艺品、设计绘图以及家具陈设、摄影等几乎所有的艺术范畴。

展品按艺术家的年代和流派分设在大厅的底层、中层和顶层。

位于底部的是展示1850年至1870年的画作、雕塑和装饰艺术品的区域，包含安格尔、德拉克洛瓦、莫奈、布维德沙万以及古斯塔夫·莫罗的作品。1870—1914年的作品位于第二层，其中包括第三共和国时期以官方艺术为主的作品、象征主义、学院派作品和新艺术时期以装饰为主的美术作品（吉马尔、艾米勒·加莱以及南锡画派作品）等。顶层集中展示的是印象派以及后印象派画家的作品，展示有梵高、莫奈、德拉科洛瓦等的作品。如梵高的《阿尔的教堂》、莫奈的《睡莲》、高更的《沙滩上的两个女人》等。以及佩尔索那兹、伽歇和吉尧曼的收藏品，印象主义后派画家瑟拉、西尼亚克、图卢兹劳特累克、高更、梵高以及法国独立派画家博纳尔、维亚尔和瓦洛冬的作品。

奥赛博物馆以印象派收藏而闻名，可称为镇馆之宝的代表性作品包括：印象派光影革命式的名作——莫奈的《睡莲》系列画作，一道蓝蓝的水面映着水天一色，瞬息万变的景物，是印象派的艺术高潮，是顶峰之作；雷诺阿的《加雷特磨坊舞会》，光影斑驳的人群充满欢乐，就像自己小时候逃课到城里随同大人一起看戏一样，叫一个字：乐！一幅美得让人心醉的画面；梵高的《自画像》，用乱涂式的笔法描摹了一双迷离的眼神，堪称当今欧美流行文化符号之一。现实主义时代镌刻作品《拾穗者》中所呈现出来的三维世界，并描绘三位弯下腰来拾穗儿的农妇形象，是劳动的魅力与艰辛过程，体现的是整个社会现实主义时期的艺术特点。库尔贝的作品《画室》，其中画出的是一幅十九世纪法国的社会全景图，暗示画室中以及室外的生活就是生活本身的一种记录。

雕塑追求象征的探索性的作品：德加的《舞台上的芭蕾舞者》，固定住舞者的裙摆飘动，具有动态感和工业时代的技术特征；罗丹的《地狱之门》是以但丁《神曲》作为素材，大量采用青铜铸成的浮雕群像，强烈地表现出痛苦、绝望、挣扎的戏剧效果。

冲破以前先锋的画作，马奈的《吹笛子的少年》，平面化的构图，极其鲜明的色彩是对于古典学院派的一种反叛，被人称为现代绘画的先驱者之一。莫奈的《日出印象》（部分版本），缥缈朦胧的海上晨曦成就了“印象派”之称，改写了艺术史。2020年11月，世界名画《日出印象》在日本来到中国上海展览，引起了巨大反响。是近年来，我在巴黎、莫斯科、北京、东京等世界各国参观了大大小小很多幅莫奈的作品，大的场面如博物馆，小的小到餐厅里、地铁入口旁，宛如真正地充分地享受了一场视觉盛宴。

作为建筑遗产的活化典范和近代艺术的百科全书，奥赛博物馆用其展品向我们讲述了从古典到现代的审美变化，并且火车站改造成为如今带着“时光隧道”色彩的空间。所以无论是艺术爱好者还是游客都可以去奥赛博物馆看看巴黎“流动的盛宴”，感受那份美的享受。

【旅游攻略】

地　　址： Esplanade Valéry-Giscard-d’ Estaing 75007 Paris

交通信息： 地铁12号线到Solférino站下车后步行约三分钟即可到达。快速搭乘RERC线直达Mus é ed’ Orsay车站，直接步行到达博物馆

开放时间： 9：30—18：00（17：00停止入场）
星期四延长至21：45闭馆
每月第一个星期日免费开放

门票价格： 旺季16欧元，淡季14欧元
夜间票：星期四18：00后入场12欧元

联系电话： +33 1 40 49 48 14

/

巴黎荣军院

巴黎荣军院是一组规模庞大的建筑群，位于沃邦广场和荣军院广场之间，它由残疾军人馆、圆顶大厦和圣路易教堂几部分组成。

荣军院建筑是法国“太阳王”路易十四于1670年敕令建造，旨在为战争中伤残的士兵提供庇护与医疗支持，让那些丧失工作能力被迫沿街乞食度日的残老军人有个安养之所。

1671年授命黎倍拉尔·布鲁昂负责设计施工，后由凡尔赛宫设计师朱尔·阿杜安·芒萨尔接续完成，形成了五个庭院的巴洛克与古典主义融合的建筑布局，为方便通行，路易十四还出资修建了塞纳河上的皇室桥。1676年，主体建筑正式竣工，圣路易教堂和圆顶大楼则是由后来扩建而成。

巴黎荣军院

1789年法国大革命后，皇家荣军院更名为“国家军事荣军院”，其功能从单一的疗养机构扩展为军事与历史纪念场所。1840年，拿破仑·波拿巴的遗骸从圣赫勒拿岛迁回巴黎，最终于1861年安葬于荣军院的圆顶教堂下方，标志着荣军院成为法国军事荣耀的象征。

1905年，荣军院正式转型为军事博物馆，并延续了对伤残军人的安置使命。如今，这里是法国军事历史的综合展示中心，收藏了涵盖从中世纪到当代的50余万件的藏品。

荣军院广场长487米，宽250米，从右侧环抱残疾军人馆。它建造于1704年至1720年。荣誉庭院占地广阔的鹅卵石庭院，曾是军事仪式举办地，这里陈列着70座17—18世纪的古典铜铸大炮，其中有18门是“凯旋礼炮”，只在重要场合下才鸣放。大门的两侧有两辆1944年缴获的德军坦克。

荣军院的外正立面长达196米，风格简朴而庄重，上有四排窗户，中间为气势恢宏的门洞，其上方是一幅浮雕，刻的是两边簇拥着谨慎之神和正义之神的路易十四国王。

走进庭院，游客可以看到院内四面都是带有两层连拱廊的规整结构。庭院尽头的序式建筑就是通往圣路易教堂的前门。院子中央有一座瑟尔作的拿破仑雕像，它原先是被安放在旺多姆广场中大图腾柱的顶端的。

荣军院的圣路易教堂内还有一个地方值得一看，那就是拿破仑礼拜堂，里面停放着曾装运拿破仑遗体去圣海蕾娜岛安葬的灵车，还有1840年又将拿破仑骨灰运回法国的大理石石棺。

圣路易教堂与圆顶教堂相连，采用希腊十字平面设计，内部装饰融合宗教与军事元素。

荣军院圆顶楼是建筑师朱尔·阿杜安·芒萨尔的代表作品之一。它建造于1679年至1706年。其形式单纯、质朴而庄重的古典风格是这座建筑的显著特征。房子地平面为方形。立柱式外立面分上下两层，优美而对称。两层柱式门廊上方为一人字形山墙，建筑主体一层是带有双柱的坚固的巨型圆鼓结构，从圆鼓到大圆顶之间，有一层带拱形窗的过渡层，大圆顶上装饰着花卉和其他植物纹样的镀金雕饰物在阳光照耀下闪闪发光，最上端是一个带有离地面110米的塔尖的天窗灯笼状结构，圆顶教堂的金色穹顶直径27.7米，镀金层耗费12公斤黄金，灵感源自罗马圣彼得大教堂，曾是巴黎最高建筑。穹顶内壁饰有查尔斯·德拉福斯的壁画《天堂的荣耀》，描绘圣路易斯向基督献剑的场景。

这座建筑内部结构为希腊十字形结构，有着与该建筑外部同样简朴的特点。在穹顶的内壁，夏尔乐·德·拉·佛斯绘制了四位传福音者的形象，而在中央位置则描绘了圣路易向基督献剑、基督执剑战胜异教徒的场面。穹窿顶的下方是进入拿破仑墓室的地下室的入口。

拿破仑陵墓位于教堂中央，以红色石英岩和绿色花岗岩建造，基座刻有拿破仑的军事成就铭文，这座教堂真可以称为纪念拿破仑的圣殿。陵墓下沉6.1米，棺椁共7层，外层形似军帽，上层安葬其亲属与将领，像埃及法老的遗骨一样，拿破仑的骨灰也被分别装在六层棺材里，第一层为锡棺，第二层为红木棺，第三层和第四层为铅棺，第五层、第六层为黑檀棺和橡木棺，这些棺材都被放进一个特大的红色花岗岩石柜中，安放在一间由大建筑师维斯孔蒂专门设计的地下墓室里，出自普拉第耶之手的12尊胜利女神像环立在石棺四周上方，守护着这位昔日叱咤风云的皇帝。她们又仿佛象征着法兰西全体人民终于又在他们伟大英雄周围团结了起来。为了让拿破仑死后能与他那位在他生前不能团圆的儿子团圆，人们也将那位被浪漫地称为“小鹰”，曾经身为罗马王的儿子拿破仑二世安葬在他父亲的身边。

拿破仑·波拿巴1821年5月5日在圣海蕾娜岛去世，可是七年之后法国才得到英国政府的允许，把他们这位皇帝的遗体运回祖国。路易·菲力普派遣他的儿子儒安维雨王子去圣海蕾娜岛，指挥寻找拿破仑遗骨的工作。拿破仑遗骨重返法国土地，是这位让他的人民最爱戴、他的战士最崇敬而他的敌人最惧怕的法兰西伟人的最后一次凯旋式旅程。

1840年9月，一艘法国船只载着拿破仑的遗体驶向勒阿弗尔，然后沿着塞纳河缓缓地到达巴黎。9月15日这一天，大雪纷飞，巴黎城万人空巷，人们几乎都参加了这位已故皇帝的葬礼。载着拿破仑的遗体的灵车沿着宽广的林荫大道缓缓行驶，它穿过了凯旋门，驶过了香榭丽舍大道，到达这座巴黎荣军院圆顶大厦。拿破仑长期的被放逐生涯到此结束，他将从此在这里长眠。

这里还是拿破仑家族以及其他一些法兰西伟人家族成员的墓葬。右侧的礼拜堂有拿破仑弟弟约瑟夫·波拿巴以及他的两位元帅沃邦和福科的墓地。而拿破仑的另一位兄弟热罗姆则葬在左侧第一间礼拜堂下面，与他相邻的是蒂雷娜和利奥泰的坟墓。

军事博物馆展厅共开设有10个主题展厅，涵盖武器、绘画、摄影及战争遗物。中世纪至近代展区，展示历代法国国王的盔甲、武器、拿破仑的私人物品(双角帽、行军床)及希特勒的笔记本等。拿破仑战马标本：阿拉伯种马"勒维齐尔"的标本，臀部刻有"N"字皇冠烙印，曾随拿破仑征战至滑铁卢。

荣军院不仅是历史遗迹，更是法国国家记忆的承载者。每年在此举行纪念仪式，如拿破仑诞辰日(8月15日)和军事胜利纪念活动。其建筑与展陈融合了巴洛克的华丽与古典主义的庄重，被誉为"巴黎最震撼的历史课堂"。游客在这里可以系统性探索荣军院的恢宏建筑、军事遗产与人文精神，感受法国从王权辉煌到现代共和的历史脉络。

【旅游攻略】

地　　址： 129RuedeGrenelle，75007Paris

交通信息： 地铁8号线至LaTour-Maubourg站，13号线至Varenne站；RERC线至Invalides站，出站即达

开放时间： 10：00—18：00，圆顶教堂星期四延长至21：00；星期一闭馆
每月第一个星期日免费开放

门票价格： 15欧元(含军事博物馆与圆顶教堂)

联系电话： +33-1-44423877

（四）巴黎的其他景观

/

巴黎莫奈花园

印象派大师的调色盘

法国诺曼底大区吉维尼小镇塞纳河谷附近有个看似世外桃源的“人间天堂”——莫奈花园，它像一首赞美诗一般展示了这里曾经是印象派绘画创始人克劳德·莫奈在吉维尼时期工作生活的地方，作为其晚年的创造力之泉，也见证了各种花朵、树叶、地面植被随季节变迁而成的一幅幅流动画卷。那些落于花瓣上的、使花园熠熠生辉的点点晨露、日射斑驳的艳阳都有可能成为画家以自身心灵为笔墨浮现的抽象印象。

1883年，莫奈乘火车经过吉维尼时为眼前的风景而惊叹，当时他的妻子刚去世，且他正在遭受对于印象主义的冷嘲热讽的打击，此时他在吉维尼看到一间粉红的农舍，以及广阔的寸草不生的原野。他似乎看到了自己生命中诞生希望的曙光：“这里有一种野性的美，我想用双手驯服它，让自然成为我的模特。”就这样，莫奈在43岁的时候买下了这座房子并开始了改造工作。因为他的爱好就是植物，所以莫奈拆除了那几棵他认为不够美观的松树，并加建了一座玻璃温室培育着大量的花草，雇佣多名园丁服侍花园。

莫奈花园分为花园和水园两部分，花园又名诺曼底园，位于房前，呈长方形，占地约一公顷，诺曼底园其实并没有诺曼底的植物，大部分为莫奈从巴黎的花草商那里购得的日本引进的花草。1893年他又买下铁路另一侧的一块土地，建成水园，水园里面种满了睡莲。

1914年，莫奈在自己的庭院中建成了长23米、宽20米、高5米的大画室，并在那里完成了大型装饰画《睡莲》和《日本桥》系列的创作。在此隐居期间，他的影响力与日俱增，不仅成为印象派之父，也成为现代绘画的先驱。

莫奈是著名画家，也是一名相当出名的园艺家，他在自己居住的地方，在长达43年的时间里一直在做着园林，亲自参与设计花园布局，并花巨资改变了周围的环境，去买了旁边的耕地并且修建了小河，这个花园除了是他的驻所，也是一片活的艺术作品，在最开始只有普通样子的菜园、果园院子，到最后成为分层有序的诺曼底花园、水园两个地方，在一片土地的空间之上体现出了他像绘画一样用心良苦地把大自然变成了一副理想的风景图画。他依着花木自身的生长形态来设计花园，不仅高低错落，而且极重视色彩的协调性，红色、棕色、橘黄、蓝色等色调的花丛错落其中，呈现出自然的视觉动感。莫奈种花不是按照花的品种分种在不同地方，而是将各种花，从最普通的到最稀有的混在一起种植，因各品种开花的时节不同，这样，从4月到10月，每月都有花开花谢。为了种植稀有的日本花卉，他还专门托人从海外运来种子。

莫奈还将他早年最重要的两个主题：水和花卉集合在一起，使天光水影构成了心目中最理想的“印象”。莫奈摒弃了传统的按几何图形栽种和修剪花木的法国花园模式，不去刻意修剪他的花草树木，对其天然生长的形态十分尊重，任其自由生长。整个花园几乎倾注了莫奈半生的心血，最后才形成赤橙黄绿青蓝紫白的完美色彩组合，犹如画家手中的调色板。

莫奈曾说：“我的花园是我最美的杰作。”漫步园中，人们能直观感受到这句话的含义。

诺曼底花园以几何对称的布局呈现“色彩的狂欢”：拱形花架上紫藤如瀑布倾泻，蜿蜒小径两侧的郁金香、鸢尾、玫瑰、向日葵依季节轮番登场。莫奈摒弃了传统法式园林的规整，让不同高度的花卉自由生长，形成视觉上的“色彩混响”。他像调配颜料一样安排花丛的位置，深红的罂粟与淡紫的飞燕草相邻，金黄的向日葵衬着湛蓝的天空，每一处细节都暗含对比与和谐的平衡。

水园是一个人工湖，岸边种满了垂柳和竹林，树木参天，曲径通幽，几座绿色小桥跨于如镜的池水之上，水园的规划处处流露着日本园林的影子，给人一种参禅入定之感。水园展现出东方禅意与印象派美学的碰撞。莫奈受日本浮世绘启发，建造了经典的日式拱桥，桥身被青藤缠绕，倒映在种满睡莲的池塘中。池塘水面漂浮的不仅是睡莲，还有天空的流云、岸边的垂柳，以及瞬息万变的光影。水园中的桥和睡莲是莫奈作品日本桥系列和睡莲系列的原型。20世纪初，莫奈开始以睡莲为主题创作大型系列油画。他说："水的倒影成为另一个世界，我想捕捉它每一刻的呼吸。"这些画作打破了传统透视法则，用模糊的轮廓和颤动的笔触诠释"流动的光影"，将印象派推向极致。

莫奈花园的魅力在于"永不重复"。春天里，梨花和樱花如雪般怒放，水仙、风信子迎着春风翩翩起舞；夏天时，睡莲荡漾在碧波之上，玫瑰和铁线莲编织成绿色帷幔；秋日霜降，枫叶渐红，寒夜来临之后，月季残叶、枯枝伴随着悬崖垂落的藤蔓轻轻呓语着；冬日，几缕雪粒落在花坛上，枯寂的枝条被雕成了灰蓝色天宇间透明的曲线。这些从春夏秋冬所带来的各具特点的种种变化，就是莫奈一生所追寻的对象。所以每天他都会在清晨五点的时候拎着十几块画板来到花园开始作画，不断去捕捉同一个角度的光线下同一个地点展现出的不同姿态。

晚年患白内障的莫奈在视线一片朦胧的情况下仍坚持作画。或许是由于

巴黎莫奈花园

眼睛渐衰的缘故吧！让画家真正体会到那种专注色彩本体感受的精神聚焦状态和情感涤荡状态。到《睡莲》系列，完全看不到花卉本身了，只是花、湖水、倒影，化为无物的色与线、块的节律。花园并不是真实的风景，而是自己的内心世界。

1926年莫奈逝世后，花园一度因战乱和疏于管理而荒废。继莫奈之后，自1887年至20世纪初，前后有一百多位画家搬至此地，使吉维尼成为一个名副其实的画家村。

“二战”期间，莫奈故居严重荒废，继承家产的莫奈的儿子米歇尔无力修复，遂于1966年将其捐赠给国家美术学院。直到20世纪70年代，法国政府与莫奈基金会合作修复，才让花园重现昔日光彩。1992年，美国企业家和收藏家丹尼尔·J·泰拉在该村建造了美国艺术博物馆，陈列着19、20世纪之交生活于该村的美国印象派画家的作品。如今，每年有超过50万名游客造访吉维尼。人们站在莫奈故居的黄色厨房里，看着墙上挂着的日本版画，或是在睡莲池畔凝视那熟悉的拱桥，仿佛能听见画家与自然的私语。

莫奈生前酷爱日本艺术，尤爱收藏浮世绘。1862年的世界博览会他将浮世绘介绍至欧洲，收藏浮世绘在当时成为一种时尚，每位印象派画家都有自己的藏品。因此，日本人来法国也必到吉维尼。由此联想到日本东京上野公园中的日本国立西洋美术馆，它与法国、与莫奈、与浮世绘有着太多的交集。日本国立西洋美术馆的主体建筑是法国建筑师勒·柯布西耶的代表作，被联合国教科文组织列入世界文化遗产，美术馆的收藏以法国政府捐赠的松方幸次郎收藏的印象绘画和奥古斯特·罗丹的雕塑为基础，向公众开放展览西洋美术作品，是日本唯一一家涵盖西洋美术完整体系的国立美术馆，其中莫奈的作品就达67件之多，可谓收藏巨富。在日本国立西洋美术馆观赏莫奈的画作不仅是一次视觉盛宴，更是艺术的深度体验。

莫奈花园是去掉艺术与生活之间界线的一个例子，他认为：“每一天，每一季，自然都在变化，但它的美与诗意永不消逝。”同时这又是关于生命的赞美诗、艺术的颂歌。在此，我想以现实的形式让读者看到印象派美学的现实存在。

巴黎的热闹和吉维尼的寂静组成法国艺术之魂，莫奈花园似一打开就呈现出一幅幅精彩的风景油画长卷，每一处无不包含着色块、光影、生命的寓言。也是这样一片花园成就了一个世界艺术大师，泰奥多尔·莫奈，并让每个前来观瞻的人坚信，在人生的繁杂中我们仍可属于自己的世界，为自己经营一园花木，在生命消失之时用眼光最后逛一遍自己精心构建的花园。

【旅游攻略】

地　　址：巴黎吉维尼小镇84RueClaudeMonet，27620Giverny

交通信息：从巴黎圣拉萨火车站约45分钟到达韦尔农，转摆渡车即可到吉维尼莫奈花园

开放时间：4月1日到11月1日间9：00—18：00开放，星期一闭馆

门票价格：成人票：11欧元

学生票：6.5欧元（适用于7岁以上学生），7岁以下儿童：免费

每个月第一个星期日：免费

联系电话：+33 2 32 51 28 21

/

巴黎拉雪兹神父公墓

来到巴黎，除了感受这座城市的浪漫与文艺，最不能错过它的革命历史，于是我选择在一个阳光明媚的午后，怀着对前辈和革命者的敬仰之情，来到了红色无产阶级革命者长眠的地方——拉雪兹神父公墓。这里被称为“露天殡葬艺术的杰出博物馆”，漫步在墓园，感觉是在读一本法兰西的简史。这座公墓由大理石和墓志铭组合而成，安葬了数以百万计的人。陵园名称来源于忏悔神父拉雪兹。

1786年前，巴黎市内曾有数个墓园，后来巴黎市内也不允许再设立墓园，取而代之的是巴黎市外新设立的多个墓园，以防止疾病传染和瘟疫流行。

拉雪兹神父公墓的历史从拿破仑·波拿巴王朝时期开始，当时规定市民

不分等级，均有权葬入公墓。

原来，由于拉雪兹神父公墓离当时的市区较远，愿意下葬的人并不多。为了改变这个情况，市政府举行了大规模的宣传运动。1804年，在拉雪兹神父公墓举行了隆重的仪式，让·德·拉·封丹和莫里哀的遗体被改葬。1817年彼得·阿伯拉和爱洛依丝的墓也在盛大仪式中被迁到这里。宣传运动获得了极大效果。之后，非常多的人希望与著名的市民葬在一起。

在拉雪兹神父公墓安葬的100多万人中，有为数众多的名人，他们在过去的200多年里为法国作出了杰出的贡献。公墓中还有许多与革命和反法西斯战争相关的墓碑，以及艺术家、大文豪、作曲家、画家、音乐家等人的墓碑，甚至还有华人的墓碑，充分显示了公墓的多元文化背景。“他的离去不是终点，而是另一种形式的永恒，”雨果在巴尔扎克的葬礼上说，“每一个生命都有它独特的价值。”这种对生命与艺术的深刻理解，让拉雪兹神父公墓超越了时空的界限，每年吸引着数十万名到访者。

拉雪兹神父公墓内景色优美，很多巴黎市民把这里的中央大花园当作锻炼、放松和静养的场所。据说巴尔扎克当年就非常喜欢来拉雪兹神父公墓散步，认为这里最能激发他的想象力。

拉雪兹神父公墓让我深刻感受到巴黎的历史厚重感，这里有我熟悉的巴黎公社社员墙，有《国际歌》的作者欧仁·鲍狄埃、空想社会主义者圣西罗之门、钢琴肖邦肖帮、画家安格尔的墓碑，这里不仅是安息之地，更是一个时代的见证者，是学术和历史名人的安息之地，也是无产阶级的安息之地，它是文化艺术和历史的交融点。

1. 巴黎公社社员墙

拉雪兹神父公墓东北角的巴黎公社墙位于76号墓区，为20米左右的灰色砖墙，内嵌灰白色大理石板，上面刻有烫金法语“纪念公社死难者，1871年5月21—28日是人们所熟知的。”

1871年5月的壮烈七天，以这段墙为结束，其间凡尔赛政府军在5月流血周（5月21日至28日）残酷镇压了巴黎无产阶级建立的世界上第一个无产阶级政权，最后一批147名公社战士于5月27日退守拉雪兹神父公墓。并在陵园东侧的一堵围墙前遭到集体枪击，故称巴黎公社围墙。成为无产者的标志。更有巴黎公社社员墙，人类最崇高。壁上隐约可见的弹孔深深地楔入壁中，一夜血腥风揭开了尘封百余年的岁月。

马克思在《法兰西内战》中高度赞扬了公社战士的英勇斗争，称其为无产阶级革命的伟大尝试，巴黎公社墙不仅是无产阶级革命的象征，也是人类历史上第一次无产阶级专政的见证。

自1871年以来，每年5月28日都会在巴黎公社墙举行缅怀公社战士牺牲精神的纪念活动，这里是无产阶级革命者和进步人士凭吊的圣地。巴黎公社墙激发了无数文学、艺术作品的创作,《国际歌》更是成为无产阶级革命的颂歌。此外，巴黎公社墙的简约设计与深刻历史内涵，也使其成为艺术与历史的交汇点。时刻提醒人们铭记历史，追求正义与自由。拉雪兹神父公墓的社员墙精神至今仍激励着后人，这堵墙不仅见证了历史，更是对自由与正义

巴黎拉雪兹神父公墓

的永恒呼唤。它时刻警示着我们：历史的每一页都值得铭记。

2.欧仁·鲍狄埃墓

欧仁·鲍狄埃，是巴黎公社主要领导人之一,《国际歌》的词作者，是德国无产阶级革命家，诗人，巴黎公社社员。他出生于巴黎工人家庭，自幼贫困，青年时期投身于工人运动，曾参加1848年法国二月革命和六月起义，并加入第一国际巴黎支部，1870年普法战争期间，他组织工人武装保卫巴黎，并于次年被选为负责社会服务等工作的巴黎公社社员，被称为“最热心的公社社员之一”。欧仁·鲍狄埃在巴黎公社时期曾担任公社委员和社会服务委员会委员，为保卫公社战斗到最后一刻。巴黎公社失败后，鲍狄埃于1871年6月在白色恐怖中写下诗篇《国际》(即《国际歌》歌词)，控诉资产阶级压迫，号召无产阶级团结斗争，强调“从来没有救世主”，“英特纳雄耐尔”(国际共产主义理想)只有通过革命才能实现。1888年，作曲家皮埃尔·狄盖特为其谱曲，并于1888年6月23日首次出版了歌谱。如今,《国际歌》已成为全球无产阶级的战歌，并被列宁誉为“全世界无产阶级的歌曲”。

鲍狄埃晚年贫困潦倒，但仍坚持创作革命诗歌，他的诗歌深刻反映工人运动历程，马克思赞誉其“用战斗诗歌对法国重大事件做出反应”，推动了无产阶级文艺发展。

1887年11月6日因病在巴黎去世，巴黎人民为他举行了盛大的葬礼。他的墓地位于拉雪兹神父公墓第95区，离公社社员墙不远，站立于墓前，能让人感受到那段沉重与悲壮的历史。墓碑设计得别具一格，形如一本打开的书，左侧刻有他的生卒年数，右侧是《国际歌》的歌词英特纳雄耐尔，都一定要实现。

《国际歌》在1920年被译成中文，瞿秋白首次将这首歌的歌名译为《国际歌》，并于1923年6月15日在季刊《新青年》上发表。1962年4月28日，根据萧三的译文修改，有关部门组织的专家在《人民日报》上经集体审定后发表。《国际歌》1928年至1946年为苏联国歌。

3.克劳德·昂利·圣西门墓

克劳德·昂利·圣西门墓位于拉雪兹神父公墓的第28区，墓的形制简约朴素。

最早知道圣西门这个人是在大学期间学习《政治经济学》和《西方经济学》的教科书里，了解到他是一位空想社会主义学者，提出了许多在当时看来异想天开的想法和理论。

马克思、恩格斯作为十九世纪著名的思想家，把圣西门和傅立叶、欧文一起列为空想社会主义者，他的社会主义思想在一定程度上影响了后来马克思主义思想的形成。

1760年，圣西门出生在巴黎的一个贵族家庭。17岁进入法军服役。19岁时投身于美国独立战争。他于1783年向墨西哥总督提出开凿连接太平洋和大西洋运河的计划，即巴拿马运河，这条运河于百年后开通。1789年参加法国大革命，1791年离开革命，与德国商人列德伦合伙搞地产投机买卖。1794年被雅各宾派关进狱中达10个月。1797年开始研究自然科学。1802年开始写作，对空想社会主义进行宣传。1825年5月19日逝世后葬入拉雪兹神父公墓。

圣西门一生著作颇丰，主要著作有《一封日内瓦居民致当代人的信》《19世纪科学著作导论》《人类科学概论》《地心引力》《论财产与法律制度》《论工业制度》《实业家问答》《论文学》《哲学与工业》《新基督教》等，主要著作《论财产与法律》《新基督教》发表于1825年4日，标志着圣西门为完成《新基督教》的创作而写成的最后著作。马克思说："圣西门只是直接作为工人阶级的代言人在他的最后一本著作《新基督教》中出现，而最终以工人阶级解放为目的的，却是由此而产生的。"

圣西门认为在以后的新社会里，没有游手好闲的人，也没有不劳而获的人，人人都要参加劳动。他认为新的社会必然要实现，只要每个人都接受这种理想。圣西门认为美好的设想包含着社会主义的成分，有许多不现实的东西，因而被称为空想社会主义者。他的思想是人类文化中的宝贵遗产，它反映了早期工人阶级对资本主义的抗议和对理想社会的追求。

【旅游攻略】

地　　址： 巴黎75020巴黎，巴黎第20区16RueduRepos

交通信息： 地铁2号线在腓力二世站下车，可到达公墓正门。3号线(PèreLachaise)车站下车，可抵达公墓的后门。

开放时间： 8：00—18：80开放(17：15停止入园)

门票价格： 免费

联系电话： +33-1-5525821

/

马克思的巴黎足迹

巴黎，是法兰西共和国的首都和最大城市，世界五个国际大都市之一。拥有1400多年首都历史的巴黎不仅是“浪漫之都”“艺术之都”，还是现代奥林匹克运动的起点。除此之外，巴黎还留下了伟人卡尔·马克思和弗里德里希·恩格斯的光辉足迹。

巴黎的马克思故居

1843年10月到1845年2月，马克思居住在巴黎。青年时代的马克思怀抱着改变劳动人民命运的理想，其间开始重点研究哲学和政治经济学，为他其后撰写《共产党宣言》和《资本论》等重要著作奠定了扎实的理论基础。

1843年，马克思和德国社会主义人士阿尔诺德·卢格共同在法国巴黎创办激进左派期刊《德法年鉴》，并且集结了当时德国和法国的激进派成员担任作者。为此年轻的马克思和他的妻子在同年10月移居巴黎，刚开始夫妻两人与卢格一家共同居住在塞纳河左岸，即今巴黎7区的瓦尼乌街23号和38号。

多年前的一次法国之旅中，我曾利用前往埃菲尔铁塔的空闲时间，抽空在近旁的瓦尼乌街进行了寻访，街两旁的房屋安静祥和又整齐划一。文献中记载的23号也看似平常，并没有显著的标牌或标志，大门是一扇两边开的木门，从门上的玻璃向里望去，可以看到通往住户的楼梯。180多年前，25岁的马克思携妻子燕妮来到这里，为了心中的信念，不断求索，针砭时弊，与旧势力作斗争。在窘迫的生活中，大女儿珍妮在这里出生了，之后，他们一家搬离了这里。同一条街上的38号也曾是马克思一家的居所。

马克思在巴黎居住的那段日子是思想不断转变并趋向成熟的时期，他

油画：马克思与恩格斯在巴黎的会面（图片来自网络）

开始着手深入研究政治经济学（代表人物有亚当·斯密、大卫·李嘉图、詹姆斯·米勒等）、法国社会主义运动（代表人物有克劳德·昂列、圣西门和夏尔·傅立叶等）及法国历史，他摒弃了大量前人的思想，对于政治经济学的研究后来成为马克思的研究主轴，在此基础上逐渐形成了马克思主义思想体系。

马克思在1844年4月至8月撰写了《1844年哲学和经济学手稿》（也称《巴黎手稿》），直到马克思逝世多年后才被发表。这部手稿被视为马克思科学世界观的开端，为他日后思想体系的形成提供了根据和源泉，促成其后来出版重要的经济著作《资本论》。

雷让斯咖啡馆的会面，伟大友谊的开始

马克思在巴黎留下的足迹当中，有一个具有重要历史意义场景，那便是1844年8月28日，马克思在雷让斯咖啡馆，与到访巴黎的德国社会主义者弗里德里希·恩格斯的会面，标志着两人深厚友谊的开始。会面中，恩格斯向马克思介绍他在同一年出版的《英国工人阶级状况》，说服马克思承认工人阶级将是历史上最后的革命和组成成员。

恩格斯与马克思会面之后，于9月前往巴黎居住，并且和马克思一同开始对社会主义展开研究。

雷让斯咖啡馆位于巴黎1区圣奥诺雷街167号。与巴黎皇家宫殿和卢浮宫毗邻，然而167号也并不是当年马克思与恩格斯见面的雷让斯咖啡馆，而是于2016年建成并开张的同名咖啡馆。历史上的雷让斯咖啡馆位于圣奥诺雷街161号，于1718年建成，是巴黎最早、最具影响力的咖啡馆之一。在十八至十九世纪，这里成为欧洲思想文化交汇中心，伏尔泰、本杰明·富兰克林、狄德罗等名人均曾到访过。雷让斯咖啡馆是欧洲著名的国际象棋中心，很多国际象棋大师都曾聚集在这里下棋，据说拿破仑年轻时曾在此下棋，但因棋艺不佳常败而懊恼。

现在的新雷让斯咖啡馆中保留了旧地的历史传统和印记，咖啡馆墙壁上挂着历史上雷让斯咖啡馆的老照片，其中最大的一幅展现出当年咖啡馆的热闹与规模。

马克思与恩格斯在这里相谈甚欢，碰撞出许多思想的火花。在2017年上映的影片《青年马克思》中，两人在雷让斯咖啡馆见面的场景便是一边下棋一边交谈，直至深夜，交谈的话题从古典哲学、经济学到空想社会主义，再到欧洲工人运动。在深入的思想交流后，他们彼此惺惺相惜。

马克思和恩格斯这次在巴黎的会面，并不是他们二人的第一次相见。1842年11月，恩格斯前往科隆，与时任《莱茵报》主编的马克思见面。不到两年之后，1844年8月，两人再次在巴黎相会，也就是雷让斯咖啡馆之约。这次会面后，两人缔结了延续一生的伟大友谊，开始并肩战斗，共同研究科学社会主义，共同撰写《神圣家族》。这部著作批判青年黑格尔派主观唯心主义，深入阐述了历史唯物主义。

【旅游攻略】

地　　址： 巴黎7区瓦尼乌街23号和38号，近凯旋门；巴黎1区圣奥诺雷街167号，近卢浮宫

交通信息： 乘坐地铁1号、2号或6号至CharlesdeGaulle-Étoile站，或乘坐地铁1号或13号至Champs-Élys é es-Clemenceau站下车，步行15分钟即到

开放时间： 全年开放

门票价格： 免费

/

巴黎周恩来故居

留法勤工俭学运动

留法勤工俭学运动是在巴黎中国豆腐公司工人工余求学，早期旅法同盟会会员提倡并组织的留法俭学，以及一战期间旅法华工教育的基础上逐步发展起来的。

1902年，李石曾留学法国。1908年，在国内募集资金创办豆腐公司，在

巴黎西郊开办豆腐工厂。最初的工人来自河北保定高阳、蠡县等地。1912年，李石曾、蔡元培、吴玉章、吴稚晖等人在北京发起成立留法俭学会。作为经办全国赴法勤工俭学的总机关，同时成立大批留法预备学校。1916年3月，中法文化、教育界人士共同在巴黎发起“华法教育会”。

1916年至1918年，随着俄国十月革命的成功，以及第一次世界大战的结束，新文化思潮在国内传播日渐浓郁。在蔡元培、李石曾、吴玉章、吴稚晖等人的极力倡导和组织下，全国各地纷纷成立主办留法勤工俭学事宜的机构和各类留法勤工俭学预备学校（班），如成都、重庆、长沙、广州、福州、上海、河北、北京等地都先后成立了留法勤工俭学预备学校，留法勤工俭学运动在中华大地勃然兴起。尤其是五四爱国运动以后，在短短不到两年的时间里近两千名青年学生分批踏上了赴法航程，形成全国规模的赴法热潮。

在第一次世界大战之前，由中国到法国一般是途经东三省、莫斯科、华沙等地到巴黎的陆路。十月革命后，由于俄国边境封锁，中国通往法国的陆路被阻断，于是赴法学生改走水路，乘船由上海出发，途经香港、西贡、新加坡、科伦坡，经苏伊士运河至法国马赛和巴黎。

1919年至1921年初，留法勤工俭学运动达到高潮，前后共有来自18个省的1830多名勤工俭学学生分二十批到达法国。

艰难困苦的工学实践拓宽了勤工俭学学生们的视野，既学习到书本知识、掌握了一技之长，也锻炼出他们的体魄和意志；磨炼了学生的团结互助精神，大批革命领袖、科技人才由中国共产党的伟大实践孕育而成，中共一大代表就是其中的精英分子。

现在法国还有欧洲的一些地方还留有一些当年的遗迹，如巴黎十三区的华人社区、周恩来故居、里昂中法大学旧址、旅法勤工俭学蒙达尔纪纪念馆、比利时的沙勒罗瓦劳动大学，德国的哥廷根朱德故居等都是很好的境外旅游地点。

巴黎周恩来故居

周恩来故居位于巴黎第三区戈德弗鲁瓦街15号，当时居住的房间只有不足十平方米。

周恩来
CHOU EN LAÏ
1898 1976
HABITA CET IMMEUBLE
LORS DE SON SEJOUR
EN FRANCE de 1922 a 1924

巴黎周恩来故居

推开公寓的大门，就仿佛闻到了久违的历史醇香，触摸到当年那段峥嵘岁月的记忆。故居现为临近小街尽头的一幢二星级的小旅店，在小旅店的外墙上，镶嵌着的一方墨绿色大理石纪念牌，上方是铜质的周恩来正面头像，头像下面书写着周恩来1922—1924年在此居住。现在这家旅馆的主人是1997年来自中国北京的李先生，他买下了这家旅馆，经营至今。

1920年12月，22岁的周恩来，怀抱“寻求真理，拯救中华”的梦想与决心，乘坐“波尔多斯号”轮船驶入马赛港。周恩来到法国后，曾先后在雷诺汽车厂做钳工，在云母矿场上做过苦力，为了生活也曾经在餐厅打过工。可是眼前的现实很快就击碎了他的美梦，去工厂里看见做工的工人们差不多是在流水线上重复地工作像机器一样的生活，还有看到那些老板对工人的各种压迫和盘剥，再加上在参观巴黎和会时在会场的时候看到中国再一次遭受巨大耻辱的一事件情。

就是在这种艰苦境遇下，周恩来开始系统研读《共产党宣言》等马克思主义著作，白天参加运动，夜晚苦学，一盏油灯，把简陋的阁楼书桌照亮通宵，然后在本子上记下这样的话：“欧洲发达的工业文明的背后，是阶级压迫的锁链。救国之路，不在技术，而在彻底的社会革命。要救国，还是要走彻底的社会革命的路！”

1921年春天，在这间不足十平方米的房间里，周恩来和赵世炎、邓小平、蔡和森、陈毅等经常聚集于此，彻夜长谈。1922年6月，周恩来参加了“旅欧中国少年共产党”（后更名为“旅欧中国共产主义青年团”）的创建工作，并当选为中央执行委员。

窗边那张木桌，至今仍留有周恩来当年工作的痕迹，那里，曾刊登过《少年》月刊，他以伍豪之名写下《共产主义与中国》《告工友书》等，将马克思主义与中国实际相结合；在这里给工友介绍列强控制下的军阀，只有工农联合才能砸碎千年大锁的形势。把宣言印出来，然后油印成册子悄悄地带回国内。

1925年，周恩来听闻上海爆发“五卅惨案”的消息后，组织旅欧华人集会，并上台对拉丁区索邦大学的师生和法国民众发出号召：“中国人的血不会白流！全世界的无产者必须联合！”同时起草《告法国工人书》，文章至今保存在法国国家档案馆内。

1937年，法国记者雷纳布里斯访问延安时曾同周恩来进行过谈话，他对一位红军领袖能在宴会上用流利的法语背诵出雨果的诗句感到十分惊讶。1973年，周恩来再次访问巴黎，特意让车绕行戈德弗鲁瓦街。1979年时，邓颖超访问法国时，在法国总统瓦莱里·吉斯卡尔·德斯坦陪同下参观了这家旅馆，法国政府出资修建了周恩来铜像以纪念中法建交十五周年。

现在故居的屋内保存有众多历史珍贵资料，包括周恩来在雷诺厂做工的工卡、与蔡畅等同志们的合影、当年法国警方向其传话的录文，还有他写给父母的家书。

周恩来的四年留学生活从这里正式起航，他从热血青年到革命家的身份转变就是在这浸润着“中国共产党为什么能”的强国之魂的地貌之下完成的，这个地方就是巴黎的周恩来故居。

【旅游攻略】

地　　址： 法国巴黎十三区戈德弗鲁瓦街15号HôtelNeptune，15rueGodefroy，75013Paris.

交通信息： 从巴黎十三区的意大利广场向东步行5分钟即到。

开放时间： 全年开放

门票价格： 免费

后 记

木石交响，东西文明对话的永恒赋格。

当日本法隆寺的五重塔在晨光中舒展其木质飞檐，当巴黎圣母院的石质拱券在暮色中投下庄严剪影，当圣彼得堡冬宫的大理石柱廊在白雪映衬下熠熠生辉，我们看到的不仅是建筑材料的差异，更是人类文明以不同介质书写的诗篇。《木石交响》试图捕捉的，正是这种跨越千年的物质对话，木材的温润柔韧与石材的刚毅永恒，在欧亚大陆两端奏响了一曲文明互鉴的宏伟交响。

日本列岛的木质建筑传统，深植于其森林文化与自然崇拜。伊势神宫每二十年一次的“式年迁宫”，以桧木更替维系着“常若”精神，这种对材料短暂性的坦然接受，与西方石造建筑追求“永恒”的执念形成奇妙对照。而法国哥特式教堂的飞扶壁、俄罗斯东正教教堂的洋葱顶，则是另一种文明基因的表达，石材垒砌的不只是信仰空间，更是对抗时间侵蚀的宣言。这种物质选择差异的背后，是东亚“无常观”与欧洲“永恒观”的哲学分野，却在大陆两端各自绽放出惊人的建筑艺术之花。

遣唐使的航船与沙漠驼队共同编织了前现代世界的交流网络。鉴真和尚六次东渡带去的不仅是佛教戒律，更有大唐的木构技艺；而通过草原丝绸之路，希腊的柱式、波斯的拱券悄然融入东方建筑语汇。奈良唐招提寺的金堂与长安大明宫含元殿构成跨越海洋的镜像，正如基辅圣索菲亚大教堂的镶嵌画中闪烁着君士坦丁堡的余晖。这种交流从未单向流动：日本独创的“校仓造”技法，后来启发了西方现代建筑的抗震设计；俄国木结构教堂的层层叠涩，又隐约可见东方楼阁的韵律。

近代化的浪潮中，木与石的交响演变为更复杂的多声部合唱。马克思在伦敦大英博物馆的石砌穹顶下研读的，包括来自东亚的“亚细亚生产方式”

论述；莫奈笔下鲁昂大教堂的石质立面与吉维尼的木质日本桥，在印象派的光影中达成和解。勒·柯布西耶从伊势神宫的“柱”获得启示，将其转化为马赛公寓的“模度”理论，这种创造性转化在东京国立西洋美术馆的混凝土结构中清晰可辨。孙中山在神户演讲时身后的西式石构建筑，与他倡导的“木铎启世”精神，恰是那个转型时代的生动隐喻。

当代旅游业将这种对话推向新维度。京都西芳寺的苔庭与凡尔赛宫的几何花圃，圣彼得堡的滴血教堂与奈良药师寺东塔，通过游客的镜头在社交媒体上并置对话。数字技术更创造出前所未有的交流可能：虚拟现实中的法隆寺金堂可以与圣丹尼大教堂进行跨时空的构造对话，BIM技术正在破解应县木塔与科隆大教堂各自的结构密码。这种技术赋能的文化对话，正在改写“木石”二元对立的传统叙事。

《木石交响》试图揭示的深层真相是，文明从来不是单子论的孤立存在。日本木质建筑中隐藏着中国斗拱与希腊柱式的基因记忆，欧洲石造教堂的玫瑰窗上流转着阿拉伯数字的光辉。当安藤忠雄的清水混凝土在光之教堂创造“石之轻”，当伦佐·皮亚诺的木材与钢构在吉巴欧文化中心演绎“木之重”，我们看到的是物质界限的消融与精神共鸣的强化。在这个气候变化、疫情肆虐的时代，木的可持续性与石的耐久性共同指向人类未来的生存智慧，正如千年前鉴真和尚携带的不仅是佛经，还有药材与建筑图样。当今文明的对话，也必将超越美学层面，成为关乎人类共同命运的实践哲学。

程伟

2025年5月4日于北京

参考文献

[1] 中国旅游研究院．中国出境旅游发展年度报告 2024[M]．旅游教育出版社，2024 年．

[2] 寺泽薰，等．日本的历史 [M]．文汇出版社，2021 年．

[3] 张彪．日本建筑解剖书 [M]．文化艺术出版社，2020 年．

[4] 朱月华．世界遗产全书 [M]．世界图书出版社 2022 年．

[5] 坤特出版社．一生必去的世界遗产：走进亚洲 [M]．金城出版社，2024 年．

[6] 末木文美士．日本佛教史 [M]．上海古籍出版社，2025 年．

[7] 米泽贵纪．日本神社解剖图鉴 [M]．南海出版公司，2025 年．

[8] 宫本长二郎．日本营造之美 -- 平城京奈良 [M]．上海人民出版社，2022 年．

[9] 香取忠彦．奈良大佛：世界最大的铸造佛 [M]．上海人民出版社，2022 年．

[10] 中国地图出版社．京都 [M]．中国地图出版社，2018 年．

[11] 曾潲葳、希沙良．京都－奈良玩全指南 [M]．中国旅游出版社，2013 年．

[12] 渡边淳一．我的京都 [M]．青岛出版社，2019 年．

[13] 美秀美术馆.MIHOMUSEUM 美秀美术馆 [M]．美秀美术馆，1990 年．

[14] 迪克·威尔逊．周恩来传 [M]．国际文化出版社，2013 年．

[15] 于俊道．周恩来真情实录 [M]．天地出版社，2020 年．

[16] 李菁．天下为公：孙中山传 [M]．团结出版社，2021 年．

[17] 西谷恭弘．日本名城百景大赏－姬路城 [M]．重庆出版社，2024 年．

[18] 吴中杰．鲁迅传 [M]．复旦大学出版社，2024 年．

[19] 赵京华．活在日本的鲁迅 [M]．生活．读书．新知三联书店，2022 年．

[20] 徐万民．孙中山与同盟会 [M]．中共中央党校出版社，2007 年．

[21]《走遍全球》编辑室.走遍全球-东京[M].中国旅游出版社，2021年.
[22] 澳大利亚LonelyPlanet公司.日本[M].中国地图出版社，2018年.
[23] 俄罗斯/澳大利亚LonelyPlanet公司.俄罗斯[M].中国地图出版社，2016年.
[24] 玛拉·沃赫斯.莫斯科和圣彼得堡[M].中国地图出版社，2017年.
[25] 米哈伊尔·彼奥特罗夫斯基.艾尔米塔什博物馆[M].华中科技大学出版社，2020年.
[26] 德国梅尔杜蒙公司.圣彼得堡[M].北京出版社，2019年.
[27] 彭军荣.红场记忆：中共早期流苏档案解密[M].中国文史出版社，2015年.
[28] 郑异凡.谁发动了十月革命[M].上海人民出版社，2017年.
[29] 季正矩.列宁传[M].天地出版社，2018年.
[30] 约翰·里德.震撼世界的十天[M].商务印书馆，2020年.
[31] 王春法.俄罗斯国家历史博物馆藏十月革命文物图集[M].北京时代华文书局，2018年.
[32] 德国梅尔杜蒙公司.莫斯科[M].北京出版社，2019年.
[33] 左凤荣.走进克里姆林宫[M].湖南人民出版社，2001年.
[34] 中共中央党史和文献研究院第七研究部.党的历次全国代表大会知识读本[M].中共党史出版社，2023年.
[35] 瓦季姆·巴拉诺夫.高尔基传[M].漓江出版社，1998年.
[36] 列昂尼德·彼得洛维奇·格罗斯曼.普希金传[M].黑龙江大学出版社，2023年.
[37] 尼·奥斯特洛夫斯基.钢铁是怎样炼成的[M].人民文学出版社，2018年.
[38] 王正泉.苏联伟大卫国战争[M].社会科学文献出版社，2016年.
[39] 澳大利亚LonelyPlanet公司.法国[M].中国地图出版社，2018年.
[40] 澳大利亚LonelyPlanet公司.巴黎[M].中国地图出版社，2019年.
[41] 雅克·马丁.凡尔赛宫[M].北京出版社，2024年.

[42] 南希·米特福德.太阳王：凡尔赛宫的路易十四[M].上海人民出版社，2021年.
[43] 淡欣.枫丹白露宫的中国皇家博物馆[M].中国市场出版社，2013年.
[44] 弗雷格兰特.巴黎卢浮宫[M].译林出版社，2015年.
[45] 代小海.奥赛博物馆：近代艺术的圣殿[M].金城出版社有限公司，2023年.
[46] 张光明,罗传芳.马克思传[M].中国社会科学出版社，2010年.
[47] 鲜于浩.留法勤工俭学运动史[M].人民出版社，2017年.
[48] 西尔维·吉拉尔-拉戈斯.莫奈[M].北京联合出版有限公司，2019年.
[49] 班诺瓦-加洛.巴黎墓园的秘密生活[M].积木文化出版公司，2024年.